강점이 미래다

탁월한 개인과 위대한 조직을 만드는 단 한 가지

강점이 미래다

마커스 버킹엄 지음 | 이선영 옮김

21세기북스
book21.com

차 례

당신에게 있는 한 가지

핵심만을 전달하라

한 주제에 대해 깊이파고 들어가면, 그 안에는 무엇이 있을까?

이 책은 로스앤젤레스의 한 호텔 로비에서 캐리 톨스테트Carrie Tols-tedt와 나눈 대화 때문에 탄생했다. 캐리는 지난 4년간 웰스파고의 지역 은행을 성공적으로 이끈 수장으로 자기 자신에게 엄격한 사람이었다. 지역 책임자들을 대상으로 열렬한 연설을 마친 직후인데도 그녀의 표정은 뭔가 불만족스러워 보였다.

"연설은 정말 훌륭했는데, 무슨 일이 있으세요?"

사람들은 연사들에게 연설을 마친 후 의례적인 인사를 한마디씩 건네곤 하지만, 대고객 서비스를 주제로 한 이번 연설은 정말 탁월했다. 그녀는 은행 상품이 생필품처럼 되어가는 시장에서 서비스의 질에 따라 어떻게 웰스파고의 흥망이 결정되는지 역설했다. 그런데 이것은 웰스파고에서든 다른 비즈니스 세계에서든 별로 새로울 게 없는 주제여서 잘못하면 아주 진부한 내용이 될 수도 있었다. 그렇지만 그녀는 시종일관 주제의 일관성을 유지하면서도 인간미가 느껴지는 에피소드와 눈에 보일 듯 생생한 예를 들어 설명함으로써 훌륭하게 연설을 끝마쳤다.

"잘 모르겠어요. 가끔은 제 연설이 효과적으로 전달되었는지 의문이 들어요. 지역 책임자들은 이 주제를 그들 밑의 구역 책임자들에게 전달할 텐데, 그 과정에서 어느 정도는 내용이 조정되고 바뀌겠죠. 또 구역 책임자들이 이 내용을 지점장들에게, 그리고 지점의 부서장들이 실제로 이 내용을 실행하는, 고객과 직접 만나는 고객 서비스 담당자들에게 전달할 때 내용이 또 많이 바뀔 거예요.

오해하지는 마세요. 조직의 각 단계별에서 일하는 직원들이 각자의 지위에 맞게 내용을 추가하여 전달하는 것은 좋은 현상입니다. 그렇지만 조직 전체가 고객 서비스에 관해 동일하게 이해하려면 그 방법은 오직 한 가지뿐이에요. 모든 내용을 요약하여 핵심만 전달하는 거죠. 즉 제가 전달하고자 하는 메시지를 간단하고 분명하게 정리해, 4만 3000명의 모든 임직원이 내용의 핵심을 알게 하는 겁니다."

그때 나는 그녀에게 연설에서 중요한 내용을 잘 전달했다고 이야기한 것으로 기억한다. 한편 내용의 핵심을 지나치게 단순화시키지 않으면서 분명히 전달하고자 했던 그녀의 바람이 내 잠재의식 속에 깊이 자리잡았다. 그 후로 몇 주 동안 어디를 가든지, 누구와 이야기를 하든지 그때 그녀가 한 이야기가 귓가에 맴돌았다.

"문제의 핵심만을 이해시켜라."

사람들이 알고자 하는 주제는 아주 다양하다. 어떤 사람들은 조직관리에 대해 알고 싶어 하고, 또 어떤 사람들은 리더십의 핵심에 관심이 있다. 또 성공의 주된 요소는 무엇인지 궁금해하는 사람들도 있다. 그러나 어떤 주제라도 이런 요구사항은 늘 따라다닌다.

'핵심만을 전달하라.'

인생을 파워포인트로 간략하게 정리할 수 있다면 굳이 복잡한 현실과 씨름하며 살아가고 싶지는 않을 것이다. 우리는 현실을 간략하게 정리한 '간단 버전'에 더 흥미를 느끼는데, 이는 우리가 지적으로 게을러서가 아니라 그렇게 하는 편이 더 유용하기 때문이다. 실례로 봄 여름 가을 겨울을 살펴보자. 이것은 간략하게 정리된 날씨의 파워포인트 버전이다. 별로 복잡할 게 없고 단순하지만, 계절이 있음으로써 농부들은 대대로 언제 씨를 뿌려야 하는지, 또 언제 추수해야 하는지 안다.

지적 게으름이라는 면에서 보면, 나 역시도 그런 책임에서 자유로울 수 없다. 17년 동안 나는 세계 유수의 리서치 기관 중 하나인 갤럽에서 일하는 행운을 누렸다. 그동안 나는 세계의 뛰어난 지도자와 관리자, 교사, 영업의 고수, 증권 중개인, 변호사, 공직자들을 만났다. 그럼에도 나는 탁월한 리더십과 관리력, 혹은 개인의 지속적인 성공을 꿰뚫는 몇 가지 핵심사항을 따로 발견하지 못했다. 물론 이러한 사실이 핵심사항의 존재 자체를 부정하는 것은 아니다. 단지 그 핵심사항을 발견하기 위해 내가 노력하지 않았음을 의미한다.

내가 그 핵심사항에 집중하게 된 것은 캐리의 이야기가 몇 달 간 내 귓가를 맴돌았고 그 비슷한 요구들을 들었기 때문이다. 사람들은 언제나 문제의 중심에 다가서기를 원했고, 나는 그들을 도와주는 최적의 위치에 있었다. 갤럽에서의 내 리서치 경험 중 많은 부분이 데이터 속에 숨겨진 일정한 패턴을 찾아내기 위해 많은 사람들을 인터뷰하는 일이었다. 문제의 핵심을 파고들어가기 위해 나는 이러한 경험에 더 집중해서 개별적인 리서치의 출발점으로 이용하기로 했다. 나는 일반적 수준의 업무 능력이 우수한 사람들은 인터뷰에서 제외시켰다. 그 대신 선택된 분야와 역할에서 지속적으로 탁월하게 동료들을 앞서나가는 한두 명의 엘리트 직원을 선별했다. 선발 명단에는 실패한 시약을 세계에서 가장 잘 팔리는 약으로 탈바꿈시킨 제약회사 중역, 세계에서 가장 큰 유통업체의 사장, 한 달에 질레트 데오드란트 제품을 1500개 이상 판매하는 고객 서비스 담당자, 50년 동안 작업장에서 한 번도 사고를 당하지 않은 광부, 〈쥬라기 공원〉〈스파이더맨〉 등 블록버스터를 쓴 영화 시나리오 작가 등 다양한 사람들이 포함되었다.

선발 후에 나는 이들의 행동양식과 선택에 대해 조사해보았다. 즉 왜 제약회사 중역은 실패한 신제품 시약의 회생 프로젝트를 맡기 전 승진 제안을 거절했을까? 왜 유통업체 사장은 회사의 전략을 결정하는 시점에서 말단사원 시절의 기억을 되살렸을까? 데오드란트 판매 사원은 야간 근무조인데, 이것이 실적을 올린 일과 상관관계가 있을까? 그녀는 다이어트에 관심이 많았는데, 이러한 사실과 성공은 무슨 연관성이 없을까? 나는 이 특별한 사람들이 저마다 맡은 역할에서 성공을 거둘 수 있었던 동인이 과연 무엇일지 궁금했다.

이 책에서 나는 누구든지 인생에서 의미 있는 업적을 이루고, 또 그것을 지속하고 계속 키워나가고자 한다면 중요하게 여겨야 하는 세 가지 역할, 즉 관리자, 리더, 성공한 개인에 관해 좀더 구체적으로 살펴보기로 했다. 특히 이 책의 처음 부분에서는 조직의 성공에 공헌하는 두 가지 역할에 집중하고자 했다.

탁월한 관리를 위해 꼭 알아야만 하는 한 가지는?
조직원들로부터 최상의 성과를 끌어내려면 조직원들의 차이점을 정확하게 파악해야 한다. 우선 조직원들을 효과적으로 선택해야 한다. 관리자는 자신이 원하는 결과를 확실하게 정의내림으로써 기대수준을 정해야만 한다. 관리자는 조직원들의 장점에 집중하고 그들의 약점을 관리함으로써 동기부여를 해야 한다. 관리자는 조직원들이 자기계발을 요구할 때 단순히 조직체계에 맞추어 승진시키기보다는 그들이 적합한 역할을 맡을 수 있도록 방향을 잡아주어야 한다.

각 역할은 대단히 세분화되고 복잡하다. 이런 역할을 가능하게 하는, 탁월한 관리자들의 머릿속에 가장 먼저 떠오르는 한 가지 핵심사항은 무엇일까? 이 질문에 대한 답은 탁월한 관리에 대한 장에서 주어질 것이다.

탁월한 리더십을 위해 꼭 알아야 할 한 가지는?

진정으로 성공한 리더들에 관해 연구해보면, 그들에게 공통점이 없다는 사실에 놀라게 된다. 그 실례를 오늘날의 비즈니스 세계에서도 찾아볼 수 있지만 여기서는 미국의 초대 대통령을 포함한 4대 대통령을 살펴보자. 대중을 더 나은 미래로 이끈 대통령들의 스타일은 매우 달랐다. 조지 워싱턴은 건전함과 일관성을 호소하는 리더십을 갖추었지만, 선동적인 몽상가 타입은 아니었다. 반면에 2대 대통령 존 애덤스는 선동적인 몽상가였다. 타고난 대중연설가였던 그가 의회 연설을 할 때면 몇 시간 동안 경외 어린 침묵이 흐르곤 했다. 그러나 그의 리더십은 독립전쟁의 종말과 함께 그 빛이 바랬고, 그의 전성기도 막을 내렸다. 그의 전성기는 대영제국과 같은 공공의 적이 있을 때뿐이었다.

에덤스의 계승자 토머스 제퍼슨에게는 최선의 리더십을 펼치는 데 공공의 적이 필요 없었다. 그는 책상 앞에 홀로 앉아 빈 종이 위에 감동적인 단어들을 끌어와 그림과 같은 한 편의 글을 만드는 타입이었다. 애덤스와 달리 그는 대중연설에 대해 극도의 두려움이 있었으므로 아예 의례를 바꿔버렸다. 이후 그의 의회연설은 서면으로 대체되어 보좌관이 의회에서 낭독하는 형식이 되었다.

제임스 매디슨의 스타일은 또 달랐다. 목소리와 체구가 작았던 그는 선동적인 단어를 사용해 대중을 이끌어가기가 좀 힘들었다. 그래서 그는 보다 실용적이고 정치적인 방법을 선택하여, 의회 구성원을 하나하나 설득하는 방식으로 협력을 얻어 목표를 일구어낼 수 있었다.

이처럼 서로 분명히 다르고 모두 단점이 있었음에도 불구하고 각 대통령은 탁월한 리더십의 표상으로 부상하는 데 손색이 없었다. 따라서 탁월한 리더십에 관해 이 장에서 우리가 알아야 할 것은 "탁월한 리더십 모델을 연구할 때 '왜 그들의 리더십이 뛰어난지'에 대해 설명할 수 있는 한 가지 주요 핵심을 밝혀낼 수 있는가?" 이다. 그가 250년 전의 인물이든 현재의 인물이든 그런 피상족 특성을 넘어서는 한 가지 핵심에 대해서 말이다.

또한 이 책에서 우리는 개인의 지속적인 성공에 대해서도 다룰 것이다.

개인의 지속적인 성공을 위해 꼭 알아야 할 한 가지는?

사람은 누구나 인생을 사는 동안 불가피하게 선택과 기회의 기로에 서게 되고 정신적인 압박에 노출된다. 지속적인 성공의 열쇠는 모든 가능성 중 최고의 결과를 성취할 수 있는 몇 가지를 선별하고 그것에만 집중하는 데 있다. 그렇다면 그 선별 기준은 무엇인가? 능동적으로 경험을 쌓고 다방면의 전문성을 갖춤으로써 어떤 분야의 일이라도 뛰어들 수 있는 능력을 기르는 것인가? 아니면 자신과 어울리지 않는 조직 내에서의 역할을 충실히 이행하고, 상사에게는 팀을 위해 어떤 역할도 맡을 준비가 돼 있다는 자세를 보여줄 것인가? 경력은 특정한 단계로 이루어지는데, 혹 당신은 이력이 쌓일수록 각 단계별 판단 기준이 달라진다는 사실을 아는가? 그런데 그

12

판단 기준은 우선적으로 직업과 개인의 성격에 의해 결정되는 것은 아닐까?

이 질문에 대한 답은 4, 5, 6장에서 찾을 수 있다. 거기서 당신은 개인의 지속적인 성공을 위해 꼭 알아야 할 한 가지 핵심사항을 발견할 것이다.

삶은 '왜?'의 연속이다

시작하기 전, 나 자신에 대한 이야기를 조금 하겠다. 나는 당신이 지금부터 책장을 넘기는 몇 시간 동안 당신과 함께할 것이다(아마 며칠이 될 수도 있겠다. 그리고 그 장소가 비행기 안이 될 수도 있고 사무실이나 서재가 될 수도 있다). 따라서 당신은 내가 어떤 사람인가를 알아야 한다. 이 책이 나올 수 있었던 것은 앞에서 말했듯이 캐리 톨스테트와의 대화 덕분이다. 또한 내 인생에서 지금이 앉아서 글을 쓰기에 적당한 때가 되기도 했다.

나는 영화 〈굿바이 뉴욕, 굿모닝 내 사랑〉을 떠올리면 늘 실망스러운 기분에 젖는다. 물론 그 영화가 재미없었던 것은 아니다. 뉴욕 토박이 세 명이 미 서부의 목장에서 인생과 우정에 대해 깨닫게 된다는 내용의 영화이다. 게다가 주연 빌리 크리스털이 그 어느 출연작보다도 코믹한 캐릭터를 잘 살려 연기했다. 그러나 이 영화는 관객을 조롱거리로 만든다. 그런데도 관객은 그 사실을 알아차리지 못하고 있으니, 나는 불편하기 짝이 없다. 영화가 시작되고 30분이 지났을 때 미치(빌리 크리스털)가 목석같은 고독남 컬리(잭 팰런스)와 인생의 의미에 대해 논쟁한다. 그런데 안장에 앉은 컬리는 미치의 수다를 들은 체 만 체하다가 그의 얼굴을 똑바로 쳐다보면서 손가락 하나를 세우고 말한다.

"인생의 비밀 한 가지를 알려주지. 한 가지야, 단 한 가지라고. 당신은 그것만 알고, 그것만 생각하면 돼. 다른 건 의미 없어."

"그 한 가지가 뭐죠?"

미치가 묻는다.

"그건 당신이 알아내야만 해."

컬리가 대답한다.

나는 이 대답이 너무도 실망스러웠다. 그래서 그 한 가지가 무엇인지 알아내기 위해 끝까지 자리를 지켰다. 그런데 한 시간 후 컬리가 죽음을 맞이하는 것이 아닌가. 나는 예감이 좋지 않았다. 그런데도 감상적인 할리우드 영화가 결코 이런 식으로 나를 실망시키지 않으리라 확신하며 화면을 계속 주시했다. 그러나 끝내 그 믿음은 지켜지지 않았다. 영화의 끝부분에서 미치는 두 친구와 함께 산 정상에서 자신들이 겪은 모험과 인생의 교훈, 철학가 같은 컬리를 반추한다. 그때 미치가 비로소 자신 앞에 놓인 길이 확실히 보인다고 말한다.

"어떻게?"

한 친구가 묻는다.

"그가 뭘 말하고 있는지 알게 됐거든."

"누구?"

14

"컬리, 그가 이걸로 뭘 말하려고 했는지 이제야 알았어."

"그게 뭔데?"

그때 미치가 영화에서 한 시간 전 컬리가 했던 말을 똑같이 한다.

"그건 네가 알아내야만 해."

"빨리 얘기해봐. 안 그럼 때린다."

친구가 으르렁댄다.

음, 그랬다. 나 역시 그때 그 친구와 같은 심정이었다.

"그건 네가 알아내야만 해."

무슨 이런 답변이 있담? 나는 심오하고 의미 있는 무엇을 기다렸다. 나는 영화 〈카사블랑카〉에서 험프리 보가트의 대사 "이 미친 세상에서 우리 세 명의 문제는 어떤 가치도 없다"나, 〈매트릭스〉에서 로렌스 피시번의 대사 "실제의 사막에 온 것을 환영합니다"(영화에서는 아주 천천히 말한다)처럼 바로 인용할 수 있을 정도로 간결하고 의미 있는 대사를 기대했다. 심지어 알리 맥그로의 "사랑은 미안하다고 말하는 게 아니야" 같은 정도의 대사만 됐어도 만족했을 것이다. 그러나 〈굿바이 뉴욕, 굿모닝 내 사랑〉의 대사 "그건 네가 알아내야만 해"는 그저 그것이 전부였다.

여름방학을 겨냥한 대형 오락영화에서 심오한 진실을 찾을 수 있을 거라고 기대한 것이 잘못이었다. 그렇지만 솔직히 나는 의리, 생산성, 직업적 성공, 혹은 행복한 결혼과 같은 복잡한 현상의 표면 아래에 숨어 있는 핵심 개념을 발견할 수 있다는 생각에 흥미를 느껴왔다. 그리고 이 핵심 개념이 있으면 주의를 집중시킬 수 있고,

원인을 명확하게 분석할 수 있으며, 시간을 낭비하지 않게 된다. 또한 정확한 예측이 가능하게 되어, 이러한 예측을 실현시킬 수도 있다. 이러한 핵심 개념이 분명 어딘가 존재하고, 그것을 찾아낼 수 있다는 믿음은 나를 흥분시켰다.

나는 핵심 개념을 하나하나 발견했을 때를 생생하게 기억하는데, 이러한 핵심 개념은 그 전까지만 해도 복잡하고 불확실한 것들을 명쾌하게 정리해준다.

얌전한 영국 공립학교 학생들이 예배당에서 하루를 시작하듯이, 어느 날 아침, 예배당에서 〈고린도전서〉 13장 13절 말씀을 처음 들었던 순간을 나는 지금도 기억한다. "그런즉 믿음, 소망, 사랑, 이세 가지는 항상 있을 것인데 그 중에 제일은 사랑이라"

나는 그때 이 말의 의미를 정확하게 이해하지 못했고, 지금도 여전히 이해하지 못하지만, 사도 바울이 이 세 가지 모두 위대하나, 사랑이 그중 가장 위대하다고 결론 내린 사실에 무척이나 기뻐했다.

그때부터 내가 발견한 '근사한' 개념을 모셔놓은 나만의 신전은 점점 커졌다. 특히 내 개인적인 경험과 관련된 개념들은 더 근사하게 느껴진다. 세 살 무렵부터 열두 살 생일이 막 지났을 때까지 나는 심한 말더듬이였다. 철들 무렵 내게 말더듬증은 정말 창피하고 골치 아픈 일이었다. 왜 내가 말을 더듬거리는 거지? 왜 똑똑 끊어지는 자음과 이상스럽게 늘어지는 모음을 내지 않고는 내 이름조차 말할 수 없는 걸까? 나는 내 이름을 똑바로 알고 있고, 심지어 음을 붙여 노래를 부를 수도 있었는데 말이다. 그래서 평소 다른 사람들과 대화할 때도 나는 내 이름을 말할 수가 없었다. 말더듬증에 대해 어떤 논리적인 설명도 찾을 수 없고, 확실한 이유도 알 수 없어서, 결과적으로 이것은 어린 나에게 견디기 힘든 시련이 되었다.

그러던 중에 한 병원의 대기실에서 우연히 집어든 잡지에서, 나는 엄마의 태내에 있을 때 보통 수준 이상의 테스토스테론에 노출된 남자 아이에게서 자폐증이나 실독증 혹은 믿거나 말거나, 말더듬증이 더 자주 발견된다는 기사를 읽게 되었다. 그 기사에 따르면, 테스토스테론의 과잉 노출은 약지가 검지보다 긴 신체적 특성을 발현한다고 했다. 나는 그 기사를 읽는 순간 즉각적으로 내 손가락을 내려다보았고, 그때 처음으로 내 약지가 검지보다 훨씬 길어 가운데손가락과 비슷한 정도라는 것을 알게 되었다.

그때 나는 이 사실에 정말 행복감을 느꼈다. 내 말더듬증에도 원인이 있었다. 작은 발견이었지만, 내 말더듬증은 이제 예견될 수도, 이해될 수도, 조절될 수도 있게 되었다. 그런데 공교롭게도 기사를 읽고 난 뒤 하루이틀 정도 지난 후 이 말더듬증은 아예 싹 사라져버렸다. 이제 사실상 나는 말을 더듬지 않는다. 아주 가끔씩 스트레스를 받거나 지나치게 피곤할 때만 나타날 뿐이다.

어떤 개념들은 너무 근사해서 거짓말 같다. 파도가 달의 인력때문에 일어난다는 사실이 그렇다. 형이 이 사실을 처음 말했을 때, 나는 고래가 알을 낳고, 나방은 가로등에서 새끼를 키우며 새끼들을 따뜻하게 해주려고 가로등 주위를 맴돈다고 해서 나를 속였을 때처럼 농담이라고 생각했다. 하지만 직접 조사해본 후 사실이라는 것을 알게 되었다. 밤하늘에 멀리 걸려 있는 저 조그마한 달이 파도를 일으켜 해변을 휩쓸고 모래성을 뒤엎은 후, 다시 파도를 바다로 돌려보낸다.

아주 간단하게 설명되기 때문에 근사한 개념들도 있다. 내가 가장 좋아하는 '자연도태' 개념이 여기에 속한다. 나는 매번 자연의 다양성과 그 창조 메커니즘을 밝혀낸 찰스 다윈과 알프레드 러셀 월러스의 통찰력에 대해 감탄하곤 한다. 그들 덕분에 나는 왜 시각이 발달했는지, 왜 수컷 해마가 새끼를 낳는지, 왜 모든 인간의 고뇌는 자기 독선 때문에 일어나는지, 왜 새는 겨울에 남쪽으로 날아가는지를 설명할 수 있다. 다윈의 친구인 헉슬리는 《종의 기원》 초판을 읽으면서 다음과 같이 얘기했다고 전해진다.

"이런 생각을 못하다니 나는 얼마나 어리석은가."

그렇다고 오해할 필요는 없다. 나는 복잡한 자연현상이 한 가지 개념만으로 설명될 수 있다고 믿지 않는다. 사실 훈련받은 사회과학자로서 나는 프리사이즈 옷이나, 빠른 효과를 보장하는 다이어트 알약 같은 지나친 단순화 논리에는 의심의 눈초리를 보내왔다. 타당한 인과관계가 충분히 설명되지 않기 때문이다.

당신이 통계학적 사고방식을 가지고 있다면, 아마도 이러한 좌절감에 익숙할 것이다. 그 이유는 첫째, 원인과 결과의 상관관계는 절대로 명확하게 나타나지 않기 때문이다. 상관계수의 범위는 상관관계가 전혀 없는 0.0에서부터 완벽한 양성 상관관계인 1.0까지다. 사회과학에서 두 요소의 상관계수가 0.5라면, 당신은 아마도 기절할 만큼 기뻐할 것이다.

둘째, 두 요소 간 상관관계를 밝혀낸다 하더라도 어느 편이 원인인지 어느 편이 결과인지, 혹은 전적으로 다른 제3의 요소가 이 두 요소를 발생시킨 것인지 명확하지는 않다. 예를 들어, BMW 운전자와 노트북 컴퓨터 소유자 간 상관관계를 분석한다면 아마도 이 두 요소 간 양성 상관관계를 밝혀낼 수 있을 것이다. 그러나 BMW 구매가 노트북 컴퓨터 구매의 원인이 아니라는 것은 분명하며, 반대 경우에도 인과관계는 성립하지 않는다. 오히려 소득과 교육 수준 같은 다른 요소로 더 잘 설명되고 예측된다.

그래서 나는 지나친 단순화 논리에는 회의적이다. 그렇다고 해서 문제의 바닥까지 세세하게 훑겠다는 내 열망이 사그라든 건 아니다. 또한 한 주제에 대해 깊이 파고들어가면 복잡하고 예측할 수 없는 겉모습과는 달리, 그 아래 심오하고 유용한 진실이 존재한다는 내 믿음도 사라지지 않았다.

'한 가지'의 조건

왜 어떤 설명은 다른 설명보다 더 효과적일까?

이제부터 우리가 찾고자 하는 '한 가지'는 '심오한 진실'이 아니라 '지배 개념'으로 표현될 수 있다. '지배 개념'이 모든 결과나 사건을 설명해주는 것은 아니다. 하지만 많은 부분을 설명할 수 있다. 이것은 다른 요소들을 보강하고 통제하며, 지렛대와 같은 역할을 한다.

이 지렛대를 사용함으로써 어떤 행동이 각각의 상황에서 실질적으로 가장 광범위한 영향력을 행사할 수 있는지 알게 된다.

사실 지배 개념은 다음의 조건을 충족해야만 한다.

지배 개념은 광범위한 상황에 모두 적용 가능해야 한다. 리더십을 예로 들어보자. 최근 들어 리더십 스타일에 대한 개념이 달라지고 있다. 최고의 리더십 스타일이 절대적으로 존재한다기보다는 처한 상황에 따라 최선이 되는 리더십 스타일이 다를 수 있다는 것이다. 윈스턴 처칠은 이런 변화의 좋은 예이다. 1, 2차 세계대전 중간의 평화로웠던 시대에는 처칠의 호전적이고 공격적인 스타일이 별로 효과를 발휘하지 못해 정치적 고립을 당했다. 그러나 영국이 나치에 강력하게 대항하기로 하자, 그의 스타일은 큰 성공을 거두었다.

상황에 따라 리더에게 요구되는 행동도 달라진다는 것은 틀림없는 사실이다. 그렇지만 이것이 탁월한 리더십에 핵심 개념이 없다거나 이러한 핵심 개념이 상황에 따라 달라질 수 있다는 뜻은 아니다. 이것은 일종의 타협이다. 앞으로 다루게 될 탁월한 리더십에 관한 장에서 모든 상황과 스타일에 적용될 수 있는 탁월한 리더십의 지배 개념을 밝혀낼 것이다.

두 번째 조건으로, 지배 개념은 기하급수적 승수 역할을 해야 한다. 즉 이것은 특정 분야에 있어서 평균 정도가 아니라 탁월하게 뛰어남을 설명할 수 있어야 한다. 어떤 요소들은 추가적인 가치를 산출할 수 있는데, 이런 요소에 집중하면 결과에 추가적인 증가분을 얻을 수 있게 된다. 그래서 지배 개념은 더 효과적이어야 한다. 즉

기하급수적 효과를 낼 수 있는 방법을 제시해야 한다. 또한 투자한 시간과 에너지가 어느 지점에서 최대 성과를 올리는지 알려주는 것이어야 한다.

예를 들어, 많은 요소들이 효과적으로 조직을 관리하기 위해 결합된다. 그러나 자세하게 들여다보면, 이런 노력이 재능 있는 직원을 유능한 성과자로 탈바꿈시키는 건 아니라는 사실을 바로 알게 된다. 단지 직원들이 사기 저하로 회사를 떠나는 일을 방지해줄 뿐이다. 따라서 처음부터 선천적인 재능이 없는 직원은 뽑지 않는 게 좋다. 그리고 불확실한 기대 또한 접는 게 좋다. 그리고 모든 것을 다 할 수 있다고 공언하지 마라. 또한 직원들이 뛰어난 성과를 보여줄 때, 무시하지 마라. 직원과 거리를 두지 말고 적극적으로 관계를 정립하라. 직원을 서로 싸움 붙여 이익을 보지 마라. 그들의 아이디어를 조롱하지 마라. 이런 점들을 지킨다면 최고의 직원을 내쫓는 일은 없을 것이다.

그러나 그 어떤 요소들도 탁월한 관리에 대해 꼭 알아야만 하는 한 가지처럼 오래 기억되지는 못한다. 이 중 어떤 것도 좋은 관리자를 탁월한 관리자로 한 단계 업그레이드시킬 수 있는 기하급수적 효과를 낼 수 없기 때문이다. 이것은 탁월한 관리의 핵심에 자리잡은 지배 개념으로 설명될 수 있다.

요약하면, 지배 개념이란 현장에 적용되면서 승리를 이끌어내고 그 승리를 지속할 수 있는 비결을 알려줘야 한다.

세 번째이자 마지막 조건은 다음과 같다. 지배 개념은 실천 가능한 것이어야 한다. 이 책을 산 독자는 새로운 시각을 갖고자 하는 목적뿐만 아니라 다른 방식으로 실천하고자 하는 목적이 있었을 것이다. 지배 개념은 실천을 반드시 동반해야 하며, 더 효과적으로 더 지속적으로 결과를 개선시키기 위해 명확한 지침을 제공해야 한다.

위에서 살펴본 대로, 지배 개념을 선별하기 위한 세 가지 기준은 다음과 같다. 지배 개념은 광범위한 상황에 모두 적용 가능해야 한다. 지배 개념은 평균 수준을 탁월한 성과로 향상시키는 기하급수적 승수 역할을 해야 한다. 또한 지배 개념은 특정하고 명확한 행동을 이끌어내야 한다. 이 책을 통해 우리가 얻고자 하는 것을 명확하게 보여주기 위해, 여기 당신의 개인 생활에도 도움이 되고, 모든 기준을 충족시킨 지배 개념이 있다. 다음의 예는 본론에서 벗어나 보일 수도 있지만, 위의 세 가지 조건을 다 충족할 뿐만 아니라 근거가 확실하므로 여기에 제시한다.

지배 개념

인식은 미래를 결정한다

뛰어난 것이 무엇인지 배우기 위해서는 뛰어난 점에 대해 연구해야 한다는 게 사회과학의 통념이었다. 하지만 사실은 그렇지 않다. 지난 100년 동안 가장 보편적으로 지배했던 통념 중 하나가 선은 악의 반대라는 것이었다. 그래서 선을 이해하기 위해 악을 연구해왔다. 그 반대로 악을 알기 위해서 선에 대해 연구했다. 마찬가지로 기쁨에 대해 알기 위해서 억압과 강박증세에 대해 연구해왔다. 아이들을 약물과 격리시키기 위해 약물 중독 상태의 아이들이 연구 대상이 되었다. 이와 마찬가지로 이혼을 막기 위해서 불행한 결혼 생활이 연구되었다.

연구에 의하면 불행한 결혼 생활의 배우자는 상대에 대해 정확하게 이해하지 못하고 배우자의 장단점이나 가치를 제대로 알지 못한다고 한다. 별로 새로울 게 없는 연구 결과다. 선은 악의 반대라는 보편적인 믿음처럼, 상담 치료에서 부부에게 가장 흔하게 주어지는 조언은 '사랑은 맹목적일 수 있지만 굳건한 인간관계는 그렇지 않다'라는 것이다. 굳건한 인간관계 안에서는 시간이 지날수록 초기의 열정적인 사랑이 배우자의 장단점이나 가치를 정확하게 보는 판단력으로 바뀐다. 그러므로 배우자의 말에 귀를 기울이고 배우자가 당신과는 다른 방식으로 세상을 바라볼 수 있음을 이해하라는 것이다. 즉 장점을 보고 배우자를 사랑하라는 것이다. 그리고 단점을 이해하고, 받아들이고, 격려해주라는 것이다. 또 한 가지 충고는 결혼 생활이란 두 사람의 불완전한 존재가 만나 완벽한 하나가 되는 것이라는 말이다.

얼핏 보기에 이 말은 당연한 것 같다. 배우자에 대한 정확한 이해가 맹목적 사랑을 대신한다는 말은 설득력이 있어 보인다. 배우자를 정확하게 이해한다면, 그(그녀)는 분명히 안정감을 느낄 것이다. 한편으로 배우자의 부족한 부분이 개선되기를 바란다면, 당신은 배우자의 기대하지 않은 행동에 충격을 받을 것이다. 배우자의 이상적인 모습에 집착한다면 상대는 곧 지치게 될 것이고, 환상 위에 쌓인 허약한 관계는 곧 무너져 내릴 것이다.

여러 각도에서 이 조언은 이치에 맞아 보인다.

그러나 지난 20년 동안 주제는 불행한 결혼 생활을 연구하는 것에서 다른 것으로 옮겨왔다. 실증심리학 학파의 선두주자인 마틴 셀리그먼, 도널드 클리프턴, 미하이 칙센트미하이, 에드 디너의 주장에 의해 선은 악의 반대가 아닌, 단순히 다른 개념으로 인식되기 시작했다. 행복한 결혼의 특징을 알아내고자 한다면, 불행한 결혼에 대해 연구했듯이 행복한 결혼 자체에 대해서도 연구해야 한다. 만약 행복한 결혼의 핵심을 발견하고, 그 핵심 개념에 기초해 충고한다면, 좀더 오래 지속되고 서로 보완하는 파트너십 형성을 도와줄 수 있을 것이다.

버펄로의 뉴욕주립대학교, 미시간주립대학교, 브리티시컬럼비아주립대학교, 워털루주립대학교, 영국의 서식스대학교 출신의 연구원들이 이런 방식으로 결혼 생활에 대해 연구했다. 그 결과, 그들은 행복한 결혼은 배우자를 정확하게 이해하고 받아들임으로써 시작된다는 보편적 진리와는 다른 결론을 도출했다. 그들이 밝혀낸 행복한 결혼 생활의 특징은 일반적인 것과는 거리가 멀어 많은 사람들이 받아들이기 어려울 수도 있다. 그러나 이 특징들은 행복한 결혼 생활의 핵심 개념을 이해하는 데 도움을 준다.

연구원들은 행복한 결혼 생활을 하고 있는 수천 명의 부부와 동거 커플을 각각 다른 연구 과제를 위해 인터뷰했지만, 나는 많은 연구 주제 중에 내 눈길을 처음 사로잡은 한 가지 주제에만 집중했다. 버펄로 뉴욕주립대학교의 교수로 재직 중인 산드라 머레이Sandra Murray 박사와 그녀의 동료 연구원들은 이 연구를 위해 105쌍(이중 77쌍은 결혼했으며, 28쌍은 동거 커플이다)을 대상으로 각 배우자의 '친절함과 상냥함', '개방성과 감정 노출', '참을성과 순응성', '인내심', '따뜻함', '사교성'과 같은 성격에 각각 점수를 매기도록 했다. 이후 대상 커플들에게 배우자와의 관계에 대해 얼마나 만족하고 있는지 점수를 매기게 했다. 이 커플들은 맹목적인 사랑으로 충만했던 신혼을 지나 오랜 시간 동안 결혼 생활을 유지한 사람들이었다. 결혼 혹은 동거 기간이 평균 10.9년이었다.

(잠깐 알려드리면, 이 순간부터 나는 아내를 평가한 남편의 입장에서 글을 쓰도록 하겠다. 이렇게 하는 편이 설명하기도 쉽고, 독자들도 이해하기 좋을 것이다. 만약 이 방식 때문에 내용이 실제와는 다르게 전달되더라도 이 방식을 믿고 읽어주셨으면 한다. 만약 실제 논문을 읽고 싶으면, '동기 부여자의 관찰'이라는 제목으로 〈실험 사회심리학 저널Experimental Social Psychology〉 36권, 600~620페이지에 실려 있으니 찾아보기 바란다.)

만약 배우자에 대한 정확한 이해가 굳건한 부부관계의 필요조건이라면, 남편의 아내에 대한 평가와 아내 자신에 대한 평가가 동일할 때 분명히 행복한 결혼 생활을 하고 있어야 한다. 더 간단히 말하자면, 각각 평가의 패턴이 동일하다면 결혼 생활에 대한 만족도는 높아야 한다.

그러나 결과는 예상과는 아주 달랐다. 남편의 아내에 대한, 아내의 본인에 대한 각각의 평가는 결혼 생활의 행복도와 아무 상관관계도 보이지 않았다. 또한 마이너스 상관관계도 없었다. 서로의 장단점에 대한 정확한 이해가 결혼 생활을 더 불만족스럽게 한 것도 아니었기 때문이다. 다시 말하면, 정확한 이해와 결혼 생활의 만족도 사이에는 아무 상관관계가 없었다.

하지만 눈에 띄는 패턴이 발견되었다. 가장 행복한 커플들에게서 보이는 현상으로, 아내가 자기 자신에 대해 평가하는 것보다 남편은 아내에 대해 더 호의적으로 평가하고 있었다. 왜 그런지 이유는 밝힐 수 없었지만, 아내에 대해 호의적으로 평가한 남편은 아내 자신은 자신에게 부족하다고 생각하는 성품을 아내가 지녔다고 평가했다.

냉소적인 생각을 가진 사람들은 이러한 남편의 평가가 환상이라고 말한다. 그런데 남편이 10년이 넘는 시간 동안 아내가 자신에게는 없는 성품을 지녔다고 생각해왔다면, 그걸 '환상'이라고 부르는 게 꼭 적절한 표현일까? 연구원들은 여기에 '호의적 환상', '선의의 왜곡', '이상화' 같은 표현을 써서 명확히 하려 했다. 하지만 그 용어가 무엇이든 간에 '행복한 결혼 생활을 하는 남편은 계속 맹목적이다'라는 결론은 변하지 않는다.

이제 호의적 환상으로 아내의 실제 모습을 제대로 보지 못하는 행복한 남편이 현실을 어떻게 깨닫게 되는지 그것이 궁금하다. 나와 아내는 행복할 수 있다. 그러나 한편으로는 아내가 내 기대와 다른 행동을 할 때 걱정되기도 한다.

연구원들도 마찬가지로 이런 쪽에 생각이 미쳤고, 그런 이유로 이후 몇 년 동안 이 커플들을 죽 지켜보기로 했다. 그들은 무얼 발견했을까? 아내가 부족하다고 생각하는 성품에 대해 호의적으로 평가한 남편들은 현재의 결혼 생활에 대해 만족할 뿐 아니라 이후 몇 달 동안에도 높은 만족도를 보였고, 갈등과 의심도 거의 없는 것으로 관찰되었다.

이제 우리가 생각할 수 있는 결론은 한 가지이다. 본인은 부족하다고 느끼는 부분을 아내가 가지고 있다고 믿는 남편은 현재도 행복한 결혼 생활을 하지만 미래에도 여전히 행복을 느낄 것이다.

처음 이 결론에 도달했을 때, 나는 유리를 통해서 보면 사물이 왜곡되어 보이는 것처럼 이상하게 느껴졌다. 다른 사람도 마찬가지일 것이다. 서로에 대한 정확한 이해가 행복한 관계와는 무관하다니? 어떻게 이것이 진실일 수 있을까? 그러나 이 결론을 재확인해주는 일련의 연구들이 학술 논문으로 출간되었고, 나는 이제 이것이 진실이라고 말할 수 있다. 그러나 이 결론은 과거에도 진실이었을까?

여기 연구자들이 설명한 글이 있다.

한 명의 연애 상대자에게 전념하겠다는 결정보다 더 위험한 것은 없다. 아마도 어떤 성인이라도 자발적으로 자기 인생의 희망과 목표를 타인에 대한 호의로 귀착하지는 않을 것이다. 따라서 이러한 결정에 행복과 안정감을 느끼려면, 그들의 관계가 정말로 그들에게 이로운 것이고, 그들의 배우자는 시간과 상황에 상관없이 서로를 의지하고 있다는 믿음을 가져야 한다.

아내와 결혼하기로 한 것은 내 인생에서 가장 큰 결정이었다. 인지부조화를 피하기 위해, 나는 이 결정이 정말 잘된 일이라고 믿었다. 나에게 닥친 문제는 아내는 완벽하지 않고, 내가 세상을 바라보는 시각과 다른 시각을 가지고 있다는 점이었다. 만약 내가 아내의 결점과 시각의 차이에 대해 계속 고민했다면, 나는 아마도 내 결정에 대해 불안해하고 곧 아내와의 관계에 대해 회의를 느꼈을 것이다. 그 결과 나는 아내와의 관계를 불편하게 여길 것이고, 아내에 관해 부정적이 되고 엄격해지면서 우리의 관계는 산산조각이 났을 것이다.

그러나 대신 나는 내 결정에 대해 다소 과장된 모습으로 자신감 있게 말했다. 이로써 나는 내 아내가 실제 그녀가 생각하는 것보다 더 많은 장점을 지니고 있다고 믿게 되었다. 그렇지만 내 아내의 실제 모습을 제대로 반영하지 않는다는 의미에서 보면, 이는 아마도 진실이 아닐 수도 있다. 그럼에도 불구하고, 이런 생각들은 우리의 부부관계에 있어 필요하다. 이것은 내 결정에 대한 믿음을 유지하고, 관계에서도 불안감을 느끼지 않게 한다. 그래서 관계가 아주 나빠질 때라도, 관계에 대한 신뢰감이 화를 억제하게 한다. 아내가 나를 화나게 하더라도 내가 긍정적 환상을 확신하고 있다면, 나는 다시 그녀에서 돌아갈 방법을 찾게 된다(아주 가끔 일어나는 일이긴 하지만 말이다). 더 좋은 관계로 발전하는 것은 말할 것도 없다.

이와 같이 시간이 지날수록 긍정적 환상은 사랑을 더 깊게 해준다. 환상은 내게 믿음을 준다. 믿음은 안정감을 주며, 안정감은 친밀감을 키워주고, 친밀감은 사랑을 깊게 해준다.

이 모든 것을 종합하면, 그것이 당신이 행복한 결혼을 위해 꼭 알아야만 하는 단 한 가지, 즉 핵심 개념이 된다.

서로의 행동에 대한 관대한 이유를 찾고, 그것을 믿어라.

사랑은 긍정적 환상으로부터 시작된다. 그리고 견고한 결혼 관계에서는 이런 긍정적 환상이 배우자의 장단점에 대한 냉정하고 정확한 이해에 우선한다. 이런 긍정적 환상은 장점을 조직화하여 진정한 관계로 발전시키고, 마침내 환상은 실제로 구현된다. 다시 강조해 말하면, 긍정적 환상은 사랑을 오래, 더 단단하게 지속시켜준다.

지배 개념처럼 이 핵심 개념은 행복한 결혼 생활에 정확한 행동 지침을 제시한다. 예를 들어보자. 사람들은 배우자의 결점을 발견하면, 그것만 떼어놓고 생각하지 말라고 이야기한다. 그 결점에 이름을 붙여 한쪽으로 밀어놓은 다음, 배우자의 긍정적인 장점과 함께 균형을 맞추어 생각하라고 조언한다. '그래, 그녀는 성격이 급한 사람이지. 그래도 그녀는 다정하고 창의적인 긍정적인 면이 있지'라는 식으로 말이다. 그런데 장점과 단점을 균형을 맞추어 생각하는 것은 일견 상식적으로 보일지 모르지만, 이런 균형은 관계에 아무 도움이 되지 않는다. 이렇게 행동하는 남편과 아내는 의심과 갈등을 키우게 되고, 결국 관계는 악화된다. 배우자의 단점을 명확하게 정의함으로써, 오히려 이러한 단점들에 더 집중하게 되는 것이다. 이것들은 잠복하고 있다가 어느 순간 튀어나와 관계를 망치게 된다.

그 대신에 연구원들은 이렇게 충고한다. 결점을 발견하게 되면, 그것을 장점의 한 면으로서 마음속에 재각인하라는 것이다. '그녀는 안달하는 것이 아니라 열정적인 것이다' 혹은 '그녀는 시야가 좁은 것이 아니라 집중력이 높은 것이다' 와 같은 식으로 말이다. 처음에는 일종의 심리 훈련 같을 수도 있다. 반드시 기억해야 할 것은 오랜 세월 지속될 수 있는 군건한 관계는 배우자를 이상화시킬 수 있는 사람들에게만 가능하다는 사실이다. 단점을 장점으로 재해석함으로써 모든 정보를 이상화된 이미지로 통합시킬 수 있다. 이런 훈련을 거치면서 이상화된 이미지는 더 군건하고 더 단단해진다. 이제 새로운 정보나 결점들도 그것을 약화시킬 수 없기 때문이다. 새로 발견한 결점은 장점의 한 날실로 재구성되고, 당신이 가지고 있는 이상화된 이미지에 바로 직조된다.

이미 언급한 대로 이 개념은 결혼에 대한 보편적 진리나 각자 가지고 있는 결혼관과 다를 수 있다. 그렇다면 이런 질문들이 떠오를 수 있다. 배우자를 위해 노력하지 말라는 뜻인가? 배우자와 절대로 논쟁하지 말라는 뜻인가? 두 배우자가 완전히 반대되는 상황에 가치를 두고 있고, 이것이 긍정적인 환상을 약화시키는 경우는?

이런 질문에 대한 답만으로도 아마 책 한 권을 채울 것이다. 그러나 이 책의 목적은 다른 데 있다. 그렇지만 연구 결과가 신선했기 때문에 나는 행복한 결혼 생활에 대한 최근의 연구 결과를 이 책에 포함시켰다. 누구나 잠깐 배우자를 어떻게 바라볼 것인가에 대해 고민한 적이 있을 것이다. 연구 결과에 따르면, 인식은 현재 상황에 영향을 끼쳤다. 어떻게 받아들이냐에 따라 상호관계가 변화되었고, 미래의 모습도 결정지어졌다.

만약 이 개념이 현재 유행하고 있는 연구 방법으로 도출되어, 미래의 언제쯤 다른 방식으로 반박될 수 있다고 생각된다면, 18세기 시인 윌리엄 블레이크가 우리에게 태양 아래 새로운 것은 없다는 점을 깨닫게 해준 다음의 유명한 경구를 살펴보도록 하자.

> 인간의 욕망은 인식에 의해 제한받는다. 그 누구도 보지 못한 것을 꿈꿀 수 없다.

따라서 조심스럽게 배우자에 대한 인식을 결정하라. 배우자에 대한 인식은 당신의 욕망에 불을 지필 것이다.

핵심에 집중하라
선별력과 집중력을 키워라

자, 여기에서 결혼의 신비에 대한 이야기는 일단 접자. 그리고 이제 이 책의 핵심인 세 가지 질문으로 돌아가자. 당신이 꼭 알아야만 하는 '한 가지'는 다음에 대한 것이다.

- 탁월한 관리
- 탁월한 리더십
- 개인의 지속적인 성공

이 주제들은 하나같이 할 말이 많고 복잡하다. 각각에 대해 자세하게 다루기 위해서는 끊임없는 연구가 필요하다. 사실 이 책의 목적은 이 주제가 복잡하다는 사실을 부정하는 것이 아니라 복잡한 가운데 핵심을 찾는 것이다. 즉 주제를 단순화하는 것이 아니라 명확하게 만드는 것이다. 지금 우리는 수많은 정보가 넘쳐나는 세계에서 살고 있다. 우리는 원하기만 하면 그게 무엇이든, 언제든지 바로 정보를 얻어낼 수 있다. 만약 우리가 지난달의 영업실적, 은행의 대차대조표, 길 잃은 시어머니의 소재를 파악하고자 한다면, 이런 풍부한 정보는 분명 도움이 될 것이다. 그러나 아주 조심스럽게 활용하지 않으면, 이와 같은 정보의 홍수에 우리는 익사당할 수도 있다.

따라서 현재의 세계에서 성공하기 위해서는 새로운 자질이 요구된다. 그것은 추진력도, 박식함도, 창조력도 아닌 집중력이다. '집중'이라는 단어에는 두 가지 중요한 의미가 있다. 첫 번째 의미는 많은 요소들 중 가장 중요한 것을 선별할 수 있는 능력이다. 그래서 집중력은 선별력을 의미한다. 다른 하나는 중요한 요소를 선별하고 이후 지속적인 관심을 두는 것을 의미한다. 이것은 질적 집중력과 관련 있다. 이 책에서 말하고자 하는 자질은 이 두 가지 의미를 종합한 것이다.

오늘날에는 뛰어난 선별력을 가져야 한다. 중요한 감정이나 사실, 사건들을 선별하고, 그것에 집중할 수 있어야 하며, 단순히 중요한 것과 긴급한 것을 구별해낼 수 있어야 한다. 기억할 수 있는 것보다는 절대로 잊지 말아야 하는 것에 더 가치를 부여할 수 있어야 한다.

　그러나 이러한 핵심 개념을 정확하게 적용시킬 수 있는 능력을 키우기 위해서는 훈련을 해야 한다. 우리가 앞으로 살펴보겠지만, 세 가지 핵심 개념을 통해 알 수 있는 것은 관리자에게나 리더에게나 개인에게나 성공은 원만함이나 폭넓음, 균형만으로는 성취될 수 없다는 점이다. 오히려 정반대인 사람이 성공 가능성이 훨씬 높다. 성공은 균형을 거부하고, 대신 의도적 불균형의 전략을 추구하는 사람에게 온다. 몇 가지 선택 영역에 집중하고 완전히 열중하는 것이 편협함과 불안정을 야기하지는 않는다. 오히려 이와 같은 집중은 능력과 유연성을 증가시킨다.

　나는 이 책을 통해 여러분이 집중력과 선별 능력을 더 향상시켜 탁월한 정확성과 효과성을 가지길 바란다. 이때 조직과 개인 모두 지속적으로 성공할 수 있을 것이다.

1부

위대한 조직을 만드는
강점 혁명

1 관리자와 리더는 다르다

핵심적인 차이

관리와 리더십, 둘 다 중요한가? 둘 다 잘할 수 있나?

유능한 관리자가 되기 위한 나의 첫 책 《유능한 관리자First, Break All the Rules》를 집필한 후, 몇 개 회사에서 내게 직원 대상 강의를 요청해왔다. 나는 책에서 다룬 주제에 대해 강의해주기를 원할 거라고 생각했다. 이상하게도 그들은 그렇지 않았다. 거의 예외 없이 그들은 탁월한 리더에 대한 강의를 원했다.

모든 사람들은 리더십에 매료된다. 상품과 프로세스가 완벽하고, 고객이나 직원 모두 탁월한 회사라도 탁월한 리더가 없으면 미래는 어둡다. 리더십은 전체 조직에서 왕성하게 활용될 때 혁신, 진취성, 벤처 정신, 창조성을 이끌어낼 수 있는 비밀의 근원이다.

서점을 방문해보면 다양한 종류의 리더십을 다룬 책들이 눈에 띈다. 예를 들면, 《감성의 리더십》, 《진실한 리더십》, 《서번트 리더십》, 또는 《훈족 아틸라, 그 리더십의 비밀》, 《재즈 리더십》, 《셰익스피어의 리더십》, 그리고 내가 최근에 즐겨 읽은 《소프라노스 스타일 리더십》 등이 있다.

수요가 많지 않았다면 이렇게 다양한 책이 나와 있지 않을 것이다. 리더십은 리더들만을 위한 것이 아니기 때문에 수요는 많을 수밖에 없다. 직원들은 미래에 리더가 되고 또 반드시 되어야만 한다. 와튼 스쿨 리더십 및 변화 관리 센터 이사인 마이클 우심Micheal Useem은 "모든 사람은 어떤 위치에 있든 리더의 역할을 잘해내야 한다"라고 말한다.

그리고 보편적 진리는 모든 사람들은 리더가 되어야 할 뿐만 아니라 리더가 될 수 있다고 한다. 즉 리더는 타고나는 것이 아니라 교육과 근면함으로 만들어진다는 것이다. 여기 이 주제에 관한 여러 가지 중 하나를 인용하고자 한다. 다음은 대니얼 골먼 등이 지은 《감성의 리더십》에 나오는 내용이다.

리더십을 숙달하는 것은 마치 골프 실력을 향상시키거나 혹은 기타 연주를 배우는 것과 같다. 의지와 동기가 있는 사람이라면 일단 각 단계에 대해 이해함으로써 리더로서의 역할을 더 잘할 수 있다.

내가 아는 한, 단 두 명의 전문가만이 리더십이 최고의 만병통치약이라는 점에 대해 의구심을 가졌다. 바로 짐 콜린스와 피터 드러커이다. 《성공하는 기업들의 8가지 습관》이라는 책에서 짐 콜린스는 지속적으로 성공하는 기업들은 리더보다는 숭배 문화나 이데올로기같이 조직에 넓게 퍼져 있는 신념에 더 의존한다고 주장한다. 그의 이러한 주장은 충분히 설득력이 있지만, 그는 여전히 구세주로서의 리더들에 대해 공감하지 않는다. 급격하게 성과를 향상시킨 11개의 기업들에 관해 조사한 그 다음 책 《좋은 기업을 넘어 위대한 기업으로》에서 그는 다음과 같이 말하고 있다.

> 이 연구의 초기부터 나는 줄곧 중역들을 무시하라고 했다. 그러나 실무 조사팀은 오히려 중역들에게 비범한 무언가가 있어 무시할 수 없다고 반박했다.

이 비범한 '무언가'는 리더십으로 판명되었고, 콜린스와 그의 연구팀은 이것을 5단계 리더십으로 명명했다. 5단계 리더십을 갖고 있는 리더들은 명성을 좇고 자기주장이 강한 사람이 아니라, 꾸준하고 확고하게 자기확신을 가지고 목표를 향해 나아가는 사람들로 규정된다. 콜린스의 말을 빌리면 이 리더들은 "개인적 겸손과 일에 대한 의지를 역설적으로 결합하여 영속적인 위대함을 만들어가는 사람들"이다.

그가 새롭게 정의한 체제 아래, 이러한 5단계 리더들은 좋은 기업을 위대한 기업으로 전환시키는 데 중요한 역할을 한다.

드러커의 관점은 이와는 또 다르다. 그는 결코 강력한 원동력으로서의 리더십을 깎아내리지 않는다. 반대로 그는 리더의 역할이 기업의 지속적인 성장에 결정적이라고 믿는다. 《미래경영Managing for the Future》에서 그는 "리더는 목표를 정하고 우선순위를 판단하고, 기준을 결정하며, 유지시킨다"라고 말한다. 그의 주장이 다른 사람들과 다른 점은 그는 성공적인 관리와 리더십의 차이를 부정한다는 점이다. 그는 자신의 논리를 잘 표현하기 위해 다음의 예를 활용한다.

한 인사담당 부사장이 그에게 카리스마적 리더십에 관한 강의를 요청한 적이 있었다. 그는 부사장에게 성공적인 리더의 주요 책임에 대해 설명했다. 이후 일어난 일을 그는 이렇게 말했다.

"내가 은행의 인사담당 부사장과 통화하면서 이런 내용을 설명한 뒤 긴 침묵이 흘렀습니다. 결국 부사장은 수년간 그들이 알고 있는, 성공적인 관리자에 대해 요구되는 것들과 아무런 차이가 없다고 말하더군요. 이에 나는 이것이 내가 알고 있는 것 전부라고 답했지요."

리더와 관리자의 역할에 대한 논쟁에 있어서 나는 어디쯤에 있는 걸까? 나는 앞의 두 사람 모두 존경한다. 나는 탁월한 조직은 탁월한 리더를 필요로 한다는 그들의 기본 전제를 인정한다. 내가 참여했던 연구에서도 뛰어난 조직에 리더의 영향은 분명했다. 또한 리더십의 중요성은 조직이 직면하고 있는 도전이 무엇이냐에 따라 달라진다. 조직이 급격한 변화에 직면해 있다면 강력한 리더는 조직이 현상유지 정도를 요구할 때보다 좀더 영향력을 발휘할 수 있다.

내 경험에 비추어 보아도 이는 저명한 리더십 전문가인 워렌 베니스의 주장과 일치한다. "리더십은 조직 성공의 최하 15퍼센트를 책임진다."

그러나 기본 논리의 일치를 인정하더라도 내 연구 결과는 모든 것을 반박한다고 말해야 할 것 같다. 첫째, 뛰어난 천재성을 가진 드러커의 리더십과 관리에 대한 견해가 진실로 옳은가? 이 두 가지가 조직의 지속적인 성공에 결정적으로 중요한 역할을 한다는 점에서는 그가 옳다. 그러나 이 둘의 역할은 상호 교환될 수 없다. 오히려 리더의 역할과 관리자의 역할은 완전히 다르다고 할 수 있다. 그 책임감도 다르다. 출발 지점도 다르다. 각각을 잘하기 위해 요구되는 자질도 다르다. 또 리더십에 관해 꼭 알아야만 하는 한 가지는 관리의 핵심 개념과 다를 뿐 아니라, 정확히 그 반대라는 사실이다. 이는 당신이 두 가지를 동시에 잘할 수 없다는 것을 의미하는 게 아니다. 두 가지 다 잘할 수 있다. 그러나 만약 당신이 모두 잘하고 싶다면 혹은 둘 중에서 하나를 선택해야 한다면, 당신은 그 둘의 차이를 알아야 한다.

둘째, 조직에서 개인의 위치와는 무관하게 모든 사람들이 리더가 되어야 한다는 것은 딱 들어맞는 말도 아니고 별 도움이 되는 말도 아니다. 리더들은 조직 내에서 명확하고 힘든 역할을 수행한다. 만약 모든 사람들이 리더의 역할을 하고자 한다면, 영업, 서비스, 디자인, 분석, 혹은 경영관리 등과 같은 자신의 주요 업무에 집중할 수 없게 되고, 조직은 와해될 것이다.

셋째, 리더십은 천부적인 자질을 요구하기 때문에, 학습을 통해 탁월한 리더가 되기는 어렵다. 관리자의 경우에도 마찬가지다. 그러나 경험과 학습을 통해 리더나 관리자로서의 성과는 향상시킬 수 있다. 그렇지만 핵심적인 자질이 결여되어 있다면 지속적으로 뛰어난 역량을 발휘하기는 어렵다.

마지막으로 성공하는 리더는 겸손하지 않다. 병적 자기 망상적 리더들에 대한 콜린스의 비난에 동감한다고 하더라도(예를 들면 선빔의 전 CEO '전기톱' 앨 던롭, 타이코의 전 CEO '샤워커튼' 데니스 코즐로프스키, 엘론의 전 CEO '흑자대차대조표' 제프리 스킬링 등등에 대한 비난) 강력한 자아는 리더를 규정할 수 있는 주요 특징 중 하나다. 물론 유일한 것은 아니지만.

반대 의견도 여럿 있는데, 이 장의 후반부에서 반대 의견에 대해 다룰 것이다. 그러나 지금 첫 번째 질문에 대해 잠깐 짚고 넘어가고자 한다. 정확하게 관리자와 리더의 역할은 어떻게 다른가?

관리자란 무엇인가
탁월한 관리자는 일을 통해 사람을 완성시킨다

내가 일에서 느끼는 즐거움 중의 하나는 만지트 카우어Manjit Kaur 같은 사람을 만나는 것이다. 만지트는 몇 년 전 라스베이거스에서 열렸던 월그린스 격년 연례회의에서 처음 알게 된 매장영업 직원이다. 월그린스의 CEO인 데이비드 버나워David Bernauer는 내게 약

4000여 명의 월그린스 매장 관리자를 대상으로 탁월한 일터 만들기에 관한 강연을 부탁했다. 그래서 2003년 어느 여름 날 아침 나는 강연 초입 부분을 연습하면서 미팅 홀 밖의 복도를 거닐고 있었다.

강연 시작 20분 전이 되자 나는 늘 그렇듯이 청중의 시선에서 강의 무대를 보고 가장 멀리 있는 청중에게 내 메시지를 전달할 방법을 알아내기 위해 홀 뒤쪽으로 갔다. 사실 무대의 뒤는 없었다. 4000명 인원은 너무 많아 월그린스는 마치 복싱경기장처럼 무대를 배치했다. 꽤 불편한 회의용 의자로 4면이 둘러쌓인 한가운데 무대가 있었고, 조명이 환하게 밝혀져 있었다.

나는 강연하는 도중 언제 몸을 돌려 네 면에 자리한 청중과 얼굴을 마주해야 하는지 마음속에서 순서를 짜고 있었다. 그런데 그때 강연하고 있는 사람 때문에 나는 집중할 수 없었다. 월그린스 마케팅의 총 담당자가 영업 콘테스트에 대해 연설을 하고 있었다.

그는 말했다. "우리는 영업 활동을 주도적으로 전개하여 탁월한 성공을 거두었습니다. 특히 나는 우리 모두가 만지트 카우어 씨를 축하해주었으면 합니다. 모든 매장 영업직원처럼 만지트도 지난달 질레트 데오드란트 판매 콘테스트에 참가했습니다. 이 제품의 전국 평균 판매 개수는 300개였습니다. 여기 누군가 만지트가 얼마나 많이 판매했는지 알아맞춰보실 분 계십니까?"

그는 답변을 기다리는 것 같았다. 그리고 놀랄 뉴스를 가지고 있는 연설자가 늘 뜸을 들이듯, 그는 약간의 시간 간격을 두고 말을 이어갔다.

"1600개입니다. 단 한 달에 질레트 데오드란트 제품을 1600개 판매했습니다. 이제 만지트에 대해 한번 들어보지요." 이런 마지막 문장은 불필요했다. 그는 시장의 현실을 잘 알고 있는 청중을 대상으로 연설하고 있었다. 청중들은 이런 놀라운 판매 결과를 알게 되자 박수치고 환호하면서 감탄했다. 전체 회의시간 중 가장 열광적인 순간이었다.

솔직히 청중을 흥분시킨 강연자보다는 잠이 올 정도로 조용하게 만든 강연자 다음에 등장하는 것이 훨씬 쉽기 때문에 나는 이런 열광적인 반응에 다소 당황했다.

그러나 나의 호기심이 발동했다. 데오드란트를 1600개 파는 것은 쉬운 일이 아니다. 만지트 카우어는 도대체 어떤 사람일까? 그는 어디서 근무하고 있을까? 이런 질문들에 정신이 팔려서 강연 중 언제 몸을 돌려야 하고 누구를 보아야 하는지 등등에 대해 잊고 있었다. 그 결과 나는 빠른 속도로 계속 움직이고 빙빙 돌면서 강연하게 되었다(나도 왜 그렇게 속도를 내었는지 모르겠지만 그때는 그게 어울리는 행동이었던 것 같기도 하다).

강연이 끝나고 피곤했지만 만지트에 대한 관심이 사라지지 않았다. 이 회사에 부탁하면 그를 내게 소개시켜줄까? 내가 그를 인터뷰할 수 있을까?

석 달 후 나는 캘리포니아 산호세 842가에 위치한 월그린스 매장 안에 있는 창문 없는 사무실에서 만지트 카우어를 만났다.

처음 나는 만지트가 여성이라는 점에 놀랐다. 그녀는 인도의 편

44

자브 출신으로 3년 반 전에 남편과 함께 미국으로 왔다. 만지트는 컴퓨터 엔지니어 교육을 받았지만 인도에서의 학위가 미국에서는 인정되지 않았기 때문에 현재 근교의 기술학교에 다니는데 수업료를 벌기 위해 월그린스에서 일하고 있었다.

두 번째, 만지트가 1등을 한 것이 한 달에 그친 게 아니라는 사실에 놀랐다. 지금까지 월그린스가 개최한 13개의 판매대회에서 만지트는 6번이나 수상했다. 매달의 행사 품목은 데오드란트, 일회용 카메라, 치약, 배터리 혹은 저칼로리 막대사탕 등으로 바뀌었는데, 그게 무슨 품목이든 만지트는 뛰어난 판매실적을 올렸다. 최고의 스타처럼 만지트도 순간적인 최고의 성과를 이루어냈지만(행사 품목이 질레트 데오드란트였던 달에 그녀는 하루에 500개를 판매하기도 했다) 그녀의 진정한 전재성은 지속성에 있었다.

세 번째가 가장 놀라웠다. 만지트는 밤 12시 30분에서 아침 8시 30분까지 철야 근무조에 속해 있었다. 학교 스케줄 때문에 그럴 수밖에 없었을 것이다. 내가 만약 이런 판매대회에 참가하게 되었다면 "나는 철야근무조라서 많은 고객을 만날 수가 없다"라는 변명을 할 것 같다. 그렇지만 만지트는 변명을 할 필요가 없었다. 동료들보다 훨씬 더 적은 수의 고객을 만났지만 그녀는 어떻게든 고객을 설득하여 제품을 구매하게 만드는 방법을 발견한 것이다.

그녀는 분명 자신이 하는 일을 사랑한다. 만지트의 영어는 유창하지 못하고 불안정했다. 처음에 그녀는 수줍어 보였다. 하지만 내 질문에 대답을 하면서 활짝 웃었다. 나는 그녀가 학위를 마치면 컴퓨터 엔지니어가 될 것인지 물어보았다.

"저는 여기에 와서 행복합니다. 남편은 '월그린스는 일터지 집이 아니다'라고 말합니다. 그러나 저는 상관없다고 대답해요. 저는 여기에 와서 행복해요. 약사가 되기 위해 공부할까도 생각해요. 어쩜 그럴지도 모르겠어요. 그런데 좋아할 것 같지는 않아요. 전 지금 일이 좋아요. 정말 그래요."

자연스럽게 나는 그녀의 비밀에 대해 질문했다.

"만지트, 당신은 제품에 상관없이 계속해서 전국 평균의 다섯 배이상을 판매했습니다. 어떻게 그렇게 할 수 있지요?"

그녀는 미소지으며 대답했다.

"잘 모르겠어요. 그냥 그 일을 좋아할 뿐이에요. 그리고 고객들도 저를 좋아합니다. 저는 고객의 이름을 알고, 또 고객들 모두가 저를 알고 있어요. 저는 항상 매장 통로를 걸어다녀요. 그러면 고객들은 제가 다가오는 것을 보고 '좋아, 만지트. 오늘은 나에게 뭘 팔거야?'라고 묻습니다. 그러면 저는 '이 제품이요(데오드란트 아니면 막대사탕과 같은 것들). 한번 써보세요. 맘에 들지 않으면 반품하셔도 됩니다. 그냥 한 번만 써보세요'라고 대답합니다."

"그러면 고객들이 부담을 느끼지 않나요?"

나는 다시 물었다.

"전혀 그렇지 않아요. 전혀요. 제 고객들은 저를 좋아합니다. 제 미소는 강력한 무기지요. 제가 어머니를 뵈러 3주 정도 인도에 다니러 갔다 온 뒤 사람들이 제게 물어보더군요. '어디 갔었어요? 보고 싶었어요' 하고요. 고객들은 저를 좋아해요. 제 미소는 강력한 무기예요."

정말 그녀의 미소는 강력했다. 이것저것 좀더 질문해본 결과 실망스럽게도 만지트에게는 전체 월그린스 조직 체계로서 교육될 수 있는 영업 비결이나 특별한 테크닉은 없었다. 그녀에게는 단지 특별한 개성이 있고 또 그것을 매일 사용하고자 하는 추진력이 있을 뿐이었다.

그런데 한 가지 사실이 내 관심을 끌었다. 만지트가 처음부터 월그린스에서 성공한 것은 아니었다. 그녀는 월그린스에 3년 이상 근무하고 있었지만 최근에서야 전국적인 관심을 끌 만큼 성과를 올리게 된 것이다.

나는 어떤 일이 있었는지 물었다.

"K씨가 오셨어요. K씨는 매우 친절하시고 긍정적이십니다. 여기 분위기가 전과는 확 달라졌어요."

K씨란 만지트가 일하는 매장의 관리자인 점장 짐 카와시마를 지칭한 것이다. 짐은 내성적인 사람으로 샌디에이고 출신의 젊은 점장이었는데, 매출로 고전하는 매장의 성과를 개선시킨 경력을 가지고 있었다. 만지트의 매장은 그가 지난 4년 동안 3번째로 매출을 전환시킨 매장이었다.

만지트의 말에 따르면, 그가 만지트를 고용한 것은 아니었다. 하지만 지속적인 자극을 주어 그녀가 계속적으로 성공할 수 있도록 도와주었다. 그는 그녀의 기발한 성격에 관심을 가졌고 이를 성과로 이끌어내는 방법을 알아냈다.

예를 들면, 만지트는 숫자를 좋아한다. 아니, 집착한다고 말할 수도 있을지 모르겠다. 인도에서 만지트는 운동선수였다. 그래서 측정될 수 있는 성과에 대한 도전을 좋아한다. 짐은 이런 점에 착안하여 매장 사무실 벽을 전 월그린스 동료들과 비교하는 여러 차트와 숫자들로 가득 채웠다. 만지트가 기록한 숫자는 언제나 뛰어났고 붉은색 펜으로 표시되었다.

만지트는 모든 숫자를 정확하게 알고 있었다. 사실 내가 그녀를 인터뷰하는 그날 만지트는 이런 말로 시작했다. "토요일에 343개의 저칼로리 막대사탕을 판매했고, 일요일에는 367개를, 어제는 110개를, 오늘은 105개를 팔았어요."

그래서 나는 물어보았다.

"언제나 어떤 성과를 내고 있는지 알고 있나요?"

"그럼요. 나는 날마다 K씨의 차트를 확인합니다. 심지어 쉬는 날에도 와서 내 숫자들을 확인하는걸요."

만지트의 또다른 특징은 대중 앞에서 인정받는 것을 좋아한다는 점이다. 대부분의 사람이 상사로부터 칭찬받는 걸 좋아한다. 하지만 만지트처럼 정말로 좋아하는 사람은 드물다.

"전 여기서 유명해요. 다른 곳의 모든 관리자들이 '왜 만지트처럼 못하는 거지?'라고 말해요."

그녀는 즐거워하면서 의기양양했다.

짐은 그녀에게 질책하는 방식을 사용하기보다 다른 사람들이 그녀를 주시하고 있음을 보여주면서 자신감을 갖게 했다. 이런 자신감은 열망을 북돋우고 능력을 발휘하게 했다. 매장 사무실 벽에는 짐이 찍은 수십 장의 사진이 붙어 있었다. 한 개를 제외하고 모든 사진 속에 만지트가 있었다. 그 달의 2등이 누구였든 그녀는 통로 옆 매대 끝에서 자랑스럽게 웃고 있었다. 나는 짐에게 한 가지의 예외에 대해서 물었다.

"그녀가 수상하지 못한 달이었나요?"

"아닙니다. 그녀는 그 달에도 우승했어요. 그런데 사보에 사진을 넣으려면 마감 날짜를 맞추어야 했고, 그때 마침 그녀가 휴가였지요. 만지트가 말하더군요. 만약 휴가 때 사진을 찍어야만 하면 연락하라고요. 바로 돌아오겠다고."

모든 탁월한 관리자가 짐 카와시마 같은 방식을 사용하지는 않는다. 내가 월그린스의 4000번째 매장을 오픈한 미셸 밀러를 방문했을 때 매장 뒤 그녀의 사무실 벽에는 차트나 숫자, 사진이 아니라 업무일정표가 부착되어 있었다.

모든 탁월한 관리자는 방식은 다르지만, 짐이 만지트에게 했던 것처럼 직원을 움직이는 힘이 뛰어나고 한 사람의 재능을 성과로 탈바꿈시키는 것에 능숙하다. 단순하게 말하면, 이것이 탁월한 관리자가 해야 할 역할이다. 《유능한 관리자》에서 나는 탁월한 관리자는 촉매제와 비슷하고 이런 유사성은 여전히 옳다고 믿는다. 탁월한 관리자는 각 직원의 재능과 회사의 목표 사이의 상호작용을 가속화시킨다.

탁월한 관리자의 주요 책임은 품질 개선, 고객 서비스 확립, 기준의 설립 및 성과를 내는 팀 건설에 있는 것이 아니다. 이것들은 가치 있는 결과물일 뿐이다. 그리고 탁월한 관리자들은 이런 결과물을 성공의 척도로 사용한다. 그러나 결과물은 최종 결과이지 출발점이 아니다. 출발점은 각 직원의 재능이다. 이런 재능을 성과로 변화시키는 최선의 방법을 찾는 것이 관리자가 직면한 어려운 과제이고, 또한 탁월한 관리자들만이 할 수 있는 일이다.

그러나 관리자는 직원의 대리인이 아니고 회사의 대리인이다. 비록 그가 직원 개개인의 성공에 관심이 있을지라도 직원의 목표와 회사의 목표가 일치하지 않으면 어떻게 되겠는가? 회사의 목표가 달성되기 어렵다면, 회사의 목표는 우선시되지 말아야 하는가? 직원의 목표가 회사보다 우선되어야 하는가? 관리자가 회사와 직원 중 누구를 더 존중해야 하는가에 대한 갈등은 내가 이 부분을 '중간 관리자로서의 관점'이라 이름붙인 이유이기도 하다.

이러한 갈등은 수십 년간 비즈니스 이론가들과 현장 입법 전문가들의 관심 영역이었다. 하지만 내가 인터뷰한 탁월한 관리자들 중 누구도 여기에 많은 시간을 투자하지 않았다. 내가 그런 이야기를 꺼내면 그들은 마치 내가 어딘가에서 논점을 잃은 것처럼 어리둥절해했다. 그들의 시선에서는 아무런 갈등을 느낄 수 없었다. 확실히 그들은 관리자로서 회사의 목표를 충실하게 이행하는 것이 자신의 존재 이유라는 사실을 알고 있었다. 그러나 본능적으로 그들은 직원을 먼저 위하는 것이 관리자로서 회사를 위하는 유일한 방법이라는 것을 알고 있다.

자, 여기 그들의 논리가 있다.

관리자로서 특별히 기여해야 하는 사항은 직원들의 생산성을 향상시키는 것이다. 관리자도 판매, 디자인 등과 같은 다른 개별적인 업무를 맡고 있을 수 있다. 그러나 관리자라는 측면에서 그의 성공 혹은 실패는 직원이 자신과 일했을 때 좀더 생산성 있게 일할 수 있는지에 따라 평가된다. 그리고 관리자로서 성공하기 위한 유일한 방법은 직원의 성공이 관리자의 주요 목표라는 믿음을 직원에게 부여하는 것이다.

여태까지 당신이 함께 일했던 최고의 상사를 떠올려보라. 관리자가 당신으로부터 원하는 것은 무엇이었는가? 관리자는 당신을 위해 무엇을 원했는가? 당신과 나누었던 대화의 대부분은 무엇에 관한 것이었나? 당신과 당신의 성과를 향한 관리자의 주요 동기가 무엇이었는지 생각해보라.

그가 진짜 탁월한 관리자였다면 그는 당신이 성공할 수 있도록 노력했을 것이라고 나는 장담한다. 물론 어떤 면에서 관리자는 회사를 위해 일한다. 그러나 회사에 대한 의무보다는 당신과 당신의 성공이 주요 관심사였을 것이다.

이런 믿음에 확신이 들면, 당신은 상사에게 최선을 보여줄 준비를 했을 것이다. 당신은 그날의 업무를 마칠 때 시간 외로 노력을 했을 것이다. 상사를 비판의 시선으로 보아야 하는 순간에도 당신은 상사에게 충성심을 보이고 도움을 주었을 것이다. 조직에 대해 확신을 잃고 떠날 때에도 상사와 헤어지지는 않았을 것이다.

이것이 상사가 당신을 부드럽게 대했다는 의미는 아니다. 사실 보통의 상사보다 더 혹독했을 것이다. 상사는 당신의 재능에 대해 자신감을 가지고 있기 때문에 당신이 당신 자신을 밀어붙이는 것보다 훨씬 더 심하게 당신을 밀어붙였을 것이다. 그는 당신에게 기준을 좀더 높게 설정하도록 요구했고 당신에게 이런 기준에 도달하는 방법을 보여줬을 것이다. 또한 역할 내에서 뛰어난 수준을 이미지화하고, 당신이 그걸 완성하게끔 도움을 주고 부추기기도 했을 것이다. 상사는 심지어 당신의 승진에 대해 당신과 다른 의견을 가졌을지도 모른다. 하지만 그것은 당신의 재능을 이해하고 있어, 그 승진을 받아들였을 때 당신이 힘들 수 있기 때문이었다.

그는 강인하고 기다릴 줄 알고 요구 수준이 높은 사람이었을 것이다. 이런 것들을 겪은 후 당신은 당신의 성공이 북극성과 같은 존재로서, 주위의 모든 결정을 이끌었다는 점을 알 수 있게 된다. 회사 목표를 위한 수단에 불과하다는 사실을 알고 있지만, 상사는 절대로 당신이 이렇게 느끼게 하지 않았을 것이다.

이것이 탁월한 관리자가 회사와 직원 사이의 중간자로서의 딜레마를 해결하는 방법이다. 그들은 당신이 최선을 발휘하게 함으로써 월급을 받는다는 것을 알고 있다. 또한 그들은 당신이 지원받고, 이해되고, 당신의 재능만큼 성공할 수 있게 도전받을 때에만 최선을 발휘할 수 있음을 알고 있다. 결과적으로, 탁월한 관리자는 자신에게는 아무 선택권이 없다는 것을 안다. 그들은 자신의 업무에서 반드시 직원의 감정으로부터 출발해야 한다. 탁월한 관리자는 반드시 스스로에게 직원의 성공이 중요하다는 사실을 확신시켜야만 한다.

나는 그들이 논리적 추론에 의해 이런 결론에 도달한 것처럼 서술했다. 그러나 실제의 상황에서는 이런 방식으로 일어나지는 않는다. 인터뷰 경험으로 미루어 보아 각 직원의 성공에 대한 관리자의 헌신적 태도는 논리보다는 직관이나 본능에 따른 것이었다. 이는 탁월한 관리자가 가진 특별한 재능의 하나는 누군가 아주 조금이라도 성장하면 만족을 느낀다는 것이다. 그들에게는 다른 선택권이 없다. 그들은 직원의 성공을 도와주는 일에 집중할 수밖에 없도록 만들어져 있다. 그들의 두뇌는 그렇게 만들어졌다. 그래서 직원의 성공을 위한 최선의 방법을 알아내는 것에 흥미를 느낀다. 이런 재능은 코치 본능이라고 알려져 있다.

짐 카와시마는 확실히 이 재능을 가지고 있다. 그가 만지트와 만지트의 성공에 대해 이야기할 때의 표정을 보면 확실히 알 수 있었다.

미셸 밀러도 이 재능을 가지고 있다. 내가 관리자로서 가장 즐거운 일이 무엇이냐고 물어보았을 때 그녀는 망설이지 않고 "다른 사람들의 성장을 돕는 것입니다"라고 대답했다. 이 대답은 단지 듣기 좋으라고 한 대답이 아니다. 그녀는 수십 명의 미래 매장 관리자를 발굴했고, 그들을 개발했다. 이런 그녀의 평판은 너무 유명해져 월그린스는 그녀가 관리하는 매장을 통해 가능성 있는 직원들을 선발했다. 실제로 내가 인터뷰하는 도중에도 그녀의 예전 인턴사원 두 명이 전화를 했다. 한 사람은 실무에 대해 궁금한 점을 물었고, 또한 사람은 감정적인 문제로 조언을 구했다.

실제로 내가 지금까지 인터뷰한 모든 탁월한 관리자들은 이 재능을 가지고 있다. 어떤 상황에 직면해서도 그들은 항상 개개인의 관심사에 대해 생각했고, 개개인이 성공적인 경험을 쌓도록 도와주려고 애썼다.

만약 당신이 이런 재능을 소유하고 있다면 내가 무엇을 말하는지 알 것이다. 당신은 회사와 직원 사이의 갈등을 해결하는 일에 시간을 허비하고 싶지 않을 것이다. 당신에게 이 문제는 이론적으로만 따라야 할 일일 뿐이다. 대신에 당신은 직원 개개인을 알고, 각 개인이 언제, 어떻게, 어디서 성공할 수 있는지 알아내기 위한 노력을 기울일 것이다. 당신은 여러 가지 제안과 조언을 할 수 있다. 그런 다음 직원이 당신의 조언을 따라 실행에 옮기려고 하면 분명 발벗고 나서서 도와줄 것이다. 개인의 작은 발전이나 승리는 그게 아무리 작은 거라도 당신이 코칭을 지속하는 데 필요한 연료 역할을 할 것이다.

혹시라도 한두 명이 지지부진해도 그 직원을 몰아붙인다거나 회사를 그만두게 한다든가 하는 일로 스스로를 힘들게 하지 않을 것이다. 물론 당신은 직원들을 채찍질할 것이다. 직원이 평범한 수준에 머물고자 하면 당신은 직원의 업무를 바꾸거나 회사를 그만두라고 조언할지도 모른다. 그게 직원의 성장을 위해 최선이라고 생각해서다.

만약 당신에게 이러한 코치 본능이 없다면 이런 이야기들이 생소

할 것이다. 이성적으로는 다른 사람의 성장에 도움을 주는 관리자
가 필요하다는 데 동의할 것이다. 하지만 감정적으로는 흥미를 느
끼지 않을 것이다. 다른 사람을 개발하는 데 관심이 없기 때문이다.
그리고 시간이 지나면서 관리자로서의 책임이 별로 대단하게 여겨
지지 않을 것이다.

이것은 내게도 해당되는 말이다. 나는 천성적으로 타고난 코치가
아니다. 나는 집중적인 개별 프로젝트를 좋아하는 편이다. 그래서
하나의 업무를 마치고 이어서 다른 업무를 하는 것을 좋아한다. 간
단히 말해서, 나는 하나의 일을 완성시키는 것을 좋아한다. 내가 보
기에 사람은 완성시킬 수 있는 게 아니다. 사람은 언제나 '진행중'
이다. 그리고 나에게 그 과정을 지켜보는 것은 힘든 일이다.

그렇다고 내가 직원들을 싫어하는 것은 아니다. 나는 그들과 친
하게 지내고, 그들이 내는 아이디어와 성과를 좋아한다. 내가 힘들
어하는 것은 그들의 성장을 계속 지켜보아야 한다는 것이다. 내가
관리자였을 때 직원들은 업무에 대해 논의하고 조언을 구하려고 내
사무실로 찾아오곤 했다. 나는 업무에 대해 그들에게 흔쾌히 조언
을 해줬다. 그런데 처음 내 사무실에 들어올 때와 전혀 달라진 것
없는 표정으로 사무실을 나갔다. 나는 그들에게서 달라진 점이나
성장했다는 증거를 볼 수가 없었다.

물론 그들은 달라졌다. 그들은 성장했다. 당장은 아니었지만 내
충고를 받아들이고 자신에게 나름대로 적용한 후 그들은 고객에게
요점을 설명하거나 보고서를 작성하고 발표하는 일에 대해 조금씩

능숙해졌다. 내 문제는 이런 작고 조금씩 증가하는 모습을 보는 게 힘들다는 것이다. 그것들은 한눈에 쉽게 볼 수 없기 때문이다.

월그린스의 점장 미셸 밀리를 인터뷰했을 때, 그녀는 본인이 관리한 모든 매장 관리자의 이름을 기억할 뿐 아니라, 내가 좀더 자세히 물어보자 각각이 직면한 어려움과 어떻게 그녀가 도움을 주었는지를 전부 기억해냈다.

나는 이와 반대였다. 예전 동료가 최근 이런 이메일을 보냈다.

"한번 뵙고 싶네요. 캘리포니아 어디에 계십니까? 내가 당신이 계신 곳으로 가면 같이 한잔 할 수 있겠지요? 옛날 좋았던 일도 함께 이야기하고…… 애틀랜타 호텔에서 Q12에 관해 당신이 가르쳐 주었던 것들처럼요……. 기억하시죠?"

사실 나는 전혀 기억을 못했다.

나는 회사의 성공에 많은 기여를 해왔지만, 관리자로는 성공적이지 못했다. 오랜 시간 동안 인터뷰를 한 후 나는 내가 알고 있다고 생각했던 것보다 탁월한 관리에 대해 많이 알게 되었다. 하지만 나는 실제로 그것을 이행할 수 없다는 아이러니에 빠졌다. 이런 의미에서 나는 "만약 당신이 할 수 없다면 가르쳐라. 그리고 당신이 정말 할 수 없다면 그것에 관하여 상담하라"라는 좋은 명언을 떠올린다.

사실 당신은 현재의 나보다, 혹은 내가 되려고 하는 수준보다 훨씬 더 탁월한 관리자일 수 있다. 내게 추진력, 사교성, 혹은 관리 개념이 결핍된 것은 아니다. 나는 이런 모든 면을 다 가지고 있다고 생각한다. 단지 유전적인 요인이 있는지 어릴 때 경험 때문인지 나는 다른 사람들의 점진적인 성장을 지켜보는 것에는 관심이 없다. 나는 직원들을 성과라는 목표에 이르는 수단으로만 간주한다. 탁월한 관리자는 그렇지 않다. 회사가 성과를 내라는 압력을 주어도 탁월한 관리자는 직원들을 목적으로 본다.

내 정신적 지주인 도널드 클리프턴 박사의 이야기처럼 미국경영협회American Management Association, AMA는 잘못 이해하고 있다. AMA의 슬로건인 '사람들을 통해 일을 완성시키자'는 탁월한 관리의 핵심을 오도하는 것이다. 이 핵심을 바로 이해하기 위해서는 '일을 통해 사람들을 완성하자'로 바꾸어야 한다.

리더는 어떻게 다른가
탁월한 리더는 사람들을 더 나은 미래로 이끈다

탁월한 관리자가 한 사람의 재능을 성과로 전환시킨다면 탁월한 리더는 무엇을 하는가? 어떤 특별한 것이 그들을 탁월한 리더로 만드는 것인가?

첫째, 우리는 리더십의 올바른 정의를 내릴 필요가 있다.

《거울 나라의 앨리스》에 등장하는 계란 모양의 사람 험프티 덤프티는 단어의 정의에 대해 비꼰다. 그는 'Glory'를 '기분 좋게 끝낸 논쟁'이라고 정의했지만, 앨리스는 실제로 그렇게 사용하지 않는다고 그를 공격한다. 이에 그는 "내가 그 단어를 사용할 때에는 그것을 그 의미로 사용합니다"라고 말한다.

이는 단어들이 당신을 지배하기 전에, 당신이 먼저 단어들을 지배해야 한다는 말을 풍자한 것이다. 우리의 목적에서 이런 입장은 도움이 되지 않는다. 리더십에 대해 올바르게 정의를 내리는 것은 학문적으로는 의미가 없다. 만약 워렌 베니스가 말한 것처럼, 조직 성공의 15퍼센트가 리더십으로부터 기인한다면 우리는 현재 리더십을 보유하거나 잠재적으로 리더십을 가지고 있는 사람들을 선별하는 방법을 알 필요가 있다. 그리고 그것을 개발하고 축복해주는 환경을 조성하는 방법을 알 필요가 있다. 리더십의 어떤 면이 훈련을 통해 개발될 수 있고, 또 어떤 면이 천부적인 것인지 알 필요가 있다. 그런데 우리가 '리더십'에 다른 의미를 부여한다면, 이런 것들에 대한 이해는 불가능해진다.

많은 탁월한 사람들이 리더십을 정의하려고 시도해왔다. 예를 들면 《감성의 리더십》에서 저자들은 성공적인 리더의 19가지의 특징에 대해서 상세히 기술했는데, '감정적 자기 절제', '투명성', '주도성', '유대감 형성' 등이 포함되며, 이런 특징들은 다 학습될 수 있다고 주장한다. 루돌프 줄리아니는 좀더 엄격한 정의를 내렸다. 《줄리아니의 리더십》이라는 책에서 그는 리더가 가져야 할 7가지 특징을 다음과 같이 썼다. '당신의 가치를 알아라', '희망을 가져라', '목표를 가져라', '준비해라', '용기를 보여주어라', '탁월한 팀을 만들어라', '사람을 사랑하라'.

미합중국 군대에서도 리더십의 중요성은 강조되었다. 여기서도

7가지를 제시하지만 내용은 다르다. 《최고의 리더십Be, Know, Do: Leadership the Army Way》이라는 책에서는 리더십을 충성loyalty, 의무duty, 존경respect, 이기심 없는 봉사selfless service, 명예honor, 진실성integrity, 개인적 용기personal courage의 결합이라고 말한다. 그리고 각각의 철자를 따서 LDRSHIP라고 표현한다.

리더십에 대해 정의 내리려는 이러한 시도들 대부분이 진지하게 받아들여지더라도 당신은 험프티 덤프티처럼 무시할 것이다. 리더십이란 보기만 하면 바로 알 수 있으므로 굳이 정의 내릴 필요가 없고, 그런 의미에서 예술에 가깝다고 생각할 수도 있다.

이제부터 나는 어떤 사건에 대해 기술하고자 한다. 모든 사람들이 최선의 노력을 다해야 했고, 몇 사람은 영웅이 되었던 사건이다. 랜디 포글, 조 스바포니, 켈빈 커캉 우 박사 세 사람이 바로 그 영웅이다. 다음 글을 읽으면서 누가 가장 리더십 기준에 맞게 행동했는지 스스로 찾아보는 것도 좋을 것이다. (이 사건은 〈뉴요커〉에 게재된 피터 보이어의 기사와 생존자들이 저술한 책 《우리들의 이야기Our Story》에 나온 이야기를 참고했다.)

2002년 7월 24일, 9명의 광부들은 랜디 포글의 지휘 아래 펜실베이니아 서머싯에 위치한 큐크릭 광산의 채탄 막장에서 일하고 있었다. '버려진 곳'이라고 불리는 이 채광 현장은 지하 72미터 아래에 있었고 2.4킬로미터의 터널을 통과해야만 했다. 이 터널은 광산의 입구에서 중간 위치까지는 평평하다가 내리막길로 이어지고 1.8킬로미터 오르막길로 올라가면서 '버려진 곳'이라는 채벽에서 정점을 이루었다.

큐크릭 광산에서는 채탄기로 채광 작업이 이루어졌다. 중량이 6톤의 채탄기는 채광 현상에 장착되어 석탄 조각을 도려내고 퍼낸 후 다시 컨베이어 벨트를 통해 광부들에게 운반했다. 이 기계를 작동하는 광부는 엉덩이에 원격 조정 장치를 단 채로 항상 기계의 우측에서 일하고 다른 동료들은 기계의 뒤 또는 왼쪽에 있었다.

큐크릭 광산은 오래된 삭스만 광산에 인접해 있었다. 몇십 년간 방치된 삭스만 광산에는 물이 가득한 큰 지하 호수가 형성되어 있었다.

조를 교체하기 몇 시간 전 평상시처럼 채탄기가 석탄의 얇은 층에서 작업을 하고 있을 때였다. 갑자기 2억 700만 리터 이상의 물이 광산으로 쏟아져 들어왔다. 그 힘에 채탄기가 뒤로 밀려 처박히면서 채탄기는 호수를 뚫어 버렸다.

광부들은 공포와 혼란을 느꼈다. 1분에 6만 8000리터 이상의 물이 광산 안으로 쏟아져 들어와 광산을 걸어서 나갈 수 없었다. 가장 안전한 장소는 '버려진 곳'이라는 채광 막장의 뒷면이었다. 이곳은 제일 높은 곳이어서 광산에서 가장 마지막으로 물에 잠긴다.

다른 광부들과 떨어져 있던 마크 모우 포퍼넥은 물을 피하려다 오히려 물 안에 갇히고 말았다. 그는 위험한 고비는 넘겼지만, 가장 낮은 곳에 갇혀 있어 그리 좋은 상황은 아니었다. 책임자 랜디 포글에게도 모두가 무사히 광산을 빠져나갈 방법이 떠오르지 않았다.

그렇다고 동료가 익사하는 것을 지켜보고 있을 수는 없었다. 궁리 끝에 석탄통을 물 가장자리로 보내 모우가 그 안에 뛰어들어가도록 했다.

그 상황을 지켜본 광부들은 이렇게 전했다.

"매우 위험한 아이디어였어요. 만약 석탄통까지 물에 휩쓸려가 면 어떻게 되었을까요?"

모우는 바위벽에 자신을 밀착시키고 석탄통 안으로 뛰어들었다.

"머리를 먼저 넣고 손을 밖으로 뻗었습니다. 나는 강철면을 느끼 면서 석탄통 안쪽으로 바로 밀려 들어갔어요. 그리고 허리에 줄을 감은 랜디가 내 쪽으로 올 때까지 거기에 그대로 있었습니다."

모우가 안전해지자 좀 진정된 랜디가 말했다.

"자, 이제 우리 모두 함께하는 거야. 우리는 함께 익사하거나 함 께 이 위험에서 벗어날 거야."

수위는 꾸준히 상승했고, 랜디는 막장 왼쪽 가장자리 작은 에어 포켓 안으로 사람들을 이동시키고 그 안에서 기다리게 했다.

지상에서는 구조대가 분주히 움직였다. 수요일 밤 9시 이후부터 홍수가 시작되었고 다음날 오전 3시 15분에 기술자들은 이미 광부 들의 최종 위치가 어디쯤일 것이라고 추측하고 굴착장비로 파기 시 작했다. 그들의 최우선 임무는 광산 아래 수직으로 구멍을 파고 생 존자와 대화를 시도해 생존을 확인하는 것이었다.

굴착기의 작업을 지켜보는 전문가들 중에 펜실베이니아 석탄 부 서장인 조 스바포니가 있었다. 그도 빨리 굴착 작업이 이루어져 광산이 뚫리기를 기다렸다. 새벽 5시, 굴착기가 광산을 뚫고 들어가 9명 모두 생존해 있다는 걸 확인했다.

그러나 그의 기쁨은 오래 가지 못했다. 처음 생각은 쌍방향 마이크로폰을 15센티미터의 구멍 아래 광산 밑으로 내려 보내 생존 광부들과 자세히 의사소통을 하는 것이었다. 그러나 곧 이것이 불가능하다는 것을 알게 되었다. 굴착기가 광산 지붕을 파괴한 순간, 공기가 밖으로 밀려 나오면서 물의 유입을 막아 광부들의 생존을 가능케 했던 귀중한 에어포켓을 망쳐놓았다. 에어포켓이 수축되면서 물의 상승 속도는 다시 증가했다. 생존자와 연락하려 했던 노력이 그들의 죽음을 재촉하게 된 꼴이었다.

이제 유일한 희망은 고압으로 광산 안에 공기를 주입하면서 구멍 밖으로 공기가 분출되지 않도록 막는 것이었다. 이는 광부들에게는 숨 쉴 수 있는 공기를 제공하고 물의 상승을 늦추게 하는 인공적인 에어포켓을 만드는 것을 의미한다. 광산에 새로운 공기를 주입하는 것은 정말 간단한 일이다. 선 하나를 아래로 내려 보내 공기 펌프를 작동하면 된다. 하지만 어떻게 공기 분출을 막을 것인가?

구조현장에 있는 모든 기술자가 한 가지씩 아이디어를 냈다. 그러나 모두 헛일이었다. 그 순간 조는 소방서에는 어려운 구조현장에서 사용하는 팽창 에어백이 있다는 사실을 기억했다. 그는 소방서에 연락하여 에어백을 확보하고 그것들을 열심히 구멍 아래로 밀어 넣었다.

구조대원들은 압력 때문에 걱정을 했다. 유입되는 물이 에어포켓에 압박을 가하고, 공기 주입 또한 압박을 더해 에어포켓 안의 대기 압력이 상승했다. 그렇지만 안에 있는 광부는 이런 압력의 변화 때문에 불편함을 느끼지는 않았다. 그러나 지상에 있는 구조대는 알고 있었다. 만약 에어포켓 안의 압력이 낮아지기 전에 그들을 지면으로 끌어당기면 급하게 상승한 스쿠버다이버처럼 광부들은 엄청난 통증을 느끼게 될 것이다.

이런 문제를 해결하기 위해 해군에서 감압실 9개를 공수받았다. 그런데 켈빈 커캉 우 박사는 다른 해결책을 제시했다. 그는 에어포켓과 표면의 대기압력을 같게 하라고 했다. 그렇게 되면, 물의 상승 속도가 늦춰져서 물을 빼낼 수 있다는 것이었다.

거대한 펌프를 광산의 입구에 설치하여 광산에서 분당 11만 4000리터 이상의 물을 빼내고 있었다. 우 박사는 수위를 지하 548미터까지 낮추면 압력이 동일해지고 광부들을 안전하게 구출할 수 있다고 계산했다. 물이 548미터 수준 아래까지 낮아지려면 지름 1.9미터의 구출 통로를 뚫고 있는 굴착기의 작업이 지하 558미터에서 멈춰야 했다.

우 박사의 계산은 정확한 것처럼 보였다. 그는 악조건에서도 548미터라는 '매직 숫자'를 고수했다.

우 박사는 모여 있는 전문가들에게 자신이 옳다는 것을 설득하고 현장을 떠나 집으로 갔다. 그가 막 자려고 할 때 전화벨이 울렸다. 현장본부로 다시 와달라는 전화였다. 굴착기는 조금씩 진전을 보였고, 구조대들은 가능한 한 빨리 광산 안으로 들어가고 싶어 했다.

우 박사는 자정이 막 지나서 현장본부가 설치되어 있는 서머싯으로 돌아왔다. 물의 높이는 여전히 높았다. 그는 다른 구멍으로 광산을 뚫는 것은 위험하다고 주장했다.

이틀이 지난 후 물의 높이가 천천히 아래로 떨어져 551, 550, 549 마침내 매직 숫자인 548미터까지 떨어졌다. 굴착기가 에어포켓 안으로 들어갔다. 그의 계산이 정확하다면 에어포켓 안의 압력은 정상일 것이다. 실제로 그의 계산은 정확했다. 광부들은 안전하게 지상까지 올라갈 수 있었다.

77시간의 혹독한 시련을 겪고 구조된 후 랜디 포글과 그의 동료들은 책임배상 소송 건으로 다시 모였다. 누군가 실수를 했거나 어떤 부서에서인가 태만의 결과로 이 사건이 일어났고, 이는 보상을 받아야 한다는 것이었다.

하지만 포글은 소송 제기를 거절했다. 되돌아보면 회사나 주정부가 물의 범람을 막기 위해 할 수 있는 것은 아무것도 없었다. 그들은 채굴하기로 예정되었던 곳에서 채굴 작업을 했다. 삭스만 광산과 채탄장과는 90미터 이상 떨어져 있었다. 광산의 천장은 흠뻑 젖어 있었지만, 이것이 끔찍한 일이 발생할 신호로 간주되지 않았다. 심지어 재난이 일어나기 몇 주 전 주정부 안전팀의 안전검사도 받았다.

물론 소송을 제기할 수 있었다. 그러나 아무도 그렇게 하지 않았다. 자연을 제외하고는 어느 누구에게도 책임이 없었다. 랜디는 이렇게 말했다.

"우리를 힘들게 한 것은 바로 자연입니다. 이건 우리와 자연의 문제지요. 그래서 어려운 도전이었습니다. 우리는 자연의 장엄한 힘에 대항해서 싸운 것입니다. 자연은 위대하기 때문에 절대 이길 수 없습니다. 자연은 위험한 존재입니다."

· · ·

랜디, 조, 우 박사 각각은 9명의 광부를 구출하는 데 주도적인 역할을 했다.

랜디 포글은 모우를 구하기 위해 최선의 아이디어를 냈고 주도적으로 일했다.

조 스바포니는 맥가이버 같은 창의성을 보여주었다. 커뮤니케이션 시도가 실패로 돌아가자 그는 재빨리 새로운 계획을 고안했고 그것을 실행하기 위한 구체적인 방법도 찾아냈다.

우 박사는 다른 구조대 사람들이 광산으로 경솔하게 들어가고 싶어 할 때도 주장을 굽히지 않았다

마지막으로, 랜디 포글은 금전적인 유혹을 뿌리쳤다.

당신은 여기서 리더십을 보았는가?

대부분의 조직들은 확실히 여기에서 리더십을 보았다고 할 것이다. 보통 리더의 자질로 4가지, 즉 주도성, 창의력, 확신에 따른 용기, 정직성을 언급한다. 그리고 맞는 말이기도 하다. 직원 개개인은 주도적으로 업무 처리에서 새로운 방법을 고안할 수 있고, 확신을

가지면서 일하면서 자신의 행동에 책임질 수 있어야 한다. 직원 개개인이 이런 행동을 하면 조직은 강력해질 것이다.

그러나 이런 행동이 리더십 자체는 아니다. 존경받을 만한 사람들의 영웅적인 행동이기는 하지만 리더십은 아니다. 그들 중 한 명만이 확실한 리더이다.

랜디 포글은 동료들이 소송을 제기할 때 이를 거부하는 정직함을 보여주었다. 그렇지만 이 행동은 그를 정직한 사람으로 만들어줄 뿐이다. 물론 모든 리더들은 정직해야 한다. 하지만 정직함은 바람직한 리더의 특징이 아니라 바람직한 인간의 특징일 뿐이다.

다른 세 사람의 행동도 마찬가지다. 주도적으로 변화하는 환경에 대처해 창의적인 해결책을 제시하고 자기확신에 따른 용기를 보인다면 뛰어나고 유능한 인간이다. 그리고 조직에서 중요한 인물임에 틀림없다. 그렇더라도 반드시 리더라고는 할 수 없다.

그렇다면 리더십은 무엇일까? 무엇이 주도적이고, 창의적이고, 확고하고, 정직한 보통사람들과 리더를 구분짓는 것인가?

다음이 내가 도달한 결론이다.

탁월한 리더는 사람들을 더 나은 미래로 이끈다.

이 정의에서 중요한 단어는 '더 나은 미래'이다.

리더는 미래에 대해 열정이 있고 선명한 그림을 그리고 이 이미지를 향해 전진한다. 말하자면 경쟁사와 비교해 우수한 성과를 내고 개인적 생산성을 향상시키고, 타인의 성공을 이루기 위한 코칭보다는 미래의 이미지가 리더에게 더 큰 동기로 작용한다.

물론 성공적인 리더는 경쟁력이 있고, 업적을 쌓고, 좋은 코치가 되기도 한다. 그러나 이런 것들이 리더의 특징은 아니다. 리더는 타인들을 자신이 그리는 더 나은 미래로 인도할 수 있어야 한다. 조지 워싱턴은 250년 전에 다음과 같이 미래에 대한 이미지를 표현했다.

누구나 부러워하는 좋은 조건에 위치해 있으며, 광활한 대륙의 유일한 군주이며 소유자로서의 미국시민.…… 이제 우리는 뒤늦은 조약의 체결로 절대 자유와 독립을 인정받게 되었습니다. 지금부터 미국시민은 인류의 위대함과 행복을 보여주기 위해 특별히 신이 고안한, 인류라는 유명한 극장의 주역이 될 것입니다.

케네디는 50년 전 닉슨과의 토론에서 다음과 같이 말했다.

이제 우리 미국인들 앞에 놓인 문제는 다음과 같습니다. 우리가 할 수 있는 만큼 우리는 하고 있습니까? 우리가 되어야 하는 만큼 우리는 강합니까? 우리가 독립을 유지하기 위해서, 원조나 생존을 위해 우리에게 도움을 요청하는 사람들에게 우정의 손을 잡아줄 수 있을 만큼 우리는 강합니까? 나는 확실하게 우리가 충분히 잘하고 있다고 생각하지도, 우리가 이룩한 진보에 만족하지도 않습니다. 미국은 탁월한 국가입니다. 그러나 더 위대해질 수 있는 국가입니다. 그리고 지금도 강력하지만 더 강력해질 수 있는 국가입니다. …… 이제 미국이 다시 움직이기 시작해야 할 때입니다.

영국의 수상이었던 토니 블레어가 2003년 10월 정당회의에서 했던 연설에서도 그가 그리는 미래상을 볼 수 있다(우연하게도 원래 회의의 명칭은 '모두에게 공정함을'이었지만 블레어는 '모두에게 미래, 그리고 공정함을' 으로 바꿀 것을 주장했다).

> 변화를 위해 내가 북을 치며 종용하는 이유는 앞으로 할 일이 너무 많아 시간도 많이 걸리고 쉴 틈이 없음에 너무 화가 나서입니다. 나는 우리가 좀더 빨리, 좀더 멀리 나아갔으면 합니다. …… 원칙이 있든 없든, 잘못된 선택은 없어야 합니다. 앞으로든 뒤로든 옳은 선택으로 바꾸어야 합니다. 나에게는 일방통행만이 있습니다. 나에게는 퇴보란 없습니다.

토니 블레어의 연설을 인용한 것은 그가 본 미래가 객관적인 의미에서 '올바른' 미래라고 말하려는 것이 아니다. 영국인 절반쯤이 그의 말에 동의하겠지만 나머지 반은 그의 말에 동의하지 않을 것이다. 또한 '퇴보'가 없다는 말은 성공적인 리더들이 다시 돌아가거나 실수를 깨달았을 때 대안을 추구하지 않는다는 의미가 아니다. 성공적이지 못한 리더만이 모든 사실이 그를 궁지에 몰아넣어도 계속해서 자신이 선택한 길만을 고집한다.

내 주장은 리더들은 미래에 매료되어 있다는 것이다. 끊임없이 변화를 추구하고, 발전이 더딘 것을 참지 못하고, 현 상태가 몹시 불만족하게 여겨진다면 리더라고 할 수 있다. 닉슨과의 토론 후반부에서 케네디는 다음과 같이 계속해서 동일한 문구를 반복해서 사용하고 있었다.

- 나는 미국이 작년에 세계의 산업국가 중에서도 가장 낮은 경제성장률을 보인 점에 만족하지 않습니다.
- 나는 소련이 우리보다 2배 많은 과학자와 기술자를 보유하고 있다는 사실에 만족하지 않습니다.
- 나는 많은 교사들이 부당한 저임금을 받고 있는 사실에 만족하지 않습니다.
- 나는 모든 미국인이 완전한 헌법의 권리를 누리지 못하고 있는 점에 만족하지 않습니다.

'나는 만족하지 않습니다.' 이것은 리더의 슬로건이다. 리더는 절대로 현재에 만족할 수 없다. 머릿속에 더 나은 미래상이 있고, '현재의 상태'와 '가능한 상태' 사이의 충돌이 열정을 불태우게 하고, 마음을 휘저으며, 목표를 향해 전진하게 하기 때문이다. 이것이 리더십이다.

정치에서뿐만 아니라 열정적인 믿음을 갖고 있는 리더들은 다른 분야에서도 찾아볼 수 있다. 교사들에게 효과적인 교수법을 주문하는 장학사는 리더다. 신실한 이미지로 신도들을 모으는 목사도 리더다. 직원을 모아놓고 최고의 고객 서비스에 대해 설파하는 점장도 리더다. 팀에게 완벽한 경기를 말하면서 도전의식을 불어넣는 스포츠 코치도 리더다. 사람들에게 더 나은 미래를 보여주려고 애쓰는 사람은 누구든지 리더십을 가지고 있다고 할 수 있다.

그렇다면 리더에게 필요한 재능은 무엇인가? 탁월한 관리자의 핵심이 다른 사람들을 성공으로 이끄는 코치 본능이라면, 낙관주의와 강력한 자아는 탁월한 리더십을 이루는 재능이다.

낙관주의가 필요하다는 것은 너무나 명확하다. 리더라면 모든 상황이 나아질 수 있다는 것을 본능적으로 믿어야 한다. 당신은 미래에 대한 당신의 이미지를 상세히 묘사하지 않는다. 상황의 좋은 면을 부각시키고, 다른 사람들을 고무시키고 싶어 하기 때문이다. 다른 사람을 고무시키는 것이 중요하다고 생각할지 모르지만, 리더가 이런 이유로 낙관적 태도를 가지는 것은 아니다. 그것은 어쩔 수 없이 그렇게 되는 것이다. 리더는 미래를 생생하게 볼 수 있어서 그것을 머릿속에서 지울 수가 없다. 현재가 강력하더라도 리더에게는 미래의 가능성이 더 강력해 보이는 것이다. 이것을 현실화하는 것 외에 리더에게는 다른 선택의 여지가 없다.

1940년 5월, 영국 의회에서 윈스턴 처칠도 '나는 선택의 여지가 없었다'라는 전형적인 낙관주의적 연설을 했다. 정치적 고립 상태에 있었던 처칠은 영국을 위기에서 구하라는 부름을 받았지만, 독일과 평화협상을 하라는 압력에 직면해 있었다. 폴란드, 벨기에, 네

덜란드, 덴마크, 프랑스를 함락시킨 독일의 폭격은 멈추지 않을 거라 예상되었다. 따라서 대영제국이 나치에 항복하는 것은 이제 시간문제였다. 평화조약을 체결하는 것이 현명한 선택으로 보였다. 영국 국민들이 합리적인 유화 정책을 기대했다면, 바로 실망했을 것이다. 처칠은 비합리주의적 낙관주의자로서 다른 의견을 가지고 있었기 때문이다.

> 여러분이 묻습니다. 무엇이 우리의 정책입니까? 나는 육지, 바다, 하늘에서 전쟁을 하는 것이라고 하겠습니다.…… 그것이 우리의 정책입니다.
> 여러분이 묻습니다. 무엇이 우리의 목표입니까? 나는 한마디로 대답할 수 있습니다. 그것은 승리입니다. 어떤 대가를 치르고서라도, 모든 공포에도 불구하고, 그 길이 길고 험하든, 우리의 목표는 승리입니다. 왜냐하면 승리 없이는 더 이상의 생존도 없기 때문입니다. 나는 긍정적이고 희망적으로 내 임무를 수행하겠습니다. 나는 우리의 명분이 실패의 괴로움을 겪지 않을 거라 확신합니다.

타협이 합리적인 정책 같았지만, 처칠은 그것을 볼 수가 없었다. 그가 볼 수 있는 미래는 나치가 패배하고 영국이 승리하는 미래였다. 그에게는 선택의 여지가 없었다. 승리는 그의 목표와 정책이 되었다. 이런 미래에 대한 긍정적인 전망이 그를 사로잡았고, 다른 사항은 무시하고 행동에 옮기게 했다.

여기서 나는 일관되고 밝은 성격이 리더의 조건이라는 말을 하는 게 아니다. 그런 사람들도 있지만 예민한 사람들도 있다. 에이브러햄 링컨과 처칠은 우울증으로 고생하기도 했다.

리더들이 낙관적이라는 의미는 그들의 기분이나 다른 사람의 이견, 비관적인 현재 상황 등 어느 것도 '모든 상황은 나아질 것이다'라는 신념을 약화시키지 못한다는 것이다.

잠시 광부들의 책임자였던 랜디 포글을 생각해보자. 나는 범람한 물의 반대쪽에서 모우를 구출하기 위한 그의 주도적인 행동과 소송의 유혹을 어떻게 거절했는지에 대해 언급했다. 그리고 이런 주도성과 정직성은 리더십의 구성요소가 아니라고도 말했다. 그렇지만 나는 랜디가 리더가 아니라는 말을 한 것은 아니다.

나는 그가 사람들을 결속시켜 구출될 수 있다는 믿음을 주었던 점에 대해서는 언급하지 않았다. 그는 희망을 가지고 버려진 콘크리트 블록으로 벽을 쌓게 독려했고, 그것으로써 몇 분 동안 물이 넘어오는 걸 막았다. 또한 광부들이 계속 상승하는 물을 보지 않게 하려고 터널을 가로질러 방수포를 설치하게 했다. 또 그는 절망에 빠진 광부들에게 구조대원들이 광부들을 구출하려는 모든 노력을 자세하게 설명해주었다. 랜디가 쓴 글을 살펴보자.

나는 물이 입구에서 흘러나가 그들이 펌프로 이 문제를 해결하기를 바랐다. 광부들은 내게 많은 질문을 했다. "어디에서 펌프질을 하나요? 그들은 그렇게 큰 펌프를 구할 수 없을 텐데." 그러면 나는 이렇게 대답했다. "그들이 오늘 여기서 펌프를 만든다는 것은 불가능한 일이야." 다시 그들은 이렇게 말했다. "그러면 어떻게 여기로 펌프를 가지고 오지요?" "비행기로 수송할 거야. 얼마나 걸리든 간에 그들은 여기서 펌프질을 할 것이니 걱정하지 마."

처칠이 한 연설처럼 감동적인 연설은 아닐지 모른다. 하지만 낙관적인 면에서 보면 리더십이다. 랜디는 비참한 상황에서도 용기를 불러일으켜 사람들을 결속시킬 수 있었고, 더 나은 미래를 볼 수 있도록 만들었다.

이것이 바로 리더가 용기를 북돋아주는 방식이다.

만약 당신이 이런 식으로 느끼지 못하더라도 실망할 것은 없다. 당신이 천성적으로 인간의 동기 부여와 운명의 변덕스러움에 지치고 환멸을 느낀다고 하더라도 말이다. 당신은 낙관주의자들보다 옳은 판단을 할지도 모른다. 결국 옳은 방향보다는 잘못된 방향으로 가는 일이 많다. 또한 내재된 비관주의가 이점이 되는 직업은 많다. 예를 들면 법조계라든지 전략 기획과 같은 것이다. 하지만 리더 역할을 해서는 안 된다. 리더의 반대는 추종자가 아니다. 리더의 반대는 비관주의자이다.

이는 최고의 리더들이 몽상가나 현실을 거부하거나 환상에 빠진 망상가라는 의미가 아니다. 반대로 최고의 리더들은 현재의 난관을 평가함에 있어서 선명한 시야를 가지고 있다. 이것은 현재 난관에 대한 현실적인 평가에도 불구하고 그들이 이 난관을 극복하고 앞으로 나아갈 수 있음을 믿고 있다는 의미이다.

이제 강력한 자아에 대한 의문이 제기된다.

강력한 자아가 리더의 필요조건인가 하는 점은 그렇게 명확하지 않다. 오히려 신문이나 잡지의 경제면에는 강력한 자아 때문에 쇠락한 사람들에 대한 기사가 심심지 않게 나온다. 월드콤의 버니 에버스, 아델피아의 리가스 가(家), 글로벌 크로싱의 개리 윈닉, 에론의 켄 레이, 마샤 스튜어트 옴니미디어의 마샤 스튜어트 등 이 리스트는 실망스럽게도 계속 추가되고 있다.

그렇지만 그들의 불행을 지나치게 강력한 자아 탓으로 돌리는 것은 옳지 않다. 그들의 쇠락은 그들의 자아가 너무 강해서가 아니라 그들의 원칙이 그만큼 강하지 않았기 때문이다. 그들은 정직하지 못했다.

리더십의 핵심은 더 나은 미래를 가시화하는 것뿐만 아니라, 이 미래를 실현할 수 있는 유일한 사람이 본인이라는 믿음에 있다. 현재를 보다 나은 미래로 변화시킬 수 있는 책임은 오로지 본인에게 있다. 성공적인 리더들을 인터뷰한 결과, 어떤 리더에게서도 앞으로 나아가기 위한 노력을 게을리하는 모습을 찾아볼 수 없었다. 역사를 돌아보면, 심지어 성인처럼 거룩한 리더들도 이런 초자연적인 자신에 대한 믿음을 가지고 있었다.

마하트마 간디가 영국의 소금세에 대한 상징적인 저항으로 바닷물로부터 소금을 추출하기 위해 자기 집에서 단디라는 해안가 마을까지 240킬로미터를 걷는 고행을 한 것을 생각해보라. 우리는 고행으로만 끝날지 모른다고 걱정했을지 모르지만, 간디는 그렇지 않았다. 그는 수만 명의 사람들이 그의 행동에 동참할 것이라고 믿었다. 물론 그가 옳았다.

또한 예루살렘에서 돌아와 자신만이 예수님이 젊은 교회에 대해 무엇을 원하셨는지 알고, 사도들은 예수의 가르침에 맞게 관습을 고쳐야 한다고 전파했던 성 바울을 생각해보라. 정말 강력한 자아를 가지고 있지 않은가.

'자아'보다 '독립적 태도'가 더 나은 표현인가? 자기확신? 자신감? 모두 맞는 말이다. 그러나 '겸손함'이라는 말은 어떠한가? 그 말은 좀 이상하게 들리지 않는가? 리더들은 겸손한 목표를 정하지 않는다. 그들은 겸손한 꿈을 가지고 있지 않다. 그들은 자신의 능력을 평가하는 데 있어서 겸손하지 않다. 사실은 자신에 대해 아무것도 겸손하게 생각하지 않는다.

이는 그들이 모든 것에 해답을 가지고 있다는 말은 아니다. 오히려 최고의 리더들은 전문가의 의견을 중시한다. 그들은 호기심이 많고 탐구적이다. 또한 통찰력과 참신함을 찾고, 이를 통해 절대적이든 상대적이든 경쟁력을 유지하길 바란다.

그렇다고 경솔하거나 타인의 신경을 거슬리게 행동한다는 의미는 아니다. 간혹 그런 사람들이 있을지 모르지만 짐 콜린스가 정확하게 지적했듯이 가장 성공적인 리더들 중 상당수는 조심성이 있는 사람들이다.

또한 이는 리더들이 병적으로 자기중심적인 사람이라는 의미도 아니다. 강력한 자아를 가진 리더와 병적으로 자기중심적인 사람의 차이는, 자아가 개발되는 방식에서 나타난다. 성공적인 리더는 자신에 대한 믿음, 자기확신, 자신감을 가지고 있지만 그것들을 통제해 자신보다 더 큰 조직의 일을 수행한다. 병적으로 자기중심적인 사람에게는 자신이 곧 조직이나.

그러나 이는 리더들이 자신들이 뛰어나게 우수하다고 주장하는 것을 의미한다. 그들 자신의 중요성은 권리를 주장하는 욕구와 그것을 실현시킬 수 있는 능력, 두 가지로 구성되어 있음을 뜻한다.

그래서 만약 당신이 막 성장하고 있는 리더를 돕고자 한다면 그에게 자아를 꺾고, 겸양하며, 꿈을 줄이고 너무 자신감을 가지지 말라고 말하지 마라. 이러한 행동은 그를 혼란스럽게 하고 부정적인 태도를 만들 수 있다. 대신에 도전의식을 불어넣어 더 탐구적이고 강한 호기심과 발전된 미래상을 생생하게 그릴 수 있도록 도와줘라. 그리고 용기를 주어 이런 이미지를 실현하도록 노력하게 해라.

리더들이 낙관주의적이고 강력한 자아를 가졌다는 사실은 '리더는 타고난 것인가, 혹은 만들어지는 것인가?' 하는 오래된 의문에 해답을 제공한다. 리더는 타고나는 것이다. 리더는 낙관주의적 사고방식을 타고난다. 그렇지 않다면 리더가 아니다. 훈련을 통해 낙관주의적 시각을 가지게 할 수는 없다. 카운슬링과 코칭을 통해 덜 비관적으로 만들 수는 있다. 그러나 '덜 비관적'이라는 말은 '낙관적'이라는 말과 동일하지 않다. '덜 무례한'의 의미가 '예의바른'과 동의어가 아닌 것처럼 말이다. 성공적인 리더가 되기 위해서는 확실하게 비현실적이고 때로는 비합리적으로 보일 만큼 낙관적이어야 한다. 하지만 이것은 배울 수 있는 게 아니다.

강력한 자아도 마찬가지다. 교육을 통해 자신감을 불어넣어주고 자기확신을 갖게 만들 수는 있다. 그러나 어떤 노력을 기울여도 강력한 자아를 만들 수는 없다.

이 말은 리더로서 성장하는 데 아무 도움도 필요 없다는 뜻이 아니다. 리더로서 성장하는 데 물론 도움이 되는 일들이 있다. 미래의 도면을 수정한다거나 완전히 바꿀 때, 또 추종자들에게 보여주기 위한 효과적인 방법을 연구할 때 도움을 받을 수 있다. 그러나 보다 나은 미래에 대한 상을 그리고, 그 미래에 대한 믿음을 간직하고 창조할 수 있는 유일한 사람은 자신뿐이라는 믿음은 누구도 줄 수 없다. 이것이 리더에게 있는 비밀이다.

• • •

이제 당신은 관리자와 리더의 중대한 차이를 알 수 있다. 각각의 역할은 조직의 지속적인 성공에 있어서 결정적으로 중요하다. 그러나 각각 중점을 두는 것은 완전히 다르다.

관리자의 출발점은 직원 개개인이다. 관리자는 자질, 기술, 지식, 경험, 목표를 본다. 그리고 이 요소들을 활용하여 개인이 성공할 수 있는 특정한 미래를 고안한다. 직원의 성공이 관리자가 중점을 두는 영역이다.

리더는 이것들을 다르게 본다. 그는 미래에 대한 그의 이미지에서 출발한다. 더 나은 미래는 그가 말하고, 생각하고, 계속해서 되새기고, 고안하고, 수정하는 주제이다. 그는 자신의 머릿속에 명확한 이미지를 가지고, 다른 사람들이 그가 가시화한 미래 속에서 성공할 수 있게 도움을 주려고 노력한다.

당신은 물론 두 가지 역할을 다 수행할 수 있다. 그러나 두 가지 역할을 수행할 때, 당신은 언제 역할을 바꾸어야 하는지 알아야 한다. 당신이 관리를 하고자 한다면 사람과 함께 시작하라. 리더가 되고자 한다면 당신이 가고자 하는 그림과 함께 시작하라.

이런 역할을 가장 성공적으로 수행할 수 있는 방법이 다음 두 장의 주제이다. 이제 우리는 관리와 리더십에 관한 타고난 재능을 최대한 활용할 때, 학습하고 다듬어야 하는 기술에 대해 논의할 것이다.

2

탁월한 관리자는 개개인의 성장을 돕는다

좋은 관리의 기본 조건

관리자로서 실패하지 않는 기술

탁월한 관리에 대해 꼭 알아야만 하는 한 가지를 이해하는 것은 기본 조건을 무시하라는 의미가 아니다. 여기에서는 관리자로서 실패하지 않기 위해 꼭 배워야 하는 4가지의 기술에 대해 다루었다.

첫째, 반드시 좋은 사람을 선별한다. 다음과 같은 오래된 금언이 있다. "지금 모습을 보고 결혼해라. 당신이 운이 좋다면 어떤 변화가 있을 것이다." 이 말은 고용에 있어서도 마찬가지로 적용된다. 그러나 이 말이 한 사람을 가르치고 성장시키는 데 아무 도움도 줄 수 없다는 말은 아니다. 단지 누군가를 고용할 때 예측 가능한 정서 상태나 행동 양식, 교육 가능성을 가진 사람을 고용하라는 말이다. 잘 맞지 않는 부분이 있다면, 그걸 해결하기 위해 상당한 노력을 기울여야 할 것이다. 중요한 데 사용될 노력을 그렇게 허비할 수는 없는 일이기 때문에 새 직원을 고용할 때 세심한 관심을 기울이는 것은 당연하다.

적당한 사람을 기다릴 시간 여유가 없다고 말하는 관리자도 있다. 한 자리가 비면 곧 그 빈자리를 채워야 한다. 하지만 좋은 관리자는 이런 접근 방식이 어리석다는 걸 안다. 좋은 팀을 구성하기 위해서는 타협의 여지가 없다. 적당한 사람을 고르는 데 시간을 쓸 것인지, 뽑고 나서 훈련시키는 데 시간을 쓸 것인지는 그 사람이 결정할 문제다.

좋은 관리자가 "나는 당신의 현재 상태 그대로가 좋습니다"라고 말한다고 해서 문자 그대로 해석해서는 안 된다. 이 말은 보통 "나는 당신이 앞으로 나로 인해 변화할 그 모습을 좋아합니다"라는 의미이다. 관리자로서 탄탄하게 출발하고자 한다면 당신이 원하는 자질을 가진 사람을 선별하는 데 시간을 보내는 편이 낫다.

그럼 방법에는 어떤 것이 있을까? 글쎄, 인간은 너무나 복잡하기 때문에 사실 묘책은 없다. 그러나 따를 만한 지침서는 있다.

먼저 당신이 찾고 있는 자질이 무엇인지 알아야 한다. 당신은 경쟁적이거나, 집중을 잘하거나, 벤처 정신을 가지고 있거나, 창의적이거나, 분석적인 사람 중 어떤 사람을 원하는가?

또한 개방형의 질문을 던지고, 당신이 마음속으로 원하는 대답이 무엇인지 확실하게 알고 있어야 한다. 미셸 밀러에게 인적 관리에 있어 가장 좋아하는 것이 무엇인지를 질문했을 때, 나는 내가 "다른 사람들이 성장하고 계발하는 것을 돕는 것"과 같은 형태의 답을 원한다는 것을 알고 있었다.

개방형의 질문을 할 때, 특히 응답자의 자발적인 반응에 주의를 기울여라. 내 질문에 대해 미셸은 "나는 다른 사람들의 성공에 도움을 주는 것을 좋아합니다"라고 즉각적으로 응답했다. 그녀는 내가 원하는 답을 알지 못했고 사실 이 답변 말고도 그럴듯하면서 사회적으로 용인되는 답들도 많이 있었다. 예를 들면 "나는 혁신적인 해결책을 고안하는 것을 좋아합니다", 혹은 "나는 높은 성과를 내는 팀을 구축하는 것을 좋아합니다." 혹은 "나는 직면한 문제를 해결하는 것을 좋아합니다" 등등. 그러나 그녀는 즉각적으로 '다른 사람들의 성공에 도움을 주는 것'이라는 답을 했고, 이는 그녀의 자발적인 대답이므로, 나는 그로써 그녀의 미래 행동을 예측할 수 있었다.

즉각적인 반응에 주의를 기울이고 난 후에는 구체적인 것들을 귀담아 들어야 한다. 미래의 행동은 과거의 행동을 통해 예측 가능하다고 한다. 그러나 이것만으로는 불완전하다. 미래의 행동을 예측 가능하게 하는 것은 과거에 자주 한 행동이다. 과거에 자주 한 행동을 확실하게 알기 위해 이런 과거의 행동에 대해 언제, 어디서 등등의 구체적인 내용을 경청할 필요가 있다. 예를 들어 당신이 어떤 사람이 체계화하는 자질을 가지고 있는지 알기 원한다면, 그에게 효율성을 향상시키기 위해 그의 삶을 어떻게 체계화했는지 질문해라. 만약 그가 시기 등을 들어 구체적으로 대답한다면 그에게 점수를 주어도 좋다. 그러나 만약 그가 체계화의 중요성에 대해 화려한 수

식어를 늘어놓고 일반적인 용어로 대답을 한다면 더 캐묻지 말고 더 구체적인 것도 묻지 마라. (당신의 모든 질문은 사실 그의 답이 당신이 원하는 답이 아니라는 인상을 주고 있는 것이다.) 이런 일을 일상생활에서 규칙적으로 하고 있는 사람은 질문을 받으면 곧바로 최근의 기억에서 구체적인 예를 끌어낼 수 있다.

좋은 관리의 두 번째 기본 기술은 원하는 기대치를 명확하게 정의해야 한다는 것이다.

나는 생산성이 높은 직원이 혼란스럽게 헤매는 것을 본 적이 없다. 따라서 여기서 명확한 기대치의 필요성을 장황하게 검토할 필요는 없을 것 같다. 혼란은 효율성과 집중에서부터(목표를 알지 못한다면 당신은 어떻게 지름길과 우회로를 구별할 수 있겠는가?) 팀워크와 파트너십까지(본인의 조직에 대한 기여가 어떤 모습일지 모른다면 어떻게 다른 사람들의 기여에 가치를 두겠는가?) 그리고 자부심과 만족감에 이르기까지(성공의 측정이 어떻게 이루어지는지 모른다면 당신은 성공을 어떻게 알 수 있는가?) 모든 것의 진행을 더디게 방해만 할 뿐이라는 점을 우리 모두는 알고 있다.

관리자들은 명확성이 요구되는 부분에 있어서 전반적으로 동의한다. 하지만 실제 상황에 직면하면 명확하게 기대치를 정의하는 데 능숙하지 못하다. 조사에 따르면 직장에서 요구하는 기대치를 알고 있는 직원은 50퍼센트를 밑돈다고 한다. 확실히 관리자들은 명확한 기대치에 대한 중요성은 인식하고 있지만 그 실행은 힘들어한다.

현대 세계의 급속한 변화 때문에 혼란을 겪고 있는 거라고 말할 사람들도 있을지 모르겠다. 하지만 그들은 잘못 알고 있다. 나는 하이테크 분야의 팀과 일을 한 적이 있다. 그 회사는 제품의 라이프사이클이 채 몇 달이 되지 않는 곳이었다. 하지만 모든 직원들이 자신들에게 요구되는 기대치가 무엇인지 알고 있다고 대답했다. 나는 좀더 예측 가능한 일을 하는 안내 데스크 직원이나 택배 기사와 같은 사람도 관찰했다. 나는 우연히 정확하게 동일한 업무에 종사하는, 동일한 회사의 건물에서 각각의 옆 사무실에서 일하는 2개의 팀을 관찰했다. 한 팀에서는 90퍼센트 이상의 직원들이 그들의 기대치를 정확하게 알고 있는 반면 다른 한 팀에서는 15퍼센트만이 알고 있었다.

이런 차이점을 생각해보면 관리자만이 차이를 만들 수 있다는 결론을 내릴 수 있다. 관리자는 팀에 명확성을 부여할 수도 있고 부여하지 않을 수도 있다.

좋은 관리자는 이것을 어떻게 할 수 있을까? 어떻게 그들은 위로부터의 압력과 우선순위를 걸러내 명확한 형태로, 짧은 기간 동안 집중해야 할 것과 명확한 숫자를 제시할 수 있을까? 그 비결은 한 단어로 요약할 수 있다. 그들은 그것을 '항상' 한다. 그들은 조직이 요구하는 대로 일 년에 한두 번 정도만 목표를 정하는 게 아니다. 대신 그들은 일 년에 최다 4, 5번 직원과의 미팅을 통해 직원 개개인의 진행을 체크하고, 조언을 하고, 업무 내용을 바로잡는다.

그들은 직원을 채용할 때 "어떤 일로 당신은 월급을 받는다고 생각합니까?"와 같은 강력한 질문을 던진다. 그리고 모든 미팅과 대화, 프레젠테이션에서 기대치를 명확하게 전달하려고 한다. 그들은 직원과의 면담 자리를 기대치를 더 명확하게 전달할 기회로 여긴다. 또한 개개인의 분위기에 맞춰 다른 태도로 대하는데, 이는 직원에 대한 불신이나 실망을 에둘러서 전달하려는 목적에서가 아니다.

세 번째 기본 기술은 칭찬과 인정이다. 오브리 다니엘스는《당신의 직원은 최고인가》라는 책에서 '모든 행위에는 결과가 있고, 이 결과는 한 사람이 같은 행위를 되풀이하는 결정에 상당한 영향을 미친다' 는 자신의 이론을 구체적으로 설명했다. 그의 주장에 의하면 결과는 긍정적이거나 부정적이거나, 미래에 나타나거나 즉각적이거나, 확실하거나 불확실하거나 등 다양한 형태로 나타난다. 이런 가능성들 중에서 가장 미약한 결과는 불확실하고 미래에 나타나며 부정적인 것이다. 가장 강력한 결과는 그 반대로, 확실하고 즉각적이며 긍정적인 것이다. 이는 건강한 식습관을 갖게 하는 설득 과정이 왜 힘든지 설명할 수 있다. 도넛은 몇 년 후에 심각한 과체중을 야기하고, 10년 후 건강에 치명적인 악영향을 미칠 것은 분명한 사실이다. 하지만 현재 시점에서 그보다는 도넛의 확실하고 즉각적인 맛이 훨씬 설득적이다.

이런 이론적 접근으로 다니엘스는 조직원들로부터 최고를 이끌어내기 위해서는 반드시 그들의 결과를 관리해야 한다고 주장한다. 어떤 특정한 결과가 반복되기를 바란다면, 우리는 이런 행위들이 확실하고 즉각적이고 긍정적인 결과에 부합한다는 점을 확신해야 한다. 즉 우리는 즉각적으로 탁월한 성과를 인정하고 그것을 칭찬하는 관리자가 되어야 한다.

위의 주장이 옳다는 것은 사실이지만 우리는 현실에 직면하면 다음의 사항들을 고려해야 한다. 갤럽, 미국경영협회, 타워스 페린과 같은 다양한 조사기구의 연구에 의하면, 30퍼센트 정도의 사람들만 좋은 성과에 대해서 칭찬이나 인정을 자주 받았다고 응답했다. 이는 탁월한 성과를 보여주었는데도 아무도 이를 인정해주지 않았거나 혹은 실제로 탁월한 성과를 보여주지 못했거나 둘 중의 하나일 것이다. 물론 둘 중 어느 것도 바람직한 경우는 아니다.

좋은 관리자들에게 칭찬의 힘에 대해 다시 상기시킬 필요는 없다. 그들은 칭찬이 탁월한 성과에 대한 단순한 반응만이 아니라는 점을 본능적으로 안다

그것은 좋은 성과의 원인이 된다. 좋은 청중이 있으면 공연도 잘 되는 것이다. 그리고 칭찬은 아무리 해도 지나치지 않다고 말한다. 칭찬으로 성과가 보장된다면, 칭찬은 많이 해도 지나치지 않는다. 탁월성은 단번에 성취되는 것이 아니라 반복된 연습과 지속적인 개선의 결과이다. 관리자의 임무는 이런 지속적인 발전을 인지하고 그것들을 축하해주는 것이다. 이런 임무를 충실히 이행하면 직원은 더 발전하기 위해 반복해서 노력할 것이고, 탁월함으로 향하는 등반을 계속할 것이다.

이와는 반대로, 직원들이 자만심에 빠질까봐 성과에 대한 칭찬에 인색하다면, 직원들은 높은 성과를 올리는 일에 점점 게을러질 것이다. 어떤 행동이 무시되면, 그는 당신으로부터 반응을 얻기 위해 자신의 행동 방식을 변경할 것이다. 즉 선한 행동이 무시된다면, 악

한 행동으로 바꿀 것이다. 실제로 만약 직원 중 성과가 좋았던 사람이 이목을 끄는 행동을 하기 시작한다면 이는 처음에 그를 스타로 만들었던 바로 그 행동을 관리자가 무시했다는 증거이다.

그러므로 당신이 탁월한 성과를 내도록 직원들을 자극하기 원한다면 즉각적으로 예측 가능한 방식으로 확실하게 칭찬하라.

좋은 관리의 마지막 기술은 따뜻함이다. 관리자는 반드시 자신의 직원에게 관심을 보여야 한다. 나는 이 관심을 구체적이고 실제적인 기술로 설명하고 싶지만, 이와 관련된 자료가 없다. 많은 연구 결과에 따르면 직원들은 직장에서 자신에게 누군가가 관심을 보여준다고 느끼게 되면 더 생산적이 된다고 한다. 실제로 조사 결과, 관심과 생산성 사이에는 우연한 연관성 그 이상이 있다. 또한 직원들이 관심을 받고 있다고 느낄 때 무단결근의 횟수, 작업 중 사고 발생 빈도 수, 산업재해 보상 소송 제기 수, 현장 절도 건수, 퇴직자 수에 대한 감소가 기록되었다. 또한 직원들의 회사를 옹호하는 태도가 강화된다고 한다. 성과 측정이 어떤 식으로 이루어지든지 간에 관심이 성과를 이끌어낸다는 것은 분명하다.

인간은 군집 동물이다. 결속은 당연한 행위이다. 다른 사람들과 근접한 곳에 있으면 우리는 본능적으로 우리가 연결할 수 있는 공동 영역을 찾으려고 한다. 사실 결속하려는 욕구는 아주 강하다. 행복한 결혼에 관한 연구에 의하면, 대학에서 배우자를 만났던 부부 중에서 결혼할 가능성이 가장 강하게 예측되는 커플은 같은 전공, 같은 신념, 같은 국적, 같은 사회경제학적 계급 출신의 커플이 아니라 같은 기숙사에 있었던 커플이라고 한다. 결속의 욕구는 너무 강하기 때문에 만약 사람들을 가까운 지역에 강제로 살게 한다면 그들 중 상당수의 사람들이 결혼할 것이다.

결속은 우리 안에 내재되어 있으며, 결속이 이루어지면 다른 긍정적인 효과가 발생한다. 이러한 결속을 통해 우리는 보다 안전함을 느끼고, 자신감을 공유하며, 위험을 감수하려 하고, 서로에 대한 지원을 강화할 것이다. 이런 일들이 조직 안에서 일어나기를 바란다면, 관리자는 실례를 만들고 자신만의 결속을 다져야 한다. 또한 신중하고 명확해야 한다. 직원들에게 관심을 갖고 있다는 것을 말하고 그들의 성공을 바란다고 말하라. 그들의 자신감을 유지시켜라. 그들의 사적인 삶에 관심을 갖고 가능한 한 사생활에서의 어려움을 그들의 직장 일상과 조화시켜라.

그렇다고 마냥 부드럽게 대하라는 말은 아니다. 성과가 좋지 않은 직원은 정확한 방법으로 신속하게 바로잡아야 한다. 좋은 관리자는 자신의 팀원이 보통 수준의 성과에 머물러 있는 것을 보지 못한다. 직원에게 관심이 있는 관리자는 좋지 않은 성과에 대해 일찍 간파한다.

따라서 성공적인 관리를 위해서는 직원 개개인의 행복과 성공에 대해 진정한 관심을 가져야만 한다. 만약 당신이 직원의 감정적 변화보다 프로젝트의 결과에 더 많은 관심을 둔다 하더라도, 그렇지 않은 척 가장하지 마라. 거짓된 관심은 무관심보다 나쁘다. 그렇다면 나처럼 관리 업무는 하지 않는 것이 좋다.

적절한 사람을 선별하고, 명확한 기대치를 설정하며, 성과를 인정하고 칭찬하라. 그리고 직원에게 관심을 가져라. 이것이 좋은 관리의 4가지 기본 기술이다. 각각을 잘 실천하면 관리자로서 당신은 실패하지 않을 것이다. 그러나 이것을 잘 이행한다 해도 성공이 보장된 것은 아니다. 관리자로서 성공하기 위해서 당신에게는 완전히 다른 기술이 필요하다.

탁월한 관리자는 체스를 둔다
부하직원의 특별함을 찾아내 북돋아줘라

퀴즈, 체커와 체스의 주요 차이는 무엇일까?

세미나에서 내가 이 질문을 던졌을 때, 가장 많이 나온 답은 '체스가 더 어렵다'와 '체스가 더 전략적이다'라는 두 가지였다. 둘 다 맞는 말이기는 하지만 만족스러운 답변은 아니다. 본질적인 차이에 대한 설명이 없기 때문이다. 왜 정확히 체스가 더 어렵고 더 전략적인가?

당신이 관리에 소질이 있다면(그리고 체스 게임과의 유사성에 친숙하다면) 당신은 즉시 정답을 말했을 거라고 장담한다. 체커와 체스의 주요 차이는 체커에서는 말들이 모두 같은 방향으로 움직이지만 체스에서는 모든 말들이 각자 다른 방향으로 움직인다는 것이다. 그래서 체스 게임을 잘하고 싶다면 반드시 각 말들이 움직이는 방식과 이 방식을 전반적인 공격 계획에 포함시키는 방법을 배워야만 한다.

관리라는 게임도 이와 같다. 관리자들은 직원과 보통 체커 게임을 하는 방식으로 관계 맺는다. 그들은 직원들이 같은 방식으로 동기를 부여받고 같은 목표에 따라 전진하며, 같은 관계를 갈망하고 같은 방식으로 학습한다고 가정한다(혹은 그렇게 희망한다).

보통 관리자들은 내가 위에서 언급한 것과 같은 방식으로 직원을 관리한다. 그들은 직원의 기대치를 설정할 때 자신이 원하는 수준에 맞춘다. 직원을 가르칠 때 직원이 힘들어하는 일에 익숙해지도록 훈련을 시킨다. 또 직원이 자기 스타일을 바꾸는 노력을 할 때 칭찬한다. 즉 각각의 직원을 완벽한 역할을 할 수 있도록 만드는 것이 관리라고 믿는다.

그러나 탁월한 관리자는 다르다. 그들은 이와는 반대로 행동한다. 탁월한 관리자가 인적 관리에 대해 알고 있는 한 가지는 바로 이것이다.

각 직원의 특별함을 발견하고 그것을 활용하라.

탁월한 관리자는 동일한 자질과 능력을 기준으로 직원을 선발하더라도 직원들 사이의 차이성이 유사성보다 훨씬 중요하다고 생각한다. 인종이나 국적, 성별, 신념에 관한 차이를 언급하는 것은 아니다.

내가 여기서 언급하는 차이는 개별성의 차이다. 직원들은 사고방식과 관계 맺는 방식, 학습 방식, 이타심, 인내심, 전문성, 준비성, 동기, 취약점, 목표 등등에서 개인마다 차이가 있다. 이런 개인적 자질의 차이는 인종이나 성별 등의 피상적 차이를 넘어 각 개인의 개성이 된다.

이런 개인적 차이점은 변하지 않고 오랜 시간 동안 지속된다. 관리자에게 있어 가장 소중한 자원은 시간이라고 할 수 있다. 그러므로 시간을 가장 효과적으로 투자하는 방법은 각각의 직원의 차이점에 대해 정확하게 알고 체스 경기를 하듯이 전반적인 행동 계획을 짜야 한다.

이는 탁월한 관리자로부터 이야기를 들을수록 더욱 명확해졌다. 탁월한 관리 방식은 직원을 바꿔가는 게 아니다. 직원을 완벽한 역할로 변모시키려 하면 당신도 지치고 직원도 괴로울 것이다. 탁월한 관리 방식은 '방임'이다. 그것은 직원을 둘러싸고 있는 세계를 바꾸는 것이다. 그렇게 함으로써 각 직원이 저마다 독특하게 기여할 수 있는 부분과, 요구사항, 스타일을 자유롭게 표현할 수 있다.

관리자로서의 성공은 업무를 이행하는 기술에 좌우된다. 이 기술을 완전히 이해하기 위해서 월그린스의 세계, 더 자세하게 월그린스 스토어 5881, 즉 캘리포니아 주 레돈드 해변에 있는 미셸 밀러의 세계를 살펴보도록 하자. 미셸 밀러는 월그린스의 4000번째의 매장을 개점한 영예를 안고 있는 매장 관리자다. 나는 그녀가 각 직원을 조직의 역할에 짜맞추어야 하는 대형 조직에서, 직원의 독특성을 잘 활용하여 성공에 이르렀다는 점을 강조하고 싶다. 그녀가 각 직원의 독특성을 활용할 수 있었던 배경에는 사실 월그린스 조직의 지혜가 숨어 있다. 그녀 또한 지혜로웠다.

환경을 바꿔라

월그린스의 조직 재배치와 재배열

만약 당신이 오늘날 관리자들에게 산적한 많은 압박을 실제로 느껴 보고 싶다면 매장 관리자가 있는 매장을 방문하라. 홈디포나 월마트 혹은 지방의 작은 수퍼마켓이든 상관없이 매장 관리자와 보내보면 현재 관리자들에게 얼마나 많은 역할이 주어져 있는지 알게 될 것이다. 마케팅, 관리, 영업, 재고관리, 인사, 정보기술 등 이 모두가 그들의 업무다.

나는 현실 속에서 미셸이 어떻게 행동하는지 보고 싶어 미셸에게 말했다.

"매장 안으로 걸어가봅시다. 당신의 관점에서 매장을 보고 싶군요."

우리는 매장 통로를 따라 걸어갔는데 그녀는 이제까지와는 아주 달라졌다. 사무실에서는 여유롭고 허물없이 웃고 있었는데, 매장 안에 들어서자 그녀는 열정적이고 신중하고 능숙한 사람으로 변모했다.

"여기 이게 보이세요?"

그녀는 한 병에 1.69달러로 가격표가 붙은 게토레이 판매대를 가리켰다.

"이렇게 하면 판매 기회를 놓치게 돼요. 우리는 2개에 3달러로 광고를 했습니다. 게토레이를 한 병만 사는 사람은 없거든요. 그래서 고객의 구매 방식대로 판매했지요. 2개에 3달러에 팔아도 이익은 남으니까요."

우리는 계속해서 걸어갔다.

"여기를 보시겠어요? 모든 화장실용 화장지가 선반 앞쪽에 진열되고, 라벨도 일렬로 고객을 향해 진열되어 있습니다. 우리는 그것을 '페이싱'이라고 부르죠. 이 화장지들은 완벽하게 앞쪽을 보고 진열되어 있습니다. 이것은 제프리 솜씨예요. 그가 어젯밤에 이쪽 복도를 진열했거든요."

코너를 돌자 통로 한가운데에 두서너 개의 상자가 숨겨져 있는 것이 보였다. 그녀는 낮은 소리로 한숨을 내쉬더니 직원을 시켜 그 상자들을 창고로 옮기게 했다.

그녀의 시선은 또 다른 매대 끝에 머물렀다.

"저거 보이세요?"

그녀는 제모제 용품의 진열대를 가리켰다. 피니싱 터치라는 여성용 제품과 마이크로 터치라는 남성용 제품이 세트로 진열되어 있었다.

"이 제품들은 다른 위치에 진열해야 할 거 같아요. 다른 매장에서는 판매가 잘 되는 제품인데, 무슨 이유에서인지 여기서는 판매가 부진해요. 지금 당장은 어디가 좋을지 모르겠지만 적당한 위치를 계속 생각해봐야 할 것 같아요."

우리는 마지막 통로로 방향을 돌렸다.

"이쪽 통로 전체는 이번 주에 재진열될 예정이에요. 곧 있으면 여름이고 여름이 되면 사람들의 야외 활동이 많아지죠. 사고도 일어나기 쉽고요. 그래서 응급처치 제품들을 진열할 예정입니다. 밴드에이드, 붕대, 살균 소독 크림 같은 제품이요. 다음 주에 오시면 확인하실 수 있을 거예요."

나는 어떻게 머릿속에 이런 다양한 것들을 기억하고 있는지 물었다.

"이게 바로 매장 관리예요."

그녀는 유쾌하게 대답했다.

"매장 관리자는 매장, 고객, 상품, 직원에 대한 안목도 가져야 해요. 그것도 모두 상세하게요. 좁은 시야를 가지고는 결코 성공할 수 없지요."

나는 이런 세세한 업무 중에서 그녀에게 가장 중요하고, 많은 주의를 기울이는 일이 무엇인지 물었다.

"업무일정표를 만드는 일이에요."

"정말입니까?"

예상과는 다른 대답이었다.

"그렇습니다. 사실 그 일만큼 중요한 업무는 없어요. 해당 업무에 적당한 직원을 배치하지 않으면 모든 게 엉망이 돼요. 모든 직원을 조화롭고 보완적으로 배치해야 합니다. 저는 그것을 '개인별 영역 찾기'라고 불러요. 그것만 제대로 하면 나머지 것들은 저절로 따라오지요."

내가 이런 업무에 익숙하지 않아서인지, 그녀가 관리하는 매장은 아주 체계화된 작업장 같아 보였다. 나는 구체적인 예를 부탁했다.

어떤 방식으로 그녀가 개인별 영역에 맞추어 업무일정표를 짜는지.

미셸은 제프리와 제노아라는 두 직원의 특성을 어떻게 활용했는지 설명해주었다.

처음에 미셸은 제프리를 채용하려 하지 않았다. 그는 로커였는데 검게 염색한 머리 한쪽은 깎고 다른 쪽은 길게 길러 얼굴을 덮고 있었다. 하얀 셔츠에 얇은 검은 타이를 매고 있었고 약간 긴장한 듯 보였다. 인터뷰 동안 그는 그녀와 시선을 마주하지 않고 피하면서 초조해했다.

"그는 야간 조에서만 일하고 싶어 했어요. 그런데 왠지 그가 일을 잘할 수 있을 것 같다는 느낌을 받았어요. 그리고 몇 달을 함께 일한 후 그의 장점을 발견했죠. 만약 내가 그에게 '매장을 다니면서 상품들을 똑바로 진열하세요' 하고 막연한 업무를 주면 2시간이면 끝날 일이 하룻밤 내내 걸립니다. 일의 결과도 만족스럽지 않았고요. 그런데 좀더 구체적인 업무, 이를테면 '크리스마스 행사 진열을 위해 수직 판을 세우세요'라고 지시하면 그는 그 업무를 완벽하게 효과적으로 마치고 의기양양하게 돌아와 일이 더 없는지 물어봅니다. 모든 수직 판이 좌우대칭으로 균형이 맞고 모든 상품에 완벽하게 가격표가 붙어 있고 모두 앞면을 향하게 진열되어 있을 것입니다. 그것도 하루 만에 모든 일을 완벽하게 요."

제프리는 일반적인 업무가 주어지면 고전한다. 하지만 구체적인 업무, 즉 정확하고 분석적인 일이 주어지면 그는 탁월하게 해낸다. 미셸은 이것이 제프리의 장점이라고 결론을 내렸다. 제프리가 매장에서 최대로 기여할 수 있는 영역인 것이다. 그녀는 다른 좋은 관리자처럼 그에게 그 점을 알려주었고, 그를 칭찬했다.

그저 좋은 관리자라면 그 상태에서 만족했을 것이다. 그러나 진짜 탁월한 관리자는 다르다. 미셸도 몇 배의 효과를 창출할 수 있는 사람이었다. 그녀는 각 개인의 특성을 인정하는 데 그치지 않고 항상 그것을 활용할 수 있는 방법을 찾았다. 그래서 매장 내의 다양한 업무를 검토해보고 제프리의 장점을 활용해 매장 전체에 유익한 업무를 재할당하기로 결정했다.

월그린스의 모든 매장은 '매장 재배치와 재배열'이라는 작업을 한다. '재배치'는 새로운 상품으로 통로 전체를 채우는 것을 말한다. 이 작업은 고객의 구매 행태상 예측 가능한 변화에 따라 한 달에 한 번 행해진다. 예를 들면, 여름이 끝날 무렵이 되면 선크림, 애프터 선크림, 립밤 제품이 있는 통로에 환절기 알레르기에 대비한 알레르기 치료약을 재진열하라는 월그린스 본부의 지시가 내려온다. 이것이 '재배치'이다.

'재배열'은 재배치보다 작은 규모의 작업이다. 신상품 교체, 신제품 진열 등이 여기에 속한다. '재배열'은 시간은 덜 들지만 훨씬 더 자주 해야 하는 작업이다. '재배열'은 보통 일주일에 한 번씩 이루어진다.

월그린스 매장은 각 직원이 통로 하나씩을 책임지고 배열을 한다. 고객을 맞고 상품 라벨이 보이게 진열하고, 통로를 치우고, 상품 가격표를 붙이고, '재배치와 재배열'을 한다. 이런 방식의 업무

할당은 분명 장점이 있다. 간단하고 효율적이며, 직원에게는 자기가 담당한 매장에 책임의식을 갖게 한다. 그러나 미셸은 제프리의 장점을 최대한 살릴 수 있는 보다 효율적인 방법을 생각했다.

제프리는 구체적인 임무가 주는 도전을 너무 좋아하기 때문에 미셸은 그에게 구체적인 일을 배정했다. 즉 매장 내의 모든 '재배치와 재배열' 작업을 맡겼다. '재배치와 재배열' 작업은 한 주 동안의 업무를 세세하게 기록하기 위해 8센티미터 두께의 서류철 하나가 요구될 만큼 비교적 중대한 업무였다. 그래서 제프리는 그의 업무 시간 전부를 이 일에 할애했다. 미셸은 다음의 세 가지의 이유로 업무의 재할당이 가지는 위험을 감수할 가치가 있다고 판단했다. 첫째, 제프리는 천성적인 도전의식으로 더 책임 있게 일을 할 것이다. 둘째, 반복되는 연습으로 그는 그 업무를 더 능숙하게 잘할 것이다. 셋째, 제프리가 '재배치와 재배열' 작업 전체를 맡음으로써 다른 직원들은 좀더 여유롭게 고객을 맞이하고 서비스에 전념할 수 있다. 그녀는 이렇게 함으로써 5배의 효과를 거두는 것이라고 판단했다. 제프리, 다른 직원들, 고객, 미셸 자신, 그리고 결국에는 월그린스의 승리까지 얻을 수 있는 것이다.

매장의 성과는 그녀가 옳았다는 것을 입증했다. 업무 재할당 이후 매출과 이익뿐만 아니라 고객만족지수 역시 향상되었다. 연속 4개월 동안 월그린스의 미스터리쇼퍼 프로그램에서 그녀의 매장은 100퍼센트 만족이라는 점수를 얻었다.

결과는 아주 좋았지만 불행히도 오래 가지는 못했다. 제프리의 장점에 맞추어 업무 할당을 했지만 그는 자신의 장점보다는 업무에 대한 만족도를 중시했다. '재배치와 재배열' 작업에서 성공을 경험하면서 자신감이 생긴 제프리는 6개월쯤 지난 후에 관리직으로 전직하기를 희망했다.

이러한 제프리의 바람을 알게 된 미셸은 괴로워하거나 난처해하지 않았다. 오히려 그녀는 흥미로워했다. 그녀는 제프리의 발전을 자세히 지켜보았기 때문에 관리직 자리를 만들어주고 코칭을 해주면 관리자로서도 잘할 수 있을 거라는 결론을 내렸다. 그는 감정적이기보다는 분석적이고 주의 깊었다. 사려 깊은 관리자가 될 자질이 있고 월그린스 세계에서 이런 종류의 관리자를 위한 자리는 있다고 판단했다.

그녀는 그를 부점장으로 인사이동시켰다. 이전의 업무 재할당은 이제 무효화했다. 그럼 제프리가 승진함으로써, '재배치와 재배열' 작업은 누가 담당할 것인가? 분석적인 재능을 갖추고 구체적 업무를 좋아하는 제2의 제프리가 있는가? 그렇지 않았다. 그렇다면 그녀의 다음 행보는 무엇일까? 제프리의 역할을 할 수 있는 새로운 사람을 적극적으로 찾아야 할까? 아니면 다시 모든 통로 직원들에게 '재배치와 재배열' 작업을 할당해야할까?

미셸은 놀라지 않았다. 유능한 체스 경기자들처럼 그녀는 몇 발 앞서서 생각하고 있었다. 그래서 제프리가 찾아와 다른 일을 하고 싶다고 말했을 때 그녀는 이미 준비가 되어 있었다.

화장품 통로에는 이미 언급한 바 있는 제노아라는 직원이 있었다. 미셸은 제노아에게 거는 기대가 컸다. 그녀가 보기에 제노아에게는 두 가지 장점이 있었다. 그녀는 고객들을 편하게 대했다. 이를테면 고객의 이름을 기억하고, 적절한 질문을 하며, 전화를 받을 때도 반갑게 응대하면서도 전문성을 잃지 않았다. 그리고 이런 완벽한 업무 능력과 더불어 유별날 정도로 깔끔했다. 그녀가 맡은 화장품 통로는 언제나 완벽하게 앞면을 향하여 진열되어 있고 모든 것들은 잘 정리되어 있었다. 더 좋은 말이 생각나지 않을 정도로 매력적이었다. 그녀가 맡은 통로에 가면 제품에 손을 대고 만지고 싶어질 정도였다.

그러나 문제는 있었다. 제노아와 그녀의 직속 상사 킴벌리는 개인적으로 사이가 좋지 않았다. 둘은 매일 소소한 다툼으로 에너지를 낭비하고 있었다. 이제 미셸이 나서기로 했다.

"두 사람의 충돌을 보면서 나는 킴벌리가 제노아의 교육 책임자로서 맞지 않는다고 판단했습니다. 제노아를 인사이동하여 더 만족할 수 있는 업무를 시켜야겠다고 생각했어요. 킴벌리를 부점장으로 승진시키려면, 그녀가 몇 달 후에 화장품 파트장으로서 그 파트를 책임질 수 있어야 하니까요."

잠시 정리해보자. 당신은 지금까지 모든 것을 이해했는가? 여기서 미셸에게는 더 개발하고자 하는 2명, 만약 제프리를 포함한다면 3명의 직원이 있다. 그중 두 명은 서로 잘 지내지 못하면서, 각자의 재능과 요구를 보완해가며 변덕스럽고 요구가 많은 고객들을 대상으로 일하고 있다.

만약 당신이 관리에 천부적인 자질이 있다면 이런 역동적인 복잡함에 익숙하거나 흥분을 느끼게 될 것이다. 그러나 만약 그렇지 않다면 관리의 어려움에 압도될 것이다.

복잡한 상황이었다. 미셸에게는 제프리까지 포함해 3명의 직원을 적절한 업무에 배치해야 하는 과제에 직면했다. 관리에 천부적 자질이 없는 사람이라면 어려움에 질식할 상황이었다. 하지만 미셸의 해결책은 간단하면서도 정교했다. 그녀는 제노아를 킴벌리로부터 떼어놓고 그녀의 두 가지 재능을 활용할 수 있는 독립적인 업무를 부여했다. 미셸은 제프리의 '재배치와 재배열' 작업을 둘로 분리했다. 이중 '재배열' 작업을 제노아에게 맡겨 상품을 매력적으로 진열하는 제노아의 독특한 재능을 매장 전체에 유익하도록 활용했다. 그러나 미셸은 고객 응대에 능숙한 제노아의 재능 또한 놓치기 싫었다. 그래서 제노아에게 아침 8시 30분에서 11시 30분까지만 '재배열' 작업에 집중하게 하고 그 이후부터 고객이 많아지는 시간에 고객 서비스를 담당하게 했다.

'재배치' 작업은 여전히 제프리가 맡았다. 통상 부점장들은 매장 업무를 맡지 않았지만 미셸은 그가 '재배치' 작업에 숙련되어 5시간 동안 쉽게 마칠 수 있기 때문에 계속 업무를 맡으라고 설명했다.

이번에도 미셸은 5배의 승리를 얻었다. 제노아에게는 영역을 넓힐 수 있는 기회가 주어졌다. 미셸에게는 제노아와 킴벌리의 계속되는 갈등을 다루는 데 여유를 갖게 되었다. 제프리는 '재배치' 작업에 대한 자신의 역량을 계속해서 과시할 수 있었다. 고객들은 좀

더 매력적이고 잘 정리된 매장에서 이익을 볼 수 있다. 그리고 또한 번 월그린스 5881 스토어에서는 탁월한 실적을 얻을 수 있었다.

위의 경우에서 제노아와 제프리에 대한 업무 배치는 그들 각각의 활용도를 증가시켰다. 그 후에도 미셸은 직원을 효과적으로 배치했다. 각 직원의 능력을 활용하기 위해 그를 둘러싼 세계를 변화시킬 수 있는 이런 능력은 탁월한 관리의 핵심이다.

탁월한 관리자는 낭만주의자다
개인 가치를 존중하라

생각해보면, 미셸의 재배치 조정은 이미 엎질러진 일을 뒤늦게 수습하기 위한 절차가 아니었을까 싶다. 사실 처음부터 제대로 된 직원을 고용했더라면 이런 재배치 조정은 없었을 것이다. 결국 각 직원의 독특한 특성을 활용하는 것은 탁월한 관리자에게 필요한 첫 번째 기술이 아니라 오히려 적절한 사람을 채용하지 못한 관리자가 해야만 하는 마지막 방법이라고 할 수 있다.

하지만 탁월한 관리자도 평범한 직원을 채용하는 실수를 하게 되면 각 직원의 독특성을 활용하지 못한다. 그들은 재능 있는 직원을 채용하면, 개인의 독특성을 충분히 활용할 수 있어 효과가 크다는 것을 알고 있다. 나는 미셸의 성공을 다섯 배의 승리라고 말했지만 이것은 실제보다 폄하한 것이다. 개별성을 활용하면 몇 가지 다른 장점이 더 있다.

첫째, 시간이 절약된다. 뛰어난 재능이 있는 직원들도 사실 완성된 상태는 아니다. 그런데 비효율적인 관리자는 이런 불완전한 상태를 알지 못한다. 미셸이 이런 관리자였더라면 그녀는 제프리가 고객의 이름을 기억하고, 그들에게 미소 짓고 친해지는 법을 교육하는 데 많은 시간을 쏟았을 것이다. 하지만 그 효과를 기대하기는 어렵다. 오히려 그녀는 그의 역량으로는 부족한 영역의 업무를 줄였다. 반면 천부적 능력을 보여줄 수 있는 활동을 늘리기 위해 업무를 재배치했다. 마찬가지로, 제노아가 직속 상사와 관계 개선을 하는 데 상당한 에너지를 투자하게 했더라도 많은 효과를 보지 못했을 것이다. 대신 미셸은 역할과 책임을 재정비하여 두 사람을 편하게 해주었다.

둘째, 개인의 특성을 발견하고 활용하여 개인에게 좀더 책임의식을 느끼게 했다. 미셸은 단지 제프리의 뛰어난 능력을 칭찬하는 데 그치지 않고 매장에 도움을 주는 초석으로 만들었다. 그녀는 제프리가 이 일에 주인의식을 갖고, 연마하고 다듬어갈 것을 요청했다. "만약 이것이 당신 최고의 모습이라면, 저는 당신이 매일 발전하는 모습을 기대합니다." 분명하게 그녀는 동일한 메시지를 모든 직원에게 전달하고 있었다. 미셸의 매장에서 각 개인들이 최고를 이끌어야 한다는 부담감을 느끼면서도 시간이 지날수록 성공을 유지하고 있다는 것은 놀라운 일이다.

셋째, 더 강한 팀워크가 형성된다. 이는 보편적으로 우리가 알고 있는 지식과는 좀 차이가 있다. 가장 강력한 팀은 상호의존성을 바탕으로 형성된다. '상호의존성'은 "당신은 제가 할 수 없는 일을 하기 때문에 저는 당신이 필요하고, 당신에게 의지합니다. 그리고 당신이 할 수 없는 일을 제가 하고요"라는 의미다. 관리자는 개인의 특성을 확인하고 이를 강조하여 상호의존성을 강화시킨다. 직원들에게 서로가 필요함을 느끼게 만든다. 잘 알려진 비유 중에 "TEAM이라는 단어에는 나라는 'I'가 없다"라는 말이 있다. 그러나 마이클 조던은 언젠가 "WIN이라는 단어에는 'I'가 있다"라고 말했다.

마지막으로 당신이 개인의 특성을 활용할 때, 당신의 세계에는 건강한 변화가 일어난다. 이러한 변화는 조직의 기반 체계를 흔든다. 이를테면 "제프리가 매장에서 모든 '재배치와 재배열' 작업을 맡는다면 부점장보다 더 높은 위치가 되는가? 제프리가 통로 재배치에 대한 새로운 방법을 고안했다면 이것을 시도할 수 있게 결재를 받아야 하는가, 혹은 자신 마음대로 시도할 수 있는가?"라는 질문을 던질 수 있는데, 이런 질문에 정답은 없다. 그러나 이런 질문을 통해 월그린스의 기존 정설과 체계는 도전받게 된다. 따라서 이런 질문은 월그린스가 미래로 나아가는 데 탐구적이고 지적이 되도록 도와주며, 핵심적이고 능력 있게 만든다.

탁월한 관리자는 직원들이 성장할 수 있도록 각 개인의 개별성을 적극 활용한다. 개별성의 활용을 통해 각 개인은 더 나은 시야를 갖게 된다. 그들은 특정 분야를 매우 자세하게 알고 있어 더 멀리, 더 빠르게 앞을 내다볼 수 있다. 그들이 기존 질서를 파괴할 만한 발견을 하게 될지 그 누가 알겠는가? 현명하게 열린 마음을 갖고 직원들의 개별성을 살펴보라.

그러나 이와는 반대로 개별성에 대한 회의적인 의견도 있다. "당신은 개인의 특성을 지나치게 소중하게 다루는 것은 아닌가요? 조직의 목적은 직원들의 자기 표현에 있지 않고 주어진 사명을 최대한 완수하는 것에 있습니다. 이 사명을 이루기 위해 언제나 직원들의 특별한 요구를 수용할 수는 없습니다."

개인의 독특성을 지속적으로 활용해야 하는가? 아니면 특정 역할에 맞는 개인을 찾아야 하는가?

물론 정답은 없다. 그러나 한 가지 분명한 것은, 조직의 기여도에 따라 현재의 질서를 바꿔 그 개인의 독특성을 수용할 수 있다. 개별화의 목적은 개인에게 내재된 재능을 끌어낼 수 있게 도움을 주는 것이 아니다. 이와는 반대로 개인이 최선을 다해 조직에 기여할 수 있게 도움을 주는 것이다. 조직에 기여하지 않는다면, 그를 조직에서 내보내야 한다. 성과는 프로페셔널과 실업자 사이의 유일한 차이다.

탁월한 관리자는 개별성과 성과의 연관성을 인정하면서도 각 개인의 독특성에 흥미를 갖는다. 이것은 탁월한 관리자의 어찌할 수 없는 특성이기도 하다. 즉, 탁월한 관리자들은 낭만주의자다. 이는 탁월한 관리자가 영화를 보면서 눈물을 흘리는 감상적인 사람들이라는 의미가 아니다. 오히려 개성을 존중한 바이런이나 셸리, 키츠 등 낭만주의 시인들과 닮았다. 테어도어 젤딘은 이렇게 말했다. "낭만주의자들은 개인마다 독특한 방식으로 인간의 속성을 결합하여 개성을 만들어낸다. 예술가가 창조 행위로 자신을 표현한 것처럼, 이들은 삶의 방식으로 자신의 개성을 표현한다. 낭만주의자들이 개성을 신성하다고 여기는 이유는 그것이 중요하다기보다는 개인적이기 때문이다. 모든 인간은 각기 다르며, 나무가 많은 정원이나 물고기가 많은 호수만큼 다시 하나하나의 나무와 물고기 안에서 또 다른 정원과 호수를 발견할 수 있을 만큼 복잡하다."

낭만주의자들처럼 탁월한 관리자는 개인의 개성에 매료당한다. 제프리가 매장을 정리하라는 평범한 지시에는 지루해하지만 구체적인 요구에는 열정을 보인 것과 같은 미묘한 차이에 흥미를 느낀다. 다른 사람에게는 보이지 않을 수도 있고 지치게 만들 수도 있는 이런 미세한 음영이 탁월한 관리자에게는 무지개 색상의 스펙트럼만큼이나 선명하고 놀라운 것이다. 자신의 욕구와 필요만큼 직원의 특성도 중요하게 여긴다.

그렇다면 개인의 특성을 활용하는 능력은 습득할 수 있는 기술인가 내재된 재능인가? 두 가지 모두 진실이 아니다. 다른 탁월한 관리자처럼 미셸 밀러는 각 직원의 독특한 스타일, 요구, 희망사항을 찾아내는 데 불가사의한 능력을 가지고 있다. 여기서는 제프리와 제노아에 대해서만 언급했지만, 그녀와 함께 시간을 보내면서 그녀의 눈을 통해 다른 많은 직원들을 볼 수 있었다. 미셸의 직원에 대한 묘사는 디킨스 소설의 인물들처럼 선명하고 자세했다. 미셸은 분명 40, 50명이나 되는 직속 부하들의 특성을 찾고 구별하고 활용하는 데 탁월한 능력을 가지고 있었다.

앞에서 말했듯이 코칭이 탁월한 관리자에게 요구되는 첫 번째 재능이라면, 개인의 차이를 인지할 수 있는 능력은 두 번째 재능이다. 개인의 특성을 제대로 볼 수 없다면 그것을 활용하는 것은 어려울 수밖에 없다.

자신에게 이런 재능이 있는지 어떻게 알 수 있을까? 가장 간단한 방법은 자신에게 다음과 같은 몇 가지 질문을 하는 것이다.

- 직원에게 어떻게 동기부여하는가?
- 얼마나 자주 직원과 함께 업무 진행을 확인하는가?
- 직원을 칭찬하는 최고의 방법은 무엇인가?
- 직원을 교육시키는 최고의 방법은 무엇인가?

잠시 대답을 생각해보자.

질문에 대해 "글쎄, 그건 직원에 따라 다릅니다"라고 대답한다면, 당신은 어느 정도 개별화에 대한 재능을 가지고 있다. 그리고 이 재능은 지속된다(적어도 관리자로서 당신이 노력한 만큼 지속된다). 하지만 당신이 이것을 효과적으로 이용할 준비가 되었다고 할 수는 없다. 실제로 많은 조직들이 개인의 특성을 활용하려는 필요성을 알지 못하기 때문에 개별화 재능은 대부분 계발되지 않은 채로 있게 된다.

그렇다면 이제 당신은 탁월한 관리에 접근하는 핵심적 방식으로 기술과 개념을 배워 이러한 재능을 보완하고 강화시킬 수 있다.

개별성의 수준을 높이는 세 가지 접근 방식

강점과 약점, 자극, 학습 스타일

낭만주의자들은 "인간은 나무가 많은 정원이나 물고기가 많은 호수만큼 복잡하고, 각각의 나무와 물고기에서 또 다른 정원과 또 다른 호수를 발견할 만큼 복잡하다"라는 말을 했다. 그 말이 옳다고 해도 인간의 무한한 가능성에 대해 눈을 감고 있으면 관리자로서 발전할 수 없다. 직장에서는 머뭇거릴 시간이 없다. 그러므로 개인의 특성에 대한 탐구는 일정한 수준에서 조절하고, 어느 지점에서 개인의 성과에 도움이 될 활용법을 알아내야 한다.

적당한 수준이란 무엇인가? 이것은 개인에 따라서 다양할 수 있다. 그러나 효과적인 관리를 위해서는 최소한 세 가지를 배워야 한다. 첫째, 직원의 강점과 약점, 둘째, 행동하게 하는 자극, 셋째, 학습 스타일을 알 필요가 있다. 이 세 가지를 정확하게 확인하면 당신은 체스 경기를 시작할 수 있을 만큼 충분한 정보를 갖게 된다.

강점과 약점

관리자가 조직원의 강점과 약점을 찾아내는 일은 화가가 물감을 찾아 쓰는 것처럼 아주 기초적인 것이다. 그러나 사람의 강점과 약점을 가려내는 일이 쉽다는 말은 아니다. 사실 많은 사람들이 자신의 강점과 약점도 명확하게 알지 못한다. 그러나 관리자는 당연히 그래야 한다. 탁월한 관리자와 평범한 관리자는 화가가 물감을 쓰는 것처럼 강점과 약점을 잘 알고 그것을 활용하는 데서 차이가 난다.

평범한 관리자는 필요하면 배울 수 있다고 믿고, 관리의 핵심은 각 개인의 약점을 찾아내 그걸 보완하는 거라고 믿는다.

탁월한 관리자는 그 반대로 믿는다. 탁월한 관리자는 각 개인의 가장 중요한 자질은 타고나는 것이며, 관리의 핵심은 타고난 자질을 가능한 한 효과적으로 활용하여, 성과를 이끌어내는 데 있다고 믿는다.

이런 믿음의 차이가 관리에 대한 반대의 접근 방법을 취하게 만든다. 평범한 관리자는 직원이 강점을 강조해 지나치게 자신감이 넘치면 자만에 빠질 수 있다고 생각한다. 결국 그는 직원에게 명확하고 정확하게 약점에 대한 피드백을 하는 것이 자신의 의무라고 생각한다. 직원으로 하여금 그의 약점 영역에 책임을 지게 하여 약점을 개선시키게 하는 것이다. 직원이 어느 정도 성공에 이르면, 평범한 관리자는 약점에 맞서 극복한 직원을 칭찬할 것이다.

탁월한 관리자는 다른 방식으로 행동한다. 그는 직원의 지나친 자신감을 걱정하지 않는다. 대신 탁월한 관리자는 각 개인의 타고난 자질을 성과로 바꾸지 못하게 될까봐 두려워한다. 그래서 대부분의 시간을 각 직원들이 자신의 강점을 알아내고, 훈련하고, 다듬어나가도록 채찍질하는 데 사용하고, 미셸 밀러처럼 이런 강점을 최대한 활용하도록 환경을 재배치하는 데 시간을 소비한다. 직원이 어느 정도 성공한다면, 탁월한 관리자는 어려운 일을 해낸 것에 대해 칭찬하지 않는다. 대신에 그 직원이 성공할 수 있었던 것은 강점을 성공적으로 활용했기 때문이라고 정확하게 얘기해준다.

　탁월한 관리자는 본능적으로 이런 행동을 한다. 최근 연구 또한 그들의 본능적 현명함을 증명했다. 예를 들면 사람들은 보편적으로 자기 인식 능력을 좋은 것이라고 생각한다. 또 자신의 강점과 약점을 정확하게 평가하는 사람들이 자신을 과대평가하는 사람보다 성과가 뛰어나다고 얘기한다. 다시 말해 비현실적인 자신감은 실패를 이끌어낸다는 것이다. 그래서 관리자와 동료, 직속 상사 등이 자신의 성과를 어떻게 인식하는지 알아야 한다.

　하지만 이런 보편적 진리는 맞지 않는다. 최근의 연구에 따르면, 정확한 자기 인식 능력은 성과를 이끌어내지 않고 오히려 성과를 퇴행시킨다고 한다. 자신감이 비현실적일지라도 자신감만이 성과를 이끌어낸다.

　여러 대학 출신으로 구성된 한 연구에서, 사회경제적으로 취약 계층의 어린이들에게 대학에 들어갈 수 있는지 설문조사를 했다. 통계에 따르면, 경제적 사정이 어려운 아이들은 고등학교를 졸업하는 것조차 힘들다고 한다. 설문조사 결과에서도 대학에 들어갈 수 없다고 답한 어린이들이 대다수였다. 실제로도 이 아이들 중 극소수만이 대학에 들어갔다. 하지만 대학에 들어갈 수 있다고 비현실적이고 낙관적인 답을 한 상당수의 아이들이 대학에 들어갔다. 현실주의는 성과를 퇴행시키지만 반면에 비현실적 자신감은 성과를 이끌어낸다.

　이 연구팀은 사회적 불안감과 사회적 활동성(바람직한 행동에 있어서의 활동성을 말함) 사이의 관계 연구에서도 비슷한 결과를 발견했다. 그들은 두 그룹을 선별했다. 불안하고 신경질적인 그룹과 사회적으로 활동적인 그룹으로 나누어, 각 그룹의 사교적 기술에 대해 평가했다. 즉 얼마나 이름을 잘 기억하는지, 모르는 사람에게 소개될 때 얼마나 편안함을 느끼는지, 그리고 다른 항목들이 포함되었다. 놀랍게도 각 그룹의 사교적 기술의 수준은 항목과 관계없이 큰 차이가 없었다.

이번에는 각 그룹의 사람들에게 본인 스스로 사회적 기술에 대해 평가하게 했다. 여기서 두 그룹은 놀랍게도 다른 모습을 보였다. 불안하고 신경질적인 그룹은 자신들의 능력을 정확하게 평가했고, 반면에 사회적으로 활동적인 그룹은 자신에 대해 높은 점수를 주었다. 그들은 자신들이 실제보다 많은 능력을 가지고 있다고 생각했다. 어린이들을 대상으로 한 실험에서와 마찬가지로, 자신에 대한 지나친 낙관주의적 생각이 실패를 하지 않게 만들고 대신에 자신이 능력을 발휘하도록 도와주는 역할을 한 것이다.

다시 말하면, 현실적 자기평가는 성과를 퇴행시키고, 반면에 비현실적 자기평가는 성과를 촉진시킨다.

대부분의 조직이 자기평가는 정확해야 한다고 생각한다. 조직원의 강점과 약점을 정확하게 알기 위해 성과 평가 프로세스를 적극 활용한다. 그래서 정확한 현실에 대한 이해가 성과를 방해한다는 연구 결과는 받아들이기 어려울 수도 있다.

최근 들어 교육 자료를 만드는 데 많은 돈과 시간이 투자되고 있다. 아이들이 교육 내용을 쉽고 재미있게 받아들이게 하기 위해서 교육적이면서도 재미있는 TV쇼나 비디오게임 등을 제작한다. 이 배경에는 아이들이 에듀테인먼트를 통해 효과적으로 학습할 수 있다는 이론이 숨어 있다. 이런 학설은 〈세서미스트리트〉가 왜 그렇게 장기 방영이 되고 있는지, 〈블루스 클루스〉나 〈도라도라 영어나라〉와 같은 새로운 프로그램이 아이들과 부모들에게 왜 그렇게 인기가 많은지 설명하고 있다.

그러나 사실은 이와 다르다. 이 프로그램들이 정말 굉장할지라도 (우리집 두 어린 비평가들의 평가에 의하면 이 프로그램들은 굉장하다) 그것을 통해 배우는 것은 많지 않다. 〈교육심리학 저널〉의 'TV는 쉽고, 책은 어렵다Television Is Easy and Print is Tough'라는 논문에서, 연구원들은 "어린이들은…… 그들이 어렵다고 생각하는 매체, 예를 들면 필기시험을 통해 학습할 때 높은 수준의 인지 노력을 소비하여 더 많이 학습한다. 반면에 TV 프로그램과 같이 쉽다고 인식되는 매체를 통해 학습할 때는, 낮은 수준의 인지 노력을 소비하여, 정보의 전달량은 동일함에도 불구하고 더 적게 학습하게 된다"는 사실을 밝혀냈다.

여기에 관리자로서 알아야 할 중요한 한 가지가 있다. 만약 직원을 업무에 진지하게 매달리게 하고 싶다면, 관리자는 그 업무가 정말 힘든 일이라는 사실을 직원으로 하여금 믿게 해야 한다. 그리고 그 업무의 어려움에 대해 적절한 수준의 존경심을 보여주어야 한다. 혹시 쉬운 일이라는 생각이 들면, 직원의 학습과 성취의 속도는 더디게 될 것이다.

이것은 앞서 언급한 과장된 자신감과 성과의 관계와는 모순되는 말로 들릴 수 있다. 그러나 그렇지 않다. 이제 이 연구 결과가 어떻게 활용되고 직원 관리에 효과적으로 쓰이는지 살펴보겠다.

자신의 능력에 대해 비현실적으로 자신감을 가지고 있는 사람들은 현실적인 자기평가를 하는 사람들보다 더 많은 성과를 낼 수 있다. 지나친 자신감을 가지고 있는 낙관론자들은 장애물을 만났을 때 더 악착같고 쓰러지더라도 오뚝이처럼 일어난다. "나는 이 일이 나를 성공으로 이끌 수 있다고 믿기 때문에 지금 포기하지 않을 것이다" 하고 말이다. 그래서 만약 직원이 최고에 이르기를 바란다면 그의 강점에 대한 믿음을 강화시키고 강조하여 성공할 수 있다는 자신감을 비상식적일 만큼 불어넣어라. 관리자의 임무는 그에게 자신의 강점이 가진 한계와 약점에 대한 부담감을 현실적으로 보여주는 것이 아니다. 당신은 관리자일 뿐 치료사가 아니다. 당신의 임무는 그로 하여금 성과를 내게 하는 것이다.

더 강하게 말하자면, 관리자의 임무는 직원에게 자신감을 불어넣어주는 것이지 자기평가 능력을 향상시키는 것이 아니다. 그래서 당신이 원하는 기대치를 설명하고 난 후, 직원 자신의 강점에 대한 믿음을 증폭시켜라. 그리고 결과를 성취하기 위하여 그의 강점을 활용할 수 있는 최선의 방법을 알아내도록 채근해라.

그렇지만 강점만 강조하여 업무를 쉽게 생각하려는 태도는 어떻게 경계해야 할까? 이때도 약점을 일일이 열거하고 약점을 고쳐야 한다는 조언으로 낙담시켜서는 안 된다. 거만한 직원에게 약점에 대해 말해주고 싶은 유혹을 느낄지도 모른다. 하지만 반드시 이 유혹에 저항해야 한다. 이는 직원이 자기 자신에 대한 의심만 키울 뿐 탁월한 성과를 내지 못하게 한다.

대신에 도전의 크기를 키워라. 원하는 결과에 대해 자세하게 설명한 후, 직원에게 이 결과를 성취하는 것이 얼마나 어려운 일인지 말해라. 업무의 크기와 복잡성, 그리고 '이 일이 어떤 사람도 전에 해낸 적이 없는 수준 높은 일'이라고 강조해라. 직원의 주의를 끌고 도전을 진지하게 받아들이게 만들 수 있다면 무엇이든 해라.

다시 말해, 직원은 자신 앞에 놓인 도전의 어려움을 현실적으로 평가하는 능력을 갖춤과 동시에 그것을 이겨낼 수 있는 능력, 즉 비현실적인 낙관론을 가져야 한다. 직원 각각에게 이러한 정신상태를 만들어낼 수 있다면, 탁월한 관리자라 할 것이다.

이 직원이 성공적으로 업무를 수행했다면, 그의 노력이 아니라 그만의 특별한 강점에 대해 칭찬해야 한다. 그의 강점 때문에 성공을 거뒀다는 것을 말해라. 다른 외적 요소가 성공에 중요한 역할을 했더라도, 강점이 성공을 이루어낸 것임을 설명해라. 이러한 평가가 부분적으로 허상일지라도 그 사실은 중요하지 않다. 이 허상이 더 나은 현실을 창출할 수 있기 때문이다. 이후의 도전에 더 단호한 태도로 지속적으로 임하기 위해서는 이러한 자기확신이 강화되어야 한다.

하지만 직원이 실패한다면? 실패가 그가 조절할 수 없는 외부 요소들 때문에 일어난 것이라고 전제하고, 좀더 노력할 것을 주문해라. 그러면 직원은 스스로에 대한 의심에 사로잡히지 않은 채 다음 업무를 성공시키기 위해 스스로를 단련할 것이다.

직원이 계속 실패한다면? 실패가 반복되면 방법을 바꾸어야 한다. 실패가 반복된다는 것은 강점을 발휘해야 할 영역에 약점이 존재한다는 말이다. 그럼 이때는 무엇을 해야 할까?

약점을 전부 무시해야 할까? 그렇지 않다. 그가 맡은 역할의 어떤 부분에서 맞지 않을 수 있다. 그런데 이 사실을 무시하게 되면 이런 약점들은 잠재적으로 강점을 약화시키고 성과를 방해할 수 있다. 직원의 약점을 발견하면, 모른 척하지 말고 일련의 계획을 세울 필요가 있다.

첫째, 직원이 어려움을 겪는 이유를 알아내라. 부족한 기술이나 지식 때문이라면, 교육 기회를 제공하고 배운 것을 자신의 업무에 적용하게끔 충분한 시간을 주고, 그 후 성과가 향상되는지 관찰하라. 여전히 실패에 머무른다면 그 직원에게 어떤 재능이 부족한 것이다. 그때는 약점을 관리하고 보완할 다른 방법을 찾아야 한다.

그래서 두 번째 전략이 필요하다. 그의 재능이 약한 영역에 대해 특별한 강점을 지닌 다른 사람을 파트너로 찾는다. 파트너십은 불완전한 사람들의 버팀목이 아니라 성공의 비밀이다.

완벽한 파트너를 찾지 못했다면, 재능을 다른 방식으로 활용해야 한다. 이 책의 후반부에서 우리는 일에서는 탁월한 능력을 지녔지만 갈등 상황에서 어려워하는 영화각본가 겸 감독에 대해 다룰 것이다. 갈등 상황에 직면하면 그는 '예술의 신'이라는 상상의 신을 활용해 강점의 원천으로 사용한다. 동료들에게 작품이 탁월하지 않다고 말해야 할 때면, 자신의 생각을 직접 내세우지 않고 예술의 신이라는 제3의 존재가 그 작품을 마음에 들어하지 않기 때문에 그나 동료들 모두 개선해야 한다는 식으로 의사를 전달한다. 이 방법은 그에게 효과적인 요령이다. 직원의 약점을 보완해야 할 때도 이런 전략을 활용할 수 있다.

마지막 전략은 가장 급진적이다. 앞의 세 가지 전략이 다 효과가 없다면 직원의 업무 영역을 재배치해야 한다. 미셸 밀러처럼, 업무와 책임을 재조정하여 직원의 약점이 나타나지 않는 영역을 찾아야 한다. 이 전략은 효과적인 업무 배치 및 조정에 필요한 창조력을 요구하며, 또한 이미 확립된 체제를 바꾸는 돌파력과 용기가 필요하다. 그러나 미셸의 예에서 보았듯이 이러한 창조력과 용기는 상당한 성과를 가져다준다.

그럼 이 네 가지 전략이 실생활에서 어떻게 응용될 수 있는지 살펴보자. 내가 인터뷰했던 뛰어난 관리자 주디 랭글리 사례이다. 그녀는 리미티드에서 직장생활을 시작하여 갭GAP, 바나나리퍼블릭Banana Republic을 거쳐 현재는 여성복 업체인 앤타일러Ann Tyler의 머천다이징 담당 부사장으로 일하고 있다. 여러 회사를 거치는 동안, 그녀는 각 직원의 독특한 특성을 찾아내고 활용하는 데 뛰어난 수완을 보여줬다. 개별화에 대해 천부적인 자질을 지니고 있어 성과와 관련하여 어떤 문제가 일어나든 그녀는 처리 방법을 찾아내어 직원을 재배치할 수 있다.

그녀의 직원인 클라우디아를 예로 들어보자. 클라우디아는 주디의 머천다이징 담당 부장으로서, 창조적인 세계와 상업적인 세계를 이어주는 역할을 하고 있었다. 의류 디자이너들과 함께 일하면서 앤타일러 브랜드의 목적에 어울리는 디자인을 개발하는 한편으로 대량 판매가 가능한 디자인과 그렇지 못한 디자인을 결정해야 하므로 시장 상황에 대해 충분히 알고 있어야 한다. 고객의 취향을 잘못 파악하게 되면, 디자인은 뛰어나지만 대량 판매는 어려운 옷만 만들게 된다. 하지만 대량 판매에만 집중하게 되면, 새로운 고객을 끌어들일 기회를 놓치게 되는 것이다.

지난 몇 년간 클라우디아는 두 역할을 모두 탁월하게 해냈다. 그녀는 열정적이고, 분석적이었다. 디자이너와 각 부서 사람들과도 잘 지내는 원만한 성격이었고, 무엇보다도 그 브랜드에 열성적으로 전념했다.

그러나 이런 자질에도 불구하고, 주디는 생산부서 사람들로부터 그녀와 업무 진행을 하는 게 어렵다는 말을 들었다. 분명 클라우디아의 분석적인 태도와 세부적이면서 철저한 업무 지시는 그들을 힘들게 했다. 그녀는 때로 회의 내용과 상관없는 질문과 아이디어를 던져 회의를 원점으로 돌리곤 했다.

이 상황을 개선하기 위해, 주디는 첫 번째 전략을 선택했다. 클라우디아에게 필요한 정보와 지식을 주고, 상황이 개선되는지 관찰했다. 다행히 효과가 있었다. 서로 합의하에 클라우디아는 아시아로 원가출장을 가는 것에 합의했다. 직장생활을 하는 동안 처음으로 클라우디아는 공장을 방문해, 공장주를 만나 각 아이템의 원가를 계약하는 업무에 직접 관여하게 되었다. 공장들과 해외사업소를 직접 다루어봄으로써 그녀는 생산부서가 직면하고 있는 어려움들을 이해할 수 있게 되었다. 뉴욕으로 돌아온 그녀는 업무에 대한 깊은 통찰력과 협력적인 업무 태도를 보여주었다.

주디는 말했다.

"클라우디아는 함께 출장을 간 생산부서 직원들을 잘 이해하게 되었어요. 공항에서 비행기를 기다리는 동안, 클라우디아가 그간 얼마나 사람들을 힘들게 했는지, 생산부서가 클라우디아를 설득하기 위해 어떤 준비를 했는지, 어떻게 하면 서로의 감정을 상하게 하지 않으면서 최종 결정을 할 수 있는지 등 진솔한 대화를 나눴지요."

이러한 노력으로 주디와 클라우디아는 승리를 거두었다. 그러나 다른 도전이 남아 있었다. 분석적인 클라우디아는 무엇이든 알고 싶어 했다. 이 욕구는 너무나 강력해서 주디가 먼저 어떤 정보를 알게 되면, 그녀는 상당히 괴로워했다. 신속한 의사결정과 주디의 살인적인 미팅 스케줄을 고려하면, 이런 일은 자주 발생할 수 있었다. 주디는 클라우디아의 이런 마음의 괴로움이 그녀 자신과 팀에 불안감을 조성하는 것은 물론, 업무에 불만족을 초래할까봐 걱정했다.

평범한 관리자라면 클라우디아에게 알고 싶은 욕구를 자제하라는 식으로 조언을 했을 것이다. 하지만 탁월한 관리자인 주디는 이 약점이 실제로는 그녀의 가장 큰 강점, 즉 분석적 태도의 한 단면이라는 것을 알았다. 클라우디아는 단 한순간도 그 욕구를 자제할 수 없을 것이다. 대신 주디는 클라우디아의 호기심을 격려하고 협력하는 전략을 찾았다. 그와 동시에 이를 더욱더 생산적으로 활용했다. 이것은 두 번째, 세 번째 전략을 복합적으로 사용한 예이다. 여기서는 그녀의 이야기를 들어보자. 여기에는 탁월한 관리자의 세심하고 실용적인 생각들이 잘 표현되어 있다.

"나는 그녀의 정보공급원이 되기로 결정했습니다. 나는 그녀의 조금은 과한 욕구를 다 들어주는 사람이 되고 싶지는 않았어요. 그렇지만 그녀는 모든 정보를 다 알게 되면 정말 행복해했어요. 상황에 따라 즉각적인 반응을 하는 사람이지요. 그녀와 어느 정도 의사소통하는 것이 적절한지 자문해보았어요. 때로는 어떤 건에 대해 제때 의사소통을 하지 않으면 그녀는 실망했어요.

그래서 우리는 몇 가지를 함께하기로 약속했어요. 우리는 주초와 주말에 짧은 회의를 가져 정보를 공유하기로 한 겁니다. 이 회의를 통해서 출장 중에 말할 수 없는 건에 대해서도 그녀가 알 수 있었어요. 또한 나는 매일 업무가 끝날 즈음 그녀가 알고 싶어 한다고 생각되는 것 중에서 내가 아는 사안을 음성 녹음해서 업데이트해주었습니다.

이 두 가지만으로 문제는 확실하게 해결되었어요. 당신도 보듯이 이 방법은 효과가 있었지요. 이것은 그녀의 기대하는 바에 부응했고 그녀는 편안해졌습니다. 또 이제 이런 말도 할 수 있게 되었죠. '클라우디아, 주초와 주말에 우리가 미팅을 하지만 내가 알려주기 전에 누군가 알려주더라도 실망하지 않겠지요? 아마 이런 일은 종종 생길 거예요.' 혹은 이렇게 말할 수도 있습니다. '당신이 이 회의에 참여하고 싶어도, 아마 시간이 안 될 듯하네요. 제가 대신 참석하고 업무가 끝날 때쯤 음성 메시지를 남길게요.' 좀 우습게 여겨질 수도 있지만 정말로 효과가 있었습니다."

이런 '우스꽝스럽고 사소한 일'이 바로 직원의 사기 저하를 미연에 방지하는 데 도움이 된다.

그러나 다음 예에서는, 주디는 마지막 전략을 적용했다.

앨리슨은 바나나리퍼블릭 여성복 부문의 디자이너였다. 그녀의 강점은 유행하기 시작하는 트렌드를 읽을 수 있는 능력이 뛰어나다는 점이었다. 그녀의 견본은 언제나 영업부서에서는 '앞서 나가는 패션'이었다.

주디가 말했다. "그녀는 다름 사람들보다 구매 능력과 패션 방향을 정하는 데 뛰어나요. 이것은 그녀의 천부적인 재능이지요."

그녀의 약점은 상업적인 절충을 매우 싫어한다는 것이었다. 대리점과 스타일의 변형을 논의하는 미팅은 대부분의 디자이너가 좋아하지 않지만 앨리슨은 거의 신체적인 고통을 느꼈다. 앨리슨이 자랑스럽게 청바지 디자인을 보여주고, 대리점은 좀더 몸에 붙게 디자인을 수정하자고 제안하고, 그녀는 그럼 디자인의 미학적 측면을 해칠 수 있다고 반박한다. 꼬리를 무는 논쟁은 계속되었는데, 비효율적일 뿐만 아니라 감정마저 나빠졌다.

주디는 이런 상황을 타개하기 위해 다양한 방법을 시도했다.

첫 번째 시도는 좋은 말로 타이르는 것이었다. "앨리슨, 당신의 아름다운 옷들을 고객들이 볼 수 있게 하려면, 디자인에 대해서 합의한 다음 매장으로 내보내는 방법밖에는 없어요." 그러나 앨리슨은 이렇게 어르는 방법을 사용하기에는 너무 똑똑했다.

두 번째는 냉정하고 정확한 사실을 전달하는 방법이다. "미셸은 샌프란시스코에서 딱 맞는 디자인을 선보였어요. 당신이 결정하지 않으면, 미셸 혼자서 결정하고 진행할 수 있습니다." 마치 위협처럼 들릴 수도 있는 말이었다.

감정적인 방법도 써보았다. "앨리슨, 왜 그토록 힘들어하지요? 디자인을 조금 바꾸는 게 그렇게 큰 문제인가요?" 사실 앨리슨에게 그것은 가장 큰 문제였다.

앨리슨은 의견을 조정하는 것에 반감이 심했다. 그래서 주디는 많은 시간을 앨리슨의 행동에 대해 설명하고 사과하는 데 써야 했다. 이럴 때 많은 관리자들이 인내심을 발휘하지 못하고 직원에게 최후통첩을 하게 된다. 즉 다른 사람들과 협조하거나 아니면 팀을 떠나라는 제안을 하게 된다. 그러나 주디는 뛰어난 패션 감각을 가진 그녀를 잃고 싶지 않았다. 주디는 마지막 전략을 시도하기로 했다.

"다시 생각해보았어요. 그녀의 패션에 대한 안목은 믿을 수 없을 만큼 뛰어나요. 그런데 대리점과의 미팅은 왜 그렇게 힘들어할까요. 그래서 내가 미팅에 참석하기로 했어요. 대신 그녀는 시간을 더 많이 쓸 수 있었어요. 그렇게 되면 디자인과 관련해 시간을 더 낼 수 있었지요. 그렇게 하기로 하고 나서 앨리슨은 자신이 좋아하는 일에 집중하고, 갈등도 줄어들었습니다. 고객과 나는 서로를 이해했고, 비즈니스에 대한 결정은 별로 어려움 없이 할 수 있었습니다."

모든 일이 이토록 완벽하게 되어가지는 않는다. 직원이 역할 전환에 반항할 수도 있다. 좌천으로 여길 수도 있고, 약점을 알지 못해 업무 재조정을 받아들이지 못할 수도 있다. 그래서 이런 일에 부딪치면 직원의 약점을 설명하려는 유혹을 느낄지도 모른다.

그러나 이 유혹을 견뎌라. 직원에게 낮은 성과를 설명해야 한다면 숫자로 평가된 것을 준비하라. 낮은 성과를 유발시킨 약점에 대해서는 집착하지 마라. 이때 약점에 대해 자세히 설명하는 것은 설득력이 없다. 관리자의 임무는 직원의 자기확신을 강화시키는 것이지 자기 인지 능력을 증가시키는 것이 아니다. 자신에 대해 확신을 가질수록, 앞으로 더 생산적이고 유연해질 수 있기 때문이다. 그러므로 업무 재조정에 잘 따르지 않으면, 새로운 업무에서 탁월하게 발휘될 수 있는 강점에 대해 설명해주어라. 또한 새로운 업무에서 자신의 강점을 적용하는 방법을 알 수 있도록 도와줘라. 그리고 이러한 강점을 업무에 적용하도록 자극하고 지속적으로 탁월한 성과에 이르도록 하라.

그런 노력을 기울여도 지시를 따르지 않는다면? 글쎄, 그렇게 되면 그 직원에게 다른 기회를 찾게 하는 수밖에 없다.

자극

얼마 전 나는 데쓰밸리에서 두 시간 정도 걸리는 붕소광산을 방문한 적이 있다(방문 목적에 대해서는 이 장에서 다시 언급할 것이다). 그곳에 머물면서 나는 뛰어난 광산 관리자인 러스 울포드와 인터뷰할 기회가 있었다. 광산의 일부분 같은 인상을 풍기는 그는 몸집이 거대하고 혈색이 좋은 편이었다. 어깨도 튼튼하고 손에는 굳은살이 박여 있지만, 겉모습과는 다른 부드러운 태도와 나지막한 목소리를 가진 조용한 인상의 예의바른 사람이었다.

인터뷰가 끝나갈 무렵 나는 어떻게 직원을 활용하는지 물었다. 그는 이렇게 대답했다. "글쎄요, 그들을 움직이는 자극이 무엇인지 알아야 합니다. 우리 직원 중에 한 사람은 너무 순해서 내가 말할 때마다 식은땀을 흘립니다. 너무 착한 사람이고, 믿을 만한 사람이지만 어린 소년이었어요. 나는 손에 어린이 장갑을 끼고 그를 대했습니다. 그 어린 소년과 같은 조에 있는 또 다른 사람은 버릇이 아주 나쁜 사람이었어요. 내가 큰소리치지 않으면 절대로 엉덩이를 떼지 않았어요. 나랑 싸우는 걸 좋아해서 일부러 날 찾아다니곤 했죠. 그는 싸우지 않고는 일을 하는 맛이 안 났던 겁니다."

그의 답변은 잊혀지지 않는 10년 전 기억을 불러냈다.

1991년, 빌 파셀스 감독이 이끄는 뉴욕 자이언츠가 슈퍼볼대회에서 우승했다. 경기 후 가진 기자회견에서 한 기자가 질문했다. "당신은 시즌 내내 두 명의 쿼터백, 필 심스와 제프 호스테틀러를 기용했는데, 어떻게 두 선수는 심각한 쿼터백 주전 경쟁을 피할 수 있었나요?" 코치는 이렇게 대답했다. "저는 각 선수에게 어떻게 하면 자극을 줄 수 있는지 고민했습니다. 필은 천부적인 쿼터백이었지만 도전을 좋아하는 사람이지요. 맞설 만한 상대를 만나면 그는 최선을 다합니다. 제프는 정반대 스타일이에요. 목소리톤을 조금만 높여도 마음의 문을 닫아버립니다. 언제나 그의 귀에 대고 조용히 속삭여야 돼요."

러스 울포드와 빌 파셀스 같은 탁월한 관리자는 사람들의 자극 포인트를 잘 파악하고 있다. 또한 각 개인의 장점을 계속 자극해줘야 한다는 사실도 알고 있다. 적절한 자극을 주어 자신에게 채찍질하고 여러 갈등 상황에서도 잘 견딜 수 있게 해야 한다. 잘못된 자극을 주게 되면(제프 호스테틀러에게 목소리를 높이는 것과 같은) 아마도 마음의 문을 닫을 것이다.

자극은 무수한 형태로 존재하기 때문에 이해하기가 까다롭다. 어떤 직원의 자극은 시간과 연관될 수 있다. 부엉이 스타일이라서 오후 3시 이후부터 강점이 작동할 수 있다. 상사인 당신과 보내는 시간에 자극 포인트가 있는 직원도 있다. 5년 동안 함께 일해왔는데도 여전히 일을 점검해주고 확인해주기를 바라고, 그렇지 않으면 무시당했다고 느낀다. 그 반대로 '독립'이 자극 포인트인 직원도 있다. 함께 일하기 시작한 지 6개월 정도밖에 안 되었지만, 당신이 일주일에 한 번 정도 업무를 확인해도 지나치게 세세한 부분까지 관리한다고 생각할 것이다.

때때로 임무를 부여하는 방식으로 직원의 강점을 자극한다. 전자용품 소매점인 베스트바이의 가장 성공적인 지역 책임자인 스티브 허스트Steve Hurst는 이렇게 설명한다. "제임스는 무엇이든 열심히 노력하여 목적을 달성하는 성취형입니다. 저는 그에 대해 비현실적으로 보일 만큼 도전적이고 공격적인 목표를 세웁니다. 그러나 그는 늘 응하고, 목표 정복을 즐깁니다. 피터는 보다 분석적인 타입입니다. 그는 직면한 문제에 대한 자기만의 접근 방식을 알아내는 것을 좋아합니다. 그래서 그에게는 이성적이고 분석적인 접근 방법을 제시하고, 그 접근 방식을 본인 스스로 따르도록 합니다. 마지막 점장인 페어리드에게는, '당신 방식대로 목표를 세우세요. 그렇지만 당신이 그것을 달성할지 확신이 안 가네요'라는 식의 부드러운 빈정거림이 가장 효과적입니다. 그는 내가 틀렸다는 것을 입증하기 위해 열심히 일하지요."

그러나 이러한 자극들 중에서, 가장 강력한 자극은 성과에 대한 인정이다. 대부분의 관리자는 직원들이 상급자의 인정에 대해 반응한다는 것을 알고 있다. 탁월한 관리자는 이 통찰력을 정제하고, 그 범위를 확대시킨다. 직원들은 자신을 인정해주면 더 열심히 한다. 그래서 자기를 가장 인정하는 사람들 앞에 서면 자극을 받는다.

그 대상이 동료일 수도 있다. 이런 경우 그를 칭찬하는 데 가장 효과적인 방법은 동료들 앞에서 공식적으로 성과를 축하하는 것이다. 또한 그를 인정하는 가장 강력한 방법은 일대일 대화를 통해 그가 팀에서 얼마나 가치 있는 존재인지 자세하게 설명하는 것이다. 전문적 기술을 중요하게 여기는 직원에게는 전문성과 기술적 자질을 인정하는 일이 중요하다. 고객의 반응이 중요한 직원에게는 고객으로부터 온 편지나 사진이 큰 칭찬이 될 수 있다.

개인마다 어울리는 칭찬 방법을 찾는 것은 관리자가 해야 할 일이다. 그러나 이것이 조직의 범위를 완전히 벗어난 것을 의미하지는 않는다. 조금만 생각해보면, 대규모의 조직이더라도 개인별로 맞는 칭찬을 못할 이유는 없다.

내가 연구한 회사 중에 HSBC 북아메리카는 이런 개인화된 인정에 있어서 최상의 결과를 보여주었다. 매년 드림어워드라는 이름으로 최상의 성과를 보이는 직원을 시상하는데, 상품이 특별하다. 한 해 동안 회사는 각각의 직원들을 심사하고 그들이 어떤 상을 받고 싶어 하는지 알아낸다. 상은 최고한도가 1만 달러이며 현찰로 바꿀 수 없다. 그러나 이 두 가지 제한을 제외하고는 각 직원은 자신이 원하는 것은 무엇이든 지명할 수 있다. 그리고 연말이 되면 성과를 기준으로 수상자를 결정한다. HSBC는 각 수상자에게 그가 선택한 부상에 대해 알려주고, 수상 이유와 부상의 선택 이유를 설명하는 비디오를 찍는다. 연말 시상식장에서는 이 비디오를 상영한 다음 상을 시상하게 된다.

이러한 개인화된 상의 영향을 상상해보라. 무대에 올려지는 것은 단 한 가지, 다른 상패와 별로 다르지 않은, 투명한 트로피뿐이다. 하지만 이 시상식에서 성과에 대한 공식적인 인정을 받고, 부상으로 아이의 대학 학비, 새 부엌, 꿈꿔왔던 할리 데이비슨 오토바이, 혹은 10년 동안 만나지 못한 할머니를 방문할 수 있는 멕시코행 비행기 표 등을 받을 수 있다.

학습 스타일

직원에 대해 꼭 알아야만 하는 세 번째는 학습 스타일이다. 모든 사람들이 같은 방식으로 학습한다면 관리자의 역할은 매우 쉬울 것이다. 그러나 물론 그렇지 않다. 각 사람들의 수신기는 특정한 주파수에 맞추어져 있다. 당신의 메시지를 틀린 주파수에 맞춘다면, 현명한 조언도, 완벽한 교육 계획도 전달되지 않을 것이다.

많은 종류의 학습 스타일이 있지만, 성인 학습 이론에 따르면 주요 학습 스타일은 다음 세 가지다. 각 스타일은 조금씩 다른 방식의 코칭 테크닉을 필요로 한다. 나는 이 세 가지 스타일이 상호 배타적 성격이라고 말하지 않겠다. 어떤 직원들은 두 가지 혹은 심지어 세 가지를 혼합한 형태로 학습한다. 그렇지만 각 스타일에 귀 기울이면, 좀더 정확하게 코칭에 집중할 수 있다.

첫 번째로, 분석 타입이 있다. 앤타일러의 클라우디아는 분석가이다. 업무를 분해하고 각 요소를 살펴본 다음, 그 요소를 재구축함으로써 업무를 이해하는 스타일이다. 여기에서는 모든 요소가 중요하다. 또한 정보를 열망한다. 편안해질 때까지 한 주제에 대한 모든 것을 알아야만 한다. 만약 충분한 정보가 없다고 느껴지면, 정보를 얻을 때까지 핵심을 파고들어갈 것이다. 지정된 자료를 읽고, 필요한 강의를 듣고, 노트 필기를 하고, 그것을 토대로 연습한다.

분석가를 가르치는 최선의 방법은 교실에서 많은 시간을 보내게 하는 것이다. 역할극을 해보도록 하라. 그리고 이것을 사후 검토해보도록 하라. 성과를 조각조각 분해한 다음 이것을 조심스럽게 다시 구축할 수 있게 하라. 또한 언제나 준비할 수 있는 시간을 줘라.

기억하라. 분석가는 실수를 싫어한다. 학습에 대한 진부한 표현 중에 '실수는 학습의 어머니'라는 말이 있다. 그러나 분석가에게는 진실이 아니다. 분석가가 그토록 열심히 준비하는 이유는 실수의 가능성을 최소화하기 위해서이다. 그러니 새로운 상황에 던져놓고 알아서 날아보라고 하면 많은 걸 학습할 것이라고 예상하지 마라.

두 번째는 실행 타입이다. 이 경우는 분석가와는 아주 다르다. 행동가를 학습하는 방법으로 절대적으로 좋은 것은 그를 새로운 상황에 던져놓고 날아보라고 말하는 것이다. 분석가는 실행 전에 가장 효과적으로 학습하지만, 반면에 행동가는 실행 중에 학습한다. 시도와 실수는 그의 학습 프로세스에 없어서는 안 될 부분이다.

미셸 밀러 매장의 제프리는 행동가이다. 그는 스스로 알아내는 것에서 가장 많이 학습한다. 그에게 준비는 건조하고 재미없는 활동이다. 오직 성공과 실패의 가능성을 가지고 있는 업무 자체만이 그를 집중하게 하고 전념하게 한다.

행동가를 역할극 같은 방법으로 학습시켜서는 안 된다. 역할극은 가짜이므로 흥미를 느끼지 못한다. 대신 그의 업무 영역 내에서 간단한 실제의 업무를 선택하고, 그에게 당신이 원하는 결과를 대략적으로 설명한 다음 그를 내버려두어라. 기본적인 업무를 파악하면 복잡한 업무를 주어서 업무에 완벽하게 적응할 수 있게 해라. 진행 중에 실수를 저지를 수도 있다. 그러나 행동가에게 있어 실수는 사실상 학습의 원천이다.

행동가는 당신의 조언을 잘 따르지 않기 때문에 갈등이 생길 수도 있다. 그들은 자기가 경험하기 전까지는 진실이라고 믿지 않는다. 그러나 어떤 의미에서는 함께 일하기 좋은 사람들이다. 언제나 새로운 도전에 첫 번째로 뛰어드는 모험 정신을 가지고 있기 때문이다.

마지막으로 관찰자가 있다, 다른 말로 '모방자'이다. 관찰자는 잘게 쪼개진 각 주제를 연습하라거나 역할극을 하면, 제대로 학습하지 못한다. 대부분 정규 교육 프로그램에는 연습과 역할극이 있지만, 관찰자는 열성적으로 참여하지 않는다.

그렇다고 그들이 열등한 학습자는 아니다. 관찰자는 많은 양을 학습하지만, 이것은 그들이 성과를 볼 수 있을 경우에만 드러난다. 그들에게 업무의 각 부분을 학습하는 것은 디지털 사진에서 픽셀을 연구하는 것만큼의 의미가 있을 뿐이다. 그들에게는 각 픽셀을 종합하여 전체 그림을 볼 수 있다는 점이 중요하다.

이것이 내가 학습하는 방식이다. 몇 년 전 처음으로 인터뷰를 시작했을 때, 인터뷰 후 대상자에 대한 보고서를 쓰는 기술을 배우는 데 애를 먹었다. 나는 모든 단계를 이해했지만, 그걸 종합할 수는 없었다. 내 동료들은 한 시간안에 다 쓰는 보고서 하나를 나는 하루 종일 걸려 겨우 쓸 수 있었다.

그러던 어느 날, 시무룩한 표정으로 구술 녹음기를 쳐다보고 있을 때, 옆 사무실의 분석가 목소리가 들려왔다. 그는 너무 빨리 얘기하고 있어서, 처음에는 그가 전화를 받고 있다고 생각했다. 몇 분이 지나고 나서 나는 그가 보고서를 읽고 있음을 알았다. 이것은 다른 사람이 '실제로 하고 있는' 소리를 들은 첫 경험이었다. 나는 그 사람의 구술을 속기한 후, 나중에 원본 보고서와 대조해보았다(이후 다른 보고서를 읽는 것이 학습하는 방법이라는 것을 알고 나서 사실 나는 셀 수 없이 많이 보고서를 보게 되었다). 나에게 있어 이것은 계시였다. 나는 갑자기 모든 요소들이 어떻게 일관성 있게 전체를 구성하는지 알게 되었다. 나는 내 구술 녹음기를 집어들고 동료의 억양을 흉내내면서 줄줄 말했다.

관찰자에게 가장 효과적인 학습 방법은 교실 밖으로 나오게 해서 가장 경험 많은 성과자와 함께 시간을 보내게 하는 것이다.

조직을 바꾸는 관찰의 힘
사무실을 벗어나 관찰하고 질문하라

강점과 약점, 자극, 독특한 학습 스타일. 이것들은 관리자가 효과적으로 관리하기 위해 각 개인에 대해 알아야만 하는 세 가지이다. 그런데 어떻게 이런 것들을 선별할 수 있을까?

여기에는 관찰보다 더 나은 것이 없다. 탁월한 관리자는 많은 시간을 사무실 밖에서 각 개인의 반응을 관찰하고 귀를 기울이며, 각 개인이 그리고 있는 것을 머릿속으로 기억하고, 각 개인이 무엇을 힘들어하는지 등을 메모하면서 보낸다. 런던 웰링턴 병원 27명의 물리치료사를 관리하는 앨리슨 페델리는 다음과 같이 관찰의 힘을 설명한다. "저는 사람들이 계속 무언가 얘기를 하고 있다고 생각합니다. 즉 자신에 대해 알려주고 있는 거죠. 그러니 그들에게 귀 기울이고 관찰해야 해요."

자, 이제 사무실을 벗어나 관찰하라.

당신의 직원이 클리프턴 스트렝스파인더, MBTI, 콜브 능동지수, DiSC와 같은 성격 테스트를 받도록 하는 것은 가치 있는 일이다. 테스트의 결과는 구조적인 틀을 제공해주고, 서로 구별해주는 공통적인 언어가 된다.

처음에 이런 세 가지를 선별하는 최선의 방법은 몇 가지 질문을 통해 그 답을 듣는 것이다. 다음의 5가지 질문을 통해 직원의 강점, 약점 등을 어느 정도 파악할 수 있을 것이다.

강점에 대해서는

1. 지난 3개월 동안 직장에서 당신이 보냈던 가장 좋았던 날은 언제입니까?

   - 당신은 무엇을 했습니까?
   - 왜 그토록 즐거웠나요?

약점에 대해서는

2. 지난 3개월 동안 직장에서 당신이 보냈던 가장 좋지 못했던 날은 언제입니까?

   - 당신은 무엇을 했습니까?
   - 왜 그토록 초조했습니까?

자극에 대해서는

3. 당신이 경험한 상사와의 관계 중에서 가장 좋았던 것은 무엇입니까?

  • 그것이 좋았던 이유는 무엇인가요?

4. 당신이 받았던 최상의 칭찬 혹은 인정은 어떤 것입니까?

  • 그것이 좋았던 이유는 무엇인가요?

독특한 학습 스타일에 대해서는

5. 직장생활을 할 때 당신이 가장 많이 학습했다고 생각하는 시기는 언제입니까?

  • 그렇게 많이 학습한 이유는 무엇입니까?

  • 당신의 학습 방법 중 가장 좋은 방법은 무엇입니까?

나는 이런 질문을 채용 후보자에게 하기를 권장한다. 한 해에 한 번 직원들을 대상으로 할 수도 있다. 이런 미니 인터뷰는 고작 30분 정도 소요되지만, 가치 있는 시간이 될 것이다. 이 다섯 가지 질문을 하고, 면밀히 귀 기울여 들어보라. 그러고 나서 미셸, 주디, 러스, 앨리슨이 했던 방식대로 이 정보를 기반으로 행동하라. 그러면 당신은 특별한 결과를 얻을 것이다. 각 직원의 개별성을 활용할 수 있는 능력을 발견할 것이다.

3 탁월한 리더는 명확한 비전을 제시한다

감정을 공유하라

두려움을 잠재운 줄리아니 시장의 발언

2001년 9월 11일 뉴욕 시의 모든 사람들은 공포에 떨었다. 당시에 나는 아내와 6개월 된 아들과 함께 무역센터 쌍둥이 빌딩에서 약 1.6킬로미터 정도 떨어진 10번가에 살고 있었다. 그날 아침 나는 여느 때와 마찬가지로 지하철을 타고 내 사무실로 출근했다. 회사 엘리베이터 안에서 누군가 나에게 비행기가 무역센터 건물에 충돌했다고 말했다. 사무실에 도착했을 때 또 다른 비행기가 충돌했다. TV를 켜자, 헬리콥터로 밀착해서 찍은 시커먼 화염 사진이 화면을 가득 채우고 있었다.

그때 비서인 다니엘이 울면서 뛰어 들어왔다. IT컨설턴트인 그녀의 남편은 그날 무역센터 건물에서 일하고 있었다. 다니엘의 남편은 건물 밖으로 나가려고 애쓰고 있다는 내용으로 보이는 문자 메시지를 보내고 나서 연락이 끊겼다. 우리가 어떻게 해야 할지 의논하고 있을 때 또 다른 비행기가 펜타곤에 충돌했다는 보도가 나왔다. 그 직후 우리 건물에서 대피 명령 경보음이 울렸고, 우리는 계단을 뛰어 내려와 거리로 뛰쳐나갔다.

우리는 군중들 속에서 다니엘의 남편을 기다렸다. 다니엘은 남편이 우리 사무실까지 오겠다고 말한 것으로 기억했으므로 우리는 그녀의 남편이 도착할 때까지 기다리기로 했다.

한 시간이 흘렀다. 갈수록 더 많은 사람들이 건물 밖으로 나왔기 때문에 사람들 무리는 불어났다. 비행기들이 납치됐다는 말도 떠돌았다. 다니엘과 나는 계속 기다렸다. 그때 군중 속에서 낮은 탄식이 흘러나왔다. 쌍둥이 빌딩 중 하나가 무너졌기 때문이다. 곧 이어서 두 번째 빌딩도 무너졌다. 맨해튼 꼭대기에 더 이상 뾰족한 빌딩은 남아 있지 않았다.

두 번째 빌딩이 무너지자 사람들은 흩어지기 시작했다. 집으로 가거나 높은 건물과 멀리 떨어지기 위해서였다. 나는 다니엘을 놔두고 가족을 찾아야겠다고 생각했는데, 그때 다니엘의 남편이 군중 속에서 걸어 나왔다. 그날 일어난 많은 기적 중의 하나였다. 다니엘의 남편은 세계무역센터 지역에서 탈출한 후에 주택가 쪽으로 2시간 가까이 걸어온 것이다. 나는 그들을 뒤에 남겨놓고 집으로 향했다.

뉴욕의 모습은 마치 쿠데타를 겪고 난 후처럼 기묘했다. 사람들은 조용히 주택가 쪽으로 터벅터벅 걷고 있었고, 나는 반대 방향으로 걸어가고 있었다. 사람들이 많지 않아서 걸어가기가 힘들지는 않았다. 모퉁이마다 사람들이 주차된 자동차나 트럭의 열린 문 주변에 옹기종기 모여 라디오를 듣고 있었다. 모여 있는 사람들 열 명 중 한 명은 허연 먼지 가루를 뒤집어쓰고 있었다. 모든 사람의 얼굴에는 공포가 서려 있었다.

거리를 걷는 동안은 무감각했는데, 가족들을 만나자 잊고 있던 것들이 한꺼번에 떠올랐다. 나 자신과 가족, 그리고 앞날에 대한 불안감이었다.

옛 속담에 누군가의 두려움을 이해하면 그가 원하는 것을 알 수 있다는 말이 있다. 뉴욕 사람들은 매우 개인적인 성향을 지닌 사람들이지만, 그날만큼은 모두들 같은 두려움을 느꼈던 것 같다. 그날 공포를 느낀 후 우리에게는 두려움을 가라앉혀줄 누군가가 필요했다. 우리는 공감을 원했다. 그때 우리가 생각지도 않게 뉴욕 시장인 루돌프 줄리아니가 그 역할을 해주었다.

줄리아니 시장은 원래 공감보다는 공격적인 사람으로 더 잘 알려져 있다. 범죄와의 전쟁에 앞장서면서 엄청난 대중적 지지를 받았지만, 9·11테러가 일어나기 1년 전만 해도 그는 선거구민들로부터 거의 지지를 받지 못했다. 줄리아니 시장은 항상 극단적인 반응을 끌어내는 인물이었다. 상원의원 입후보, 대중의 지지 급락, 이혼과 전립선암과의 투병으로 인해 그는 괴로워하고 있었다. 사람들은 그의 투병에 대해서는 동정했지만 그가 뉴욕 시민들을 돌보거나 이해하고 있다는 믿음은 없었다. 사람들의 충성도는 떨어져 가고 있었다.

9·11테러 동안 그는 지지율을 회복했다. 만약 한 번의 기회가 더 주어졌다면 상당수의 뉴욕 시민들이 그에게 지지표를 던져 3선에 성공했을 것이다. 그는 이제 어디든 나타나면 기립박수를 받는다. 그는 전 세계의 시장이 되었고, 〈타임〉의 올해의 인물로 선정됐으며 엘리자베스 여왕으로부터 루디 경이라는 기사 작위를 수여받았다. 갑자기 모든 사람들이 그를 사랑하게 되었다.

무엇이 줄리아니 시장에 대한 우리의 감정을 호의적으로 바꾼 것일까?

그날 사고 현장에 나타나 열심히 노력하는 그의 모습은 탁월해 보였다. 그러나 그것만으로 신의를 얻기에는 충분하지 않다. 사실 많은 당국자들이 그날 사고 현장으로 바로 달려와 구조와 구호 작업에 많은 시간을 보냈다.

사건 당일 오후 늦게까지 계속된 기자회견에서 시장은 사망자 숫자에 대해 질문을 받았다. 그가 어떤 답변을 하든 사람들은 받아들일 상황이었다. 짧게 "모른다"고 답하거나 정부기관 책임자들에게 답변을 떠넘길 수도 있었다. 또는 "아직 서로 다른 리스트들을 취합해서 비교해보지 못했다. 각 기관이 리스트를 제출하는 대로 비교, 확인 작업 후 우리의 예상치를 발표하겠다"라고 말할 수도 있었다. 그러나 그는 대신에 한숨을 내쉬며 아래위를 쳐다본 후 대답했다. "최종 사망자 수가 얼마에 이를지 모릅니다. 단, 우리가 감당할 수 있는 이상일 것입니다."

그는 이때 이 짧은 문장, "단, 우리가 감당할 수 있는 이상일 것입니다"로 우리의 신뢰를 얻었다. 그는 1200만 명이라는 인구 수만큼의 다양성과 불일치성을 보이는 뉴욕 시민 모두의 감정을 이해하는 지도자로서의 모습을 드러냈다. 그는 우리 모두가 느낀, '감당하기 힘들다'라는 감정을 명료하게 표현했으며, 이로써 우리의 두려움을 다소 완화시켰다. 우리는 앞으로 어떤 일이 일어날지 알 수 없었지만, 우리 곁에서 올바른 일을 해줄 지도자가 있다는 사실만은 알 수 있었다. 그는 우리의 마음을 말로 표현해주었고 우리 모두를 대변해주었다. 그래서 우리는 그를 존경한다.

이처럼 개개인의 다양성을 뛰어넘어 모두가 공유하는 감정과 요구사항을 결속하는 능력은 탁월한 리더십의 핵심이다. 이러한 능력을 '광범위한 감정이입'이라고 지칭한다. 아무리 지도자의 업적이 뛰어나고 가치 있는 경험이나 전문성을 가지고 있어도, 광범위한 감정이입을 하지 못한다면 리더로서 능력이 부족한 것이다.

서문에서 밝혔듯이, 탁월한 관리자가 알아야 할 한 가지는 개개인의 특성을 발견하여 활용할 줄 아는 것이다. 관리자는 개인과 회사 사이에서 중재자의 역할을 하고, 사람의 개별성을 활용한다.

반대로, 탁월한 리더는 사람들을 더 나은 미래로 인도하는 선동가이다. 더 나은 미래를 실현하기 위해 모든 사람이 함께 참여할 수 있도록 한다. 리더는 개개인의 특성과는 상관없이 많은 사람들에게 미래에 대한 흥미와 확신을 심어준다. 탁월한 리더는 말이나 행동,

이미지, 숫자등을 통해 사람들이 공유하도록 만든다. 탁월한 관리자가 개개인의 특성을 발견하고 활용하는 반면, 탁월한 리더는 그 반대의 역할을 한다. 탁월한 리더가 꼭 해야 할 한 가지는 바로 이것이다.

보편적인 것을 발견하고, 그것을 활용하라.

이것을 더 잘할 수 있을 때, 당신은 리더로서 더 성공할 수 있다.

몇 년 전 나는 큰 규모의 컨설팅 업체 CEO와 함께 일한 적이 있었다. 우리는 많은 대화를 나누었고, 나는 그에게 회사 사명이 무엇이라고 생각하는지 물었다. 그는 회사의 주요 목표에 대해 생각하는 시간만이 회사에서 주는 월급값을 하는 거라고 생각하는 사람이었다. 그는 잠시 생각하고는 대답했다.

"저는 이 회사의 사명이 한 가지라고 생각하지 않습니다. 직원 수만큼의 사명이 있죠. 우리 중 일부는 우리 고객들이 성장하도록 돕고, 몇 명은 우리가 하고 있는 과학적인 부분에만 흥미를 느끼지요. 또 일부는 매출을 내기 위해 노력하고요. 또 더 나은 사회를 만들기를 바라는 사람도 있습니다. 우리 모두는 다양하고, 그래서 우리 전부를 위한 단 한 가지 사명은 없다고 생각합니다."

어떤 의미에서 그가 옳았다. 직원들은 당연히 각자의 업무에 다른 의미를 부여한다. 이러한 개별성에 대해 인식하고 있다는 것은 그가 상당히 세밀한 사람임을 나타낸다. 그렇지만 그의 답변은 정답을 빗나갔다. 개개인의 차이를 크게 인식하고, 이러한 차별성들을 조화시킬 필요가 있다는 것은 관리자의 답변이지, 리더의 답변은 아니다.

진정으로 성공하는 리더는 모든 사람이 다르다는 사실을 부정하지 않으면서, 개개인에 집중하기보다는 보편타당함을 선택한다. 우리 모두는 다르지만, 공유하는 부분도 많다. 성공하는 리더라면 내 질문에 대답하기 위해서 광범위한 감정이입에 의존할 것이다. 모두가 공유하는 한 가지를 발견할 때까지 직원들의 다양하고 많은 사명들을 추려낼 것이다. 그리고 나서 그는 모두가 공유하는 사명을 찾아내 직원들에게 반영시킬 것이다. 그리고 그러한 사명을 지켜온 특정 직원을 선별해내고 지켜볼 것이다. 그 사명이 실현됐을 때의 미래 모습을 생생하게 그려낼 것이다. 이 미래를 향한 전진을 평가할 한 가지 기준을 제시할 것이다. 그리고 이렇게 함으로써, 그는 우리에 대한 이해와 우리를 향한 희망을 드러낼 것이다.

이로써 우리는 그의 비전이 사실상 우리의 비전이며, 이 비전을 함께 성취할 수 있다는 강한 확신을 갖게 된다. 그는 우리 모두를 더 나은 미래로 인도할 것이다.

5가지 두려움과 욕구 그리고 한 가지에 대한 집중

보편적인 인간본성

성공적인 리더는 모두가 공유할 수 있는 것을 만들어내야 한다. '우리 모두는 무엇을 공유하는가?'라는 질문을 인류학자에게 한다면, '그다지 없다'는 답을 할 것이다. 개별적인 모든 사회는 독특하기 때문에 보편적인 인간 본성은 존재하지 않는다는 것이 보통 인류학자의 견해이다. 인류학자들은 공격이나 순결 같은 개념도 보편적인 인간 본성이 아니라고 설명한다. 부시맨으로 알려진 칼라하리 사막의 '!쿵산!Kung San' 부족은 평화를 사랑하는 부족으로 그들의 언어에는 살인이라는 단어가 없다. 행복한 사모아인들은 많은 사람들과 성관계를 맺으며 질투심이라는 개념이 없다.

그러나 세월이 흐르고 더 체계적인 연구가 이루어지면서 인류학자들은 '!쿵산' 부족이나 사모아인들처럼 확실한 예외로 보이는 것들도 표면적으로만 그럴 뿐이라는 사실을 발견했다. 사실 진실은 더 단순하며 인간을 깊이 들여다보면 익숙한 것이다. 신경과학자 스티븐 핑커Steven Pinker는 다음과 같이 설명한다. "사모아인들은 결혼 첫날밤 숫처녀가 아닌 딸들을 구타하거나 죽이고, 처녀에게 구애하지 못한 젊은이는 처녀를 강간한 다음 같이 달아나자고 한다. 부정한 아내를 둔 남편의 가족들은 간통죄를 범한 상대를 공격하거나 죽인다. 엘리자베스 마셜 토머스는 《무해한 사람들The Harmless people》이라는 책에서 '!쿵산' 부족을 무해한 사람들 그 자체라고 묘사했다. 그러나 어느 정도 데이터가 축적되고 난 후 인류학자들은 '!쿵산' 족의 살인율이 미국 중심 도시의 살인율보다 높다는 것을 발견했다."

나는 모든 사회가 똑같이 폭력적이라는 말을 하려는 게 아니다.

모든 사회는 다른 풍속을 갖고 있다(예를 들어, 미국인들은 크리스마스 선물을 크리스마스날, 노르웨이인들은 크리스마스 이브에, 네덜란드인들은 성 니콜라스 날인 12월 6일에 하고 '!쿵산' 족은 그런 것들을 하지 않는다). 하지만 분명히 인간 본성이라는 것은 존재하고, 모든 사회는 각자의 풍속과 언어를 통해 이 공유된 본성을 자신들의 사회에 반영한다.

인간 본성에 대한 연구에 관해서는 인류학자인 도널드 브라운Donald Brown의 연구 성과가 탁월하다. 그는 수년에 걸쳐 인간의 보편성에 관해 축적된 모든 사회의 연구와 문서로 정리된 결과들을 철저하게 분석했다.

여기에는 꽤 흥미로운 것들이 있다. 예를 들자면, 농담이나, 아기들의 말, 상처를 빠는 습관 같은 것은 모든 사회에 보편적이다. 우리 모두는 우리의 객관성을 과대평가한다. 우리는 핵심을 찌르는 말을 할 때도 '!쿵산' 족의 예에서 보았듯이 "탁월한 사람들은 비슷한 생각을 한다"라고 하면서도 "바보들은 별로 다르지 않다"는 모순된 격언들을 만들어낸다. 또 모든 사회에는 거짓말에 대한 단어가 있다.

쉽게 예측 가능한 것들도 있다. 모든 사회는 뱀을 두려워하지만 꽃은 두려워하지 않는다. 모든 사회에서 자녀 교육에 화장실 사용법이 포함되어 있다. 모든 사회가 평균적으로 남편이 아내보다 연상이다. 그리고 모든 사회에 고통에 대한 단어가 있다.

도널드 브라운의 책 《인간의 보편성Human Universals》에 나오는 보편성 리스트를 읽고 나면, 상반되는 감정이 일어난다. 별로 놀랄 만한 일은 아니지만, 모든 사회에 무기, 강간, 살인이라는 단어가 있다는 사실은 우울한 일이다. 그러나 또 한편으로 교환, 장난감, 서로 교대하기 등이 있다는 사실은 고무적이다. 이러한 선하고 악한 두 가지의 보편성이 존재한다는 사실은 매우 위안이 된다. 이는 모든 인간이 일반적인 경험, 일반적인 미덕과 악덕을 공유한다는 것을 의미한다. 그래서 우리가 왕성한 호기심을 갖고 주의 깊게 경청한다면, 서로간에 감정이입은 물론 서로가 이해하고 있는 것을 발견한다. 나는 그런 면에서 희망이 존재한다고 생각한다.

리더에게 도널드 브라운의 보편성 리스트는 더 나은 미래를 향한 직원들 간 경쟁에 있어서 고려할 만한 단서를 제공한다. 이러한 보편성은 5가지로 요약할 수 있다. '누군가의 두려움을 안다면 그들의 욕구를 알게 될 것이다' 라는 의미에서, 5가지의 두려움과 욕구로 짝지을 수 있다. 물론 이 짝이 모든 것을 망라하고 있지는 않다. 그것들은 프로이트의 무의식 이론이나 매슬로의 욕구단계설만큼 인간 경험 전체를 망라하지는 않는다. 그러나 왜 리더가 필요한지는 설명해준다.

직원들이 리더에게 무엇을 요구하는지도 알 수 있다. 특히 그중 하나에는 당신이 리더로서 성공할 수 있는 비결이 있다. 만약 한 가지 두려움과 그에 수반되는 욕구에 집중한다면, 직원들에게 당신을 따라 미래를 향해 나아가고자 하는 확신을 줄 수 있다.

다음은 사람들을 리드하기 위해 필요한 5가지 내용 가운데 당신이 가장 집중해야 할 일이 무엇인지 밝혀두었다.

죽음에 대한 두려움(자신과 가족들) – 안전의 욕구

모든 사회에서 죽음에 대한 공포와 장례식, 출생을 축하하는 예식, 살인과 자살에 대한 금지가 발견된다. 또한 모든 사회에서 결혼, 혈연, 자식, 가문을 중요하게 여기는 족벌주의가 발견된다.

우리의 본능적인 욕구 중 일부는 나와 가족들의 생명을 보존하고자 하는 것에서 나온다.

외부인에 대한 두려움 – 공동체의 욕구

모든 사회에서 아이들은 낯선 사람들을 두려워한다. 모든 사회는 집단을 이루어 사는데, 이는 가족이나 혈연으로만 이루어지지 않는다. 모든 사회는 집단에 속한 사람들과 속하지 않은 사람들을 구분하고, 집단 구성원들에게 우호적이다. 모든 사회에서 법의 주요 목적은 집단 구성원의 자격을 정의하는 것이고, 모든 사회는 법을 어기는 사람들, 브라운의 말에 따르자면 '집단에 대한 범죄를 저지르는 사람들'에 대한 제재나 벌칙을 만들어낸다.

여기에서 중요한 것은 우리 모두는 군집동물이고, 무리를 강하게 유지하도록 스스로를 조직화한다는 것이다.

미래에 대한 두려움 – 명확성의 욕구

모든 사회는 미래라는 개념을 갖고 있다. 그리고 그것을 가능성이라고 한다. 모든 사회에는 희망과 예측이라는 단어가 있고, "이런 일이 발생하면 무엇이 뒤따를 것이다"라는 '추측성 추론'을 할 수 있는 역량이 있다. 그러나 모든 사회가 미래에 대해 걱정한다. 우리는 미래란 불안정하고, 예측불허이고, 따라서 위험 가능성이 농후하다는 것을 안다. 그리고 정도의 차이는 있겠지만, 우리 모두는 미래에 대해 두려움을 느낀다.

그래서 모든 사회는 미래에 대한 예측을 보여주는 사람들을 믿는다. 우리는 그런 사람들을 경제학자라고 부르고 사모아인들은 '볼 수 있는 사람들'이라고 부른다. 그래서 미래를 예측할 수 있는 사람들은 특별한 지위를 부여받는다. 그리고 모든 사회에 미래를 예측하는 의식이 있다. 고대 로마에서는 거위의 간을 조사했고, 오늘날 우리는 〈월스트리트 저널〉을 읽는다.

혼돈에 대한 두려움 – 권위의 욕구

다음의 보편성은 우리가 얼마나 혼돈을 두려워하는지 보여준다. 첫째, 모든 사회에는 세계가 어떻게 형성됐는지에 대한 고유의 이야기가 있는데, 모든 창조 신화에서 세계는 혼돈에서 시작된다. 세상이 존재하기 전에 다른 세계가 있었던 것이 아니라 어둠과 무질서, 공허가 있었다. 모든 사회에서 우리가 알고 있는 세계란 혼돈의 반대어로 정의된다.

둘째, 가장 보편적인 인간 특성 중 하나는 사물들을 분류하려는 욕구이다. 사실 브라운의 리스트 중에 단연 가장 긴 하위 분류는 모든 사회가 분류에 대한 욕구를 느끼는 것들로 구성돼 있다. 그의 리스트는 나이, 행동 성향, 신체 일부, 색깔, 동물군, 식물군, 내적 상태, 혈통, 성별, 공간, 도구, 날씨 상태 등을 포함하고 있다. 사물들을 분류해서 분별할 수 있게 인공적인 잣대를 부여함으로써 우리는 혼돈을 밀어내고, 우리 자신들이 통제 가능한 상태에 있다고 스스로를 납득시킨다.

그리고 질서에 대한 우리의 욕구로부터 권위에 대한 욕구가 나온다. 자유로운 방임 상태의 혼란보다는 통제하는 누군가가 있는 것이 더 체계적으로 여겨진다. 이는 우리 자신을 때로 통제자의 결정에 맡겨야 하는 걸 암시하지만, 대부분 우리는 이러한 질서와 통제를 편안하게 받아들인다. 모든 사회는 균형잡힌 통치와 복종에 대한 욕구의 개념이 있다. 그리고 모든 사회에는 리더를 뜻하는 단어가 있다.

오늘날 이러한 욕구가 어떤 역할을 하는지는 최근에 민주화된 국가들을 살펴보면 알 수 있다. 다원 민주주의 국가에서 민주화로 인한 혼란에 대해 두려워하는 국민들은 독재적인 지도자들을 지지하는 경향이 있는데, 그러한 예로 러시아 푸틴 대통령, 베네수엘라의 샤베스 대통령, 벨로루시의 루카셴코 대통령, 키르기스스탄의 아카에프 대통령 등을 들 수 있다. 이런 국가에서 국회가 대통령의 권력을 견제하기 위한 국민투표를 실시하면, 항상 예측과는 반대로 나온다.

1996년 키르기스스탄의 예에서 알 수 있듯이 국민들은 대통령의 임기를 연장하는 데 찬성표를 던지는 경우가 많다. 신생 민주주의 국가의 국민들이 이렇게 행동하는 이유는 매우 복잡하다. 하지만

다음과 같은 잠재적인 생각이 깔려 있는 건 아닐까. '우리는 혼란이 싫기 때문에 강한 지도자가 좋다.'

하찮음에 대한 두려움 - 존경에 대한 욕구

모든 사회는 집단과는 별개로 개개인이 가치와 의미를 지니고 있다고 본다. 모든 사회에 자아상이라는 단어가 있고, 긍정적 자아상이 부정적인 것보다 낫다는 통념이 있다. 또한 모든 사회가 자아상이 타인에게 달려 있다는 개념을 상당히 신봉한다. 즉 우리는 다른 사람들이 우리를 어떻게 생각하는지에 대해 매우 주의를 기울인다. 우리는 사람들이 우리를 우호적으로 보지 않거나 더 나쁘게는 우리에게 주목하지 않거나 하찮게 볼 수 있다는 데 두려움을 느낀다.

그래서 모든 사회에서 명성과 그에 수반되는 존경에 대한 열망이 발견된다. 역사적으로 다른 사람들의 존경을 얻는 가장 효율적인 방법은 명성만을 위해 사실상 모든 것을 희생할 준비가 되어 있음을 보여주는 것이었다. 명성을 추구하는 열망은 사람마다 차이가 있어, 누군가는 주인이 되고 누군가는 하인이 된다. 주인은 자기 자신이나 혹은 자신이 진정으로 가치 있다고 생각하는 신념이나 종교, 부족이나 국가에 대한 충성을 열망하여 그것을 추구하는 데 있어서 죽을 준비까지 되어 있다. 그런데 "무엇이든지 당신 방식대로 따르겠습니다"라고 말하는 사람들은 하인이다.

주종관계는 어떤 면에서 자연스럽지만(니체의 표현을 빌리면, 권력을 통한 힘으로 명명되었다) 부작용도 있다. 즉 모든 사회에서 존경심의 결핍을 만들었다. 소수의 주인은 존경을 받는 반면에 다수의 하인들은 거의 존경을 받지 못했다. 따라서 시간이 지남에 따라 하인들은 존경을 받을 수 있는 다른 방식들을 찾았고, 그것을 종교에서 발견했다. 모든 사회에는 어떤 형태든 종교가 있었으나 대부분이 사라졌다. 그러나 기독교, 이슬람교, 유대교, 불교, 힌두교 등은 성공적으로 발전했는데, 보통의 사람들에게 선민의식, 내세, 내세에서의 제2의 삶 등 존경을 받을 수 있는 가장 비속세적인 방식을 제공하기 때문이다.

간략하게 브라운의 리스트에서 다섯 가지 보편성, 즉 안전, 공동체, 명확성, 권위, 존경에 대한 욕구를 간추려냈다. 두려움과 욕구의 상호작용을 잘 이해할수록 당신은 보다 더 성공적인 리더가 될 것이다. 이제 이 5가지 중 우리가 집중해야 할 한 가지에 대해 알아보자.

존경에 대한 욕구는 중재자나 사람들을 일대일로 다루는 사람들이 보통 중요하게 여긴다. 과거에 이러한 중재자 역할은 그 사회 종교 대표자들이 했다. 목사나 랍비, 신부 등은 신의 가르침을 전해준다는 점에서 권위와 존경을 얻는다.

오늘날 직장에서 이러한 중재자 역할은 리더가 아니라 관리자가 수행한다. 모든 사람들이 최고경영자가 될 수는 없지만 모든 직원들은 각자의 역할에서 최고가 될 수 있다. 탁월한 관리자는 각 직원에게 고유하고 남과 구별되는 타고난 자질을 발견하고 키워줌으로써 존경을 얻는 방법을 알려준다. 그렇기 때문에 탁월한 관리자는 조직 내에서뿐만 아니라 사회에서도 귀중한 존재다. 그들은 존경에 대한 욕구에 전력을 기울이도록 가능한 모든 방법을 제공한다.

네 번째 욕구인 권력에 대한 욕구는 애초에 왜 우리가 리더를 열망하는지, 리더로서 역할이 왜 필요한지 설명해준다. 그러나 그 이상은 말해주지 않는다. 리더가 무슨 일을 해야 하는지 말해주지 않고, 직원들이 리더에게서 무엇을 원하는지 말해주지 않는다.

이제 나머지 세 가지 욕구, 즉 안전에 대한 욕구, 공동체에 대한 욕구, 명확성에 대한 욕구를 자세하게 살펴보자. 이 세 가지 보편적 욕구 중 당신이 활용해야 하는 것은 무엇인가?

먼저 안전에 대한 욕구를 살펴보자. 이 욕구는 매우 강력하고 기본적이어서 많은 리더가 선택한다. 우리는 자신의 생명과 가족을 안전하게 지켜줄 수 있는 리더를 더 신뢰한다. 먹을 것과 전기를 공급하고, 치안을 유지시키는 게 대중의 충성심을 얻는 가장 빠른 방법이다. 국가 지도자들이 전쟁의 명분으로 국가 안전을 지키기 위한 거라고 말하거나, 정치가들이 아이들에게 뽀뽀하는 등의 행동도 같은 이유로 설명될 수 있다.

두 번째로 공동체에 대한 욕구를 살펴보자. 지도자들이 적을 지목한다거나, 부시 대통령이 공통의 적으로 '악의 축'이라는 말을 사용하고, 펩시가 코카콜라를 겨냥하고, 왜 사회단체에서는 전쟁용어를 사용하는지(예를 들면 마약과의 전쟁, 가난과의 전쟁, 암과의 전쟁 등) 등은 사실 이유가 있다. 그게 효과적이기 때문이다. 공동체는 위협하는 대상이 있으면 결속력이 강해진다.

만약 눈에 띄는 위협을 찾지 못한다면, 위협을 만들어내어 체제를 유지시킨다. 국민들로 하여금 희생양에 집중하게 만드는 것은 존경할 만한 리더십은 아니지만, 비효율적이라고도 말할 수 없다.

이 두 가지 욕구 중 하나를 충족시키면 의심할 나위 없이 사람들의 충성심을 얻을 수 있다. 그러나 리더의 임무는 사람들의 충성심을 얻는 것이 아니다. 리더의 역할은 더 나은 미래로 사람들을 인도하는 것이다. 사람들의 충성심을 얻는 것은 이러한 목적을 위한 수단일 뿐 그 자체가 목적이 되어서는 안 된다.

마지막으로, 명확성은 미래를 다루는 것이다. 안전과 공동체의 욕구는 정적인 본성을 지니고 있다. 리더십을 그것들에 집중한다면 현상유지만 할 수 있을 뿐이다. 현상유지도 귀중한 결과가 될 수 있지만 그것만으로 탁월한 리더가 되기는 어렵다. 반면에 이 세 번째 보편성을 확실히 움켜쥐고, 미래에 대한 두려움과 싸워 긍정적인 것으로 바꿔놓을 수 있다면, 리더로서 매우 중요한 업적을 이뤄냈다고 할 수 있다.

최근 인기 있는 책들은 변화를 환영하고 기꺼이 껴안아야 한다고 말한다. 이러한 충고는 얼핏 듣기에는 그럴듯하다. 하지만 되새겨 보면 변화를 두려워하는 것은 지각 있는 태도이다. 선사시대에는 미지의 것에 대해 두려워하지 않고 '어떤 동물이 사는지 궁금해' 하며 충동적으로 어두운 동굴 안에 들어서는 사람들은 종족을 보존할 만큼 오래 살지 못했다. 미래에 대한 조심성과 두려움은 살아남은 종족의 진화론적 특성이기도 하다. 우리 모두는 정도는 다르겠지만, 미지의 것에 대해 걱정한다. 바보 같은 리더만이 그것을 나약함이나 아예 존재하지 않는 것처럼 취급한다. 미지의 것에 대한 두려움은 분명히 존재하며, 진화론적인 관점에서 보자면, 이러한 두려움은 좋은 현상이다.

오늘날 리더로서 당면한 문제는 알지 못하는 미래를 다루어야 한다는 점이다. 리더가 보고 말하는 모든 것은 미래와 관련이 있다. 따라서 리더로서 성공하려면 미래에 대한 두려움을 희망으로 바꿔나가야 한다. 탁월한 관리자가 개개인의 자질과 회사의 목표 사이에서 반응을 가속화하는 촉매제라면, 탁월한 리더는 연금술사다. 그들은 미지에 대한 우리의 두려움을 자신감으로 변화시킬 수 있다.

그렇다면 리더는 어떻게 해야 하는가? 열정이 답은 아니다. 열정적인 리더는 짧은 순간 사람들을 고취시킬 수 있지만, 열정은 불안정하고 예측 불가능하며 일시적이다. 열정은 금방 사그라들 수 있어서 직원들은 신뢰하지 않는다. 하워드 딘 주지사는 2004년도 선거 때, 아이오와에서 어울리지 않는 열정적인 태도를 보여줘 패배하지 않았던가?

일관성도 아니다. 우리의 환경은 계속 변화하고 있다. 리더는 이러한 변화를 열린 마음으로 바라보아야 한다. 따라서 리더의 지나친 일관성은 엄격함이나 상상력의 부재로 보이고, 시간이 지날수록 그의 능력을 의심하게 만든다.

명확성은 두려움을 확신으로 바꾸는 가장 효율적인 방법이다. 미래의 모습을 행동이나 말, 이미지, 영웅의 모습이나 숫자들을 통해 생생하게 묘사하여 우리가 어디로 향하고 있는지를 볼 수 있게 한다. 물론 예측 불가능한 환경을 이해하기 쉽도록 때로는 미래에 대한 묘사를 왜곡시킬 수도 있다. 이러한 왜곡이나 사소한 수정 역시 생생하게 전달되어야 한다. 이처럼 명확성이란 불안에 대한 해독제이다. 이것은 성공적인 리더가 반드시 갖추어야 할 자질이다. 리더로서 할 수 있는 것이 없다면, 먼저 명확해져라.

물론 전략이나 계획, 일정 등에 대해 세부 내용까지 공유할 필요는 없다. 반대로 직원들이 어떤 일에 도전하고 그들이 직접 창조하고 실험할 수 있도록 해야 한다. 리더의 명확성과 직원들의 확신은 서로 연관성이 있다. 명확성은 확신을 움직인다.

이제 직원들에게 명확성을 요구하는 4가지 영역에 대해 살펴보겠다.

명확히 하라
리더의 행동은 농구 선수의 슛과 같다

우리는 누구를 위해 일하는가?

최근 나는 테리 리히Terry Leahy 경을 인터뷰했다. 그는 영국 경제에 엄청난 공헌을 해, 2002년도에 기사작위를 받았다. 테리 경은 영국계 할인점 체인인 테스코의 최고경영자이다. 세계에서 가장 큰 소매업체는 월마트이지만, 세계적으로 32만 6000명에 달하는 직원 수와 유럽과 극동에서 거둔 엄청난 성공을 생각하면 테스코가 최고라고 할 만하다.

테스코는 50년 동안 세인즈베리, 세이프웨이, 월마트 소유의 아스다와 같은 경쟁사들과 차별화하기 위해 노력해왔다. 그 결과 오늘날 테스코가 1등이고 2위와의 격차는 점점 더 벌어지고 있다. 한 예로 영국 소비자들이 소비하는 100달러 중 테스코가 12달러 이상을 벌어들인다.

나는 일반적인 질문으로 인터뷰를 시작했다.

"테스코 부지의 절반 이상이 영국 밖에 있는데, 멀리 떨어져 있는 조직들을 어떻게 운영할 수 있었나요?"

"글쎄요. 저는 테스코는 대상 고객을 알고 있다는 확신으로 시작했습니다."

"누구를 위해 일하고 있습니까?"

"1980년대에 우리는 우리가 누구를 위해 일하는지 집중하지 못했던 적도 있습니다. 고급 고객을 지향했지만, 1990년대 경제 침체기에서 이런 전략은 먹히지 않았지요. 그래서 우리는 우리의 전통적인 시장으로 다시 돌아와 근로자들과 보통 사람들을 위해 일하는 데 초점을 맞췄습니다."

"어떤 과정을 거쳐 그렇게 결정하셨나요?"

"우리는 고객이 테스코에 원하는 것을 찾아내기 위해 좌담회나 설문조사 등 여러 조사 활동을 통해 20만 명이 넘는 고객들을 인터뷰했습니다."

"그러한 조사를 통해 원하신 답을 얻으셨나요?"

"일부는 답을 얻었지만 일부는 직감을 통해 유추했지요. 저는 우리 핵심 고객과 유사한 노동 계급 출신입니다. 그래서 우리 고객의 삶을 보다 잘 이해할 수 있었습니다. 나는 그러한 고객들이 테스코가 자신들에게 은혜를 베푸는 것이 아닌, 순수하게 자신들을 존중해주기를 바란다고 느꼈습니다."

"이런 태도를 보여주기 위해서 어떤 일을 하셨나요?"

"우선 매장 계산대를 엄청나게 늘렸습니다. 테스코 매장에는 계산대 수가 적어서 늘 계산대 앞에 줄이 길게 늘어져 있었습니다. 지금 우리는 계산대 수를 늘려 대기 줄을 없앴습니다. 그들에 대한 존중의 표시로 고객의 시간을 소중히 여긴다는 확신을 주는 것이 최상의 방법이라고 생각했습니다. 계산대 수를 늘리는 데에는 많은 자본이 들어갑니다. 하지만 우리의 대상 고객을 생각하면 해야 하는 일이라고 결정했습니다."

테리 경이 이런 식으로 자원을 배분하는 것은 옳았을까? 테스코가 저렴한 가격에 좋은 품질의 물건을 사서, 빨리 계산하고 나가 자신의 삶으로 돌아가기를 원하는 근로자들에게 초점을 맞춘 것은 과연 옳은 일일까? 진실은 아무도 알 수가 없다. 다만 확신할 수 있는 것은 "우리의 고객은 누구인가?"라는 질문에 대해 테리 경은 확실하게 답변을 했고, 그의 직원들은 그것에 집중해 마침내 긍정적인 결과를 달성했다는 것이다.

월마트는 테스코와 똑같은 시장에서 경쟁하고 있지만 월마트 최고 경영자들에게 누구를 위해 일하냐고 묻는다면 아마 테리 경과는 다르게 답할 것이다.

작년 소비자건강제품협회Consumer Healthcare Products Association 의 회의에서, 나는 각 회사의 경영층을 대상으로 연설하기 위해 더 그 딘Doug Degn을 따라 연설대로 나갔다. 더그는 월마트의 모든 식품 분야를 총괄하고 있었고 모든 면에서 지난 15년 동안 엄청난 성공을 거뒀다. 15년 전 그는 식품을 팔지 않았지만, 지금 그는 세계에서 누구보다 많은 양의 식품을 판다. 나는 그의 연설을 통해 그가 직설적이고 문제를 확대 해석하는 사람들을 의심하는 일벌레 스타일의 중역임을 알았다.

"우리의 예측보다 훨씬 많은 양의 낚시 장비를 파는 점포가 있습니다. 벤튼빌에 있는 우리 분석팀은 당황했지요. 그러나 결국 해답은 상식적인 것이었어요."

그는 결정적인 말을 날리려고 잠시 침묵했다.

"이 특별한 점포는 큰 호수 가까이에 있었거든요."

관중석에서 웃음이 터져 나왔다.

그는 관중을 끌어들이는 한 가지 작은 기술을 가지고 있었다. 그의 연설이 거의 끝날 때쯤, 그는 청중들에게 월급으로 사는 사람들은 손을 들어보라고 했다. 몇 명이 손을 들었다. 그는 그들을 뚫어지게 보면서 말했다.

"자, 여러분들은 모두 우리 매장에서 환영을 받을 겁니다. 우리 매장으로 오세요. 정말 좋은 대접을 받을 겁니다. 우리 매장은 하나부터 열까지 모두 월급으로 근근이 살아가는 사람들을 위한 곳입니다. 우리 매장에 오시면 6달러 50센트짜리의 고급피자를 살 수 있습니다. 하지만 바로 옆에서 최고급의 피자를 77센트에 살 수 있다는 사실 또한 저는 보장합니다. 우리의 모든 것은 월급으로 살아가는 사람들을 위해 고안되었습니다."

왜 월마트는 월급으로 살아가는 사람들을 위해 일한다는 개념을 이용하게 됐을까? 자체 조사 결과 월마트의 주 고객층은 저소득 계층이었다. 월마트 고객 중 20퍼센트는 은행계좌도 없는 사람들이다. 월마트의 역사를 보면, 이러한 고객들을 주요 대상으로 정한 것은 창립자인 샘 월튼이었다. 그는 이들을 대상 고객으로 결정했다. 중요한 것은 이 고객을 대상으로 결정한다는 약속과 그 약속을 전략으로 추구함에 있어서의 변함없는 일관성에 있다.

월마트나 테스코처럼 리더가 대상 고객을 명확히 해서 얻는 이익은 무엇인가? 리더가 대상 고객을 알면 전략을 짜고 자원을 분배하고 조직을 구성하는 데 있어 보다 집중된 결정을 내릴 수 있다.

그러나 이 설명은 문제의 핵심에는 이르지 못한다. 리더는 대상 고객이 누구인가를 명확히 해야 한다. 그 이유는 직원들이 그런 명확함을 요구하기 때문이다. 직원들은 모든 사람들을 만족시킬 수는 없다. 직원들의 두려움을 잠재우기 위해 그 대상을 좁혀야 한다. 주고객에 대해 명확하고 생생하게 말하라. 가장 가깝게 감정이입을 해야 하는 대상이 누구인지 말하라. 직원의 성공을 판단할 사람이 누구인지 말하라. 테리 경이나 더그가 그랬듯이 이 점을 명확히 할 때 직원들에게 신뢰를 줄 수 있다. 다시 말해 판단에 대한 신뢰, 결정에 대한 신뢰, 궁극적으로 사명 달성 여부를 판단할 수 있는 기준에 대한 신뢰를 줄 수 있다.

대상 고객이 누구인지 명확히 하라는 말은 쉬워 보이지만 실제로 많은 리더들이 불분명하고 복잡한 답변을 한다.

회사의 사명을 '공급업자/소매업자/제조업자의 선택이 되자'라고 선언한 리더들을 살펴보자. 이 강력하고 짤막한 문구는 파워포인트 안에는 잘 들어맞는다. 하지만 정확하게 의미하는 것은 과연 무엇일까? 누가 선택을 하는가? 선택에 있어서 사용하는 기준은 무엇인가? 어떤 답에 초점을 맞춰야 하는지 리더의 지침이 없다면 직원들은 혼란에 빠질 것이다.

조직의 사명이 주주들에게 이익을 돌려주는 것이라고 발표하는 리더들도 있다. 이 답은 틀린 답일 뿐만 아니라 문제는 단순히 틀렸다는 데 있지 않다. 주주는 학부모와 유사하다. 양쪽 모두 회사와 학교가 사명을 완수하는 데 만족해야 하고, 사명 그 자체가 아니라 사명을 위한 수단으로서 역할을 해야 한다. 우리의 사명이 주주들의 이익이라는 말의 가장 큰 문제는 우리가 통제할 수 없는 힘의 처분에 맡겨야 한다는 것이다. 주주들의 관심사는 주가다. 그런데 주가란 정의하기 어려운 변수들에 영향을 받는다. 그래서 주주들의 이익을 위해서 일한다면 우리가 할 수 있는 일은 별로 없다.

가장 비효율적인 답변은 대상 고객이 누구인지 공개적으로 발표할 때 복잡한 시장 환경을 모두 반영시키려는 것이다. 한 소프트웨어 회사의 리더는 "우리가 섬겨야 할 주인은 매우 많습니다. 우리는 소비자들뿐 아니라 우리 제품의 예산을 통제하는 IT 담당 중역을 위해서도 일해야 합니다"라고 말한다. 또 한 제약회사의 리더는 "우리는 환자뿐만 아니라 우리 약을 처방하는 의사를 위해 일합니다"라고 말한다. 한 회계법인의 리더는 "우리는 개인 투자자뿐 아니라 개인 투자가들에게 우리 서비스를 판매하는 독립 투자 전문가들을 위해서도 일합니다"라고 말한다.

이러한 답변들이 비효율적인 이유는 정확성이 결여되어서가 아니다. 반대로 너무나 정확하기 때문이다. 세상에는 많은 진실이 있고 각 답변들은 너무도 많은 진실들을 만들어낸다. 정확하기는 하지만 결과적으로 너무 혼란스럽다. 사실 혼돈보다 더 두려움을 만드는 것은 없다.

그러나 이런 리더들을 옹호하기에 세계는 아주 복잡하다. 각 조직은 많은 주인들을 위해 일한다. 그렇다면 성공적인 리더는 "우리는 누구를 위해 일하는가?"라는 질문에서 어떻게 이러한 진실과 명쾌함을 조화시킬까?

여기에 브래드 앤더슨Brad Anderson의 접근 방식은 하나의 해결책을 제시한다. 즉 한 명의 주인에게 집중하고 이 주인을 모시는 데 전문가가 되면 '파급효과의 힘'으로 모든 주인들을 모시는 결과를 얻게 된다.

브래드는 전자제품 소매점인 베스트바이에서 30년 동안 근무했다. 회사 초창기에는 최고의 판매원이었고, 지금은 CEO이자 부회장이다. 회사의 회장이자 창립자인 딕 슐츠Dick Schulze와의 긴밀한 관계 속에 지역의 작은 소매점에 불과했던 베스트바이를 600개의 매장을 거느린 체인으로 변신시켰다. 베스트바이는 2004년 〈포브스〉에 올해의 회사로 선정되기도 했다. 서키트시티나 굿가이스 같은 경쟁사들이 이익이 줄어들고, 조직이 팔리거나 이윤 창출에 어려움을 겪는 상황에서 번창했다는 점에서 베스트바이가 이룬 업적은 주목할 만하다. 바람이 잔잔할 때 성공하는 것도 훌륭하지만, 모든 배가 침몰할 때 성공하는 것은 비할 수 없는 성공이다.

베스트바이의 성공 요소는 여러 가지가 있다. 그 중에서 특정 고객을 대상으로 집중한 것 역시 주요한 성공 요소이다. 베스트바이는 창립한 해인 1966년부터 1989년까지 대상 고객을 누구로 할 것인가에 그다지 심혈을 기울이지 않았다. 대신 가능한 많은 제품을 유통시키는 데 집중했다. 다른 전자제품 소매점이 하는 것과 똑같았다. 베스트바이 매장 내에는 다양한 고객층을 대상으로 한 많은 제품이 전시되어 있었다. 하지만 판매원들은 자신들이 많은 이익을 얻을 수 있는 제품으로 고객들을 유인했다.

변화는 1989년에 시작되었다. 딕과 브래드는 둘 다 선량한 사람들이었고 원칙주의적인 경영자들이었다. 지난 2년간 브래드는 2000만 달러에 달하는 자신의 스톡옵션을 직원들에게 조용히 나눠주었는데 언론에 발표하지도 않았고 내부 문서에도 기록을 남기지 않았다. 미니애폴리스 지역신문이 베스트바이의 증권거래위원회(SEC) 보고자료를 뒤져서 발견하고 이를 공개했을 때 그는 매우 노여워했다. 그들이 성인 같다는 이야기를 하려는 게 아니라 이타적인 것에 가치를 두는 경영자들이라는 점을 말하고 싶다.

이런 가치에 중요성을 두는 사람들이었기 때문에 그들은 회사의 정책이 갈수록 불편해졌다. 그것은 당근과 채찍 같은 것이었다. 근본적으로 고객들을 존중하지 않는 전략 위에서 베스트바이가 어떠한 미래를 세울 수 있을지 회의가 일었다.

그들은 다음과 같이 천명했다.

"우리는 지금부터 자신들의 삶에 기술적 편익을 얻고자 하지만 그 방법을 모르는 고객들을 위해 회사를 설계할 것이다. 우리는 제품에 대해 영리하지만 혼란스러워하는 고객, 필요한 스피커가 채널당 50와트인지 200와트인지조차 모르는 고객, 잉크젯프린터와 레이저프린터 사이에서 무엇을 사야 할지 확신이 없는 고객, 디지털카메라의 디자인은 좋아하지만 '화소'의 의미는 모르는 사람, 프린트하는 방법을 모르는 고객을 대상으로 서비스할 것이다.

우리는 제품을 최대한 저렴한 가격으로 판매할 것이다. 하지만 가격을 강조하기보다 고객이 원하는 지식을 배워서 그들에게 가르치는 데 중점을 둘 것이다. 그러기 위해 우리는 진열하고 있는 제품 가짓수를 줄일 것이다. 우리는 텔레비전이 진열된 벽을 없애고, 60개의 VCR을 36개로 줄이겠다. 우리는 재고를 유지할 수 있는 제품만을 진열할 것이고, 고객에 맞춰 각 제품의 차이점을 설명할 수 있도록 판매원들을 교육시킬 것이다. 우리는 영업사원들의 수수료를 줄이고 판매보다 고객들을 돕도록 방향을 전환할 것이다. 간단히 말해서 우리는 고객들을 교육시키고 이렇게 교육된 고객들이 스스로 선택할 수 있도록 할 것이다."

이런 말들이 당연하게 들리는가? 하지만 당시 베스트바이의 경쟁사들은 제품 수를 늘리고 판매원 수수료를 늘리는 정반대 방향으로 향하고 있었다. 물론 시간이 지난 후 그들의 본능이 옳았음이 드러났다. 베스트바이는 영리하지만 혼란스러워하는 고객들을 대상으로 조직을 재설계한 후 급속도로 성장했다. 브래드는 내게 다음과 같이 말했다.

"우리가 고객들의 지적 수준에 대해 더 신뢰하고 그 수준을 끌어올리려고 노력할수록 결과는 더 좋았습니다."

베스트바이는 성공을 이루었지만 2003년 브래드는 더 큰 변화가 필요하다는 결정을 내렸다. 그에게 성공이란 위급한 상황에서 도약하는 기술이었다. 브래드는 현재가 위급 상황이 아니라면 위급 상황을 만들어내는 것을 즐기는 타입의 리더이다.

영리하지만 혼란스러운 고객을 대상 고객으로 한다는 개념은 분명하기는 하지만 너무 광범위하다는 게 그의 생각이었다. 브래드는 하루 40퍼센트 이상의 시간을 고객들과 만나며 보낸다. 즉 매장에서 보낸다. 잦은 매장 방문을 통해 그는 베스트바이에 다양하고 많은 섬겨야 할 주인이 있다는 사실을 깨달았다. 매장마다 다른 욕구를 지닌 고객들을 대상으로 했는데, 고객들은 이를 혼란스러워했다. 영리하지만 혼란스러워하는 고객들을 대상으로 한다는 약속을 완수하기 위해 베스트바이는 서로 다른 욕구를 가진 고객들을 만족시키는 재설계를 감행해야 했다.

베스트바이의 다양한 고객을 확인하기 위해, 그는 회사 내에 팀을 구성했다. 컬럼비아대 재정학 교수인 래리 셀든Larry Selden과 함께 고객 구매 데이터를 샅샅이 탐구하여 베스트바이의 주요 고객층을 다섯 가지로 좁혔다. 여기서 다섯 가지를 다 밝힐 수는 없지만 그중 한 가지는 최신제품이나 최상품에 별 관심이 없는 어린 자녀를 둔 주부이다. 그들이 원하는 것은 매장이 자녀들과 돌아다니기 쉽고 자신이 찾는 몇 가지 제품이 눈에 띄게 잘 진열되어 원하는 걸 재빨리 찾아 집으로 돌아가는 것이었다. 부동산 중개업자, 토건업자, 보험중개인 등의 개인사업가들은 자신의 사업을 보다 효율적으로 운영하도록 하는 기술적인 면에 가장 관심이 있었다.

여기까지 브래드가 한 일은 특별히 뛰어나다고 할 것은 없다. 제너럴모터스의 전설적인 최고경영자인 앨프리드 슬로언이 소득과 삶의 형태에 따라 각각 다른 브랜드, 즉 세브로, 올즈모빌, 뷰익, 캐딜락을 제시하기로 결정한 이래 경영자들은 자신의 고객들을 분류해왔다. 브래드가 내린 천재적이라고 할 만큼 뛰어난 결정은 각 매장이 그러한 고객군 중 한두 개에만 집중하기로 결정한 것이다. 이것은 현실을 반영한 것이 아니다. 현실에서 각 매장은 여러 고객군을 혼합적으로 대했다. 브래드는 과거 고객군을 살펴본 다음 각 매장이 다양한 고객군 중 단지 한두 개만을 목표로 하도록 지시했다.

그의 천재성은 각 매장에 엄청난 명확성을 가져왔다는 점이다(사실 그의 천재성은 파급효과에도 있는데, 이는 뒤에서 다시 설명하겠다). 그는 각 매장 직원들에게 주요 고객이 누구인지 말했다. 그들에게 누구를 기쁘게 해야 하는지 보여줌으로써 모든 사람들을 만족시켜야 한다는 그들의 걱정을 확신으로 변화시켰다.

베스트바이의 파사데나 매장은 아이를 가진 주부를 주요 고객으로 설정해 고안됐는데, 방문해보면 그러한 확신이 어떠한 결과를 낳는지 볼 수 있다. 들어서면서 눈에 띄는 것은 합판으로 만들어진 차와 천장에 매달린 서핑보드다. 차 좌석의 머리받침대에는 최신의 〈슈렉〉 DVD를 상영하는 조그마한 비디오 스크린이 달려 있다. 차 옆에는 밝은 색깔의 전시용 상자에 네다섯 개의 플레이스테이션이 놓여 있고, 빨간색 울타리가 둘러진 아기놀이방과 경주용 차와 소방차를 모방한 쇼핑카트가 줄지어 있다.

이러한 것들은 베스트바이 본사에서 제작하고 배치한 것이 아니다. 각각의 아이디어는 매장 직원들이 직접 생각해낸 것이다. 아이를 가진 주부 고객을 이해하고 목표로 한다는 지시를 받고 직원들은 고객이 매장에 들어와서 가장 먼저 보고 싶은 것은 자녀들과 놀 수 있는 공간이라고 결정했다. 그래서 그들은 합판으로 차를 만들어 색칠하고, 매장의 특성을 살리기 위해 평면 TV 대신에 두 개의 서핑보드를 가져와 설치했다.

파란색 유니폼을 입은 한 직원은 다음과 같이 말했다.

"우리는 아이들이 차 안에서 노는 걸 좋아하지만 엄마들은 우리가 팔고 있는 비디오 스크린이 차 좌석 머리받침대에 어떻게 잘 맞는지 보고 싶어 할 거라고 생각했습니다. 물론 자녀가 〈슈렉〉 DVD를 보고 싶어 하면 엄마는 그 비디오도 구매할 수 있겠지요."

그는 신이 나서 계속 말했다.

"여기에 있었던 1.5미터 높이의 진열장을 어떻게 없앴는지 알아요? 엄마들이 자녀를 직접 볼 수 없으면 불안하니까 이 공간을 전면 개조해서 엄마가 매장 전체를 볼 수 있게 개조했지요. 진열 공간은 다소 줄었지만, 엄마들은 고마워합니다."

나는 캘리포니아 주 웨스트민스터에 있는 다른 매장에서도 이와 비슷한 확신이 가져온 창의성을 보았다. 이 매장은 개인 사업가들을 위해 설계됐는데, 매장에 들어가는 순간 집중의 효과를 볼 수 있었다. 전형적인 전자제품 매장에서는 비슷한 제품들을 함께 진열된다. 예를 들면, 카메라 코너에는 모든 종류의 디지털 카메라가, 프린터 코너에는 모든 프린터가 진열된다. 그러나 이 베스트바이 매장에는 서로 섞여 있었다. 프린터가 디지털 카메라와 나란히 놓여 있고, 위성위치추적기GPS는 휴대전화 옆에 있었고, 노트북 컴퓨터가 그 사이에 놓여 있었다. 자세히 들여다보고 나서 나는 제품들이 보는 것만큼 혼란스럽게 섞여 있는 것이 아님을 깨달았다.

유니폼을 입은 직원이 말했다.

"우리는 개인 사업자들에게 이 각 제품들이 함께 모여 어떻게 일을 편리하게 해주는지 보여주고자 했습니다. 여기 보이는 진열은 부동산 중개업자를 위해 고안된 것입니다. 노트북 컴퓨터를 휴대용 프린터와 함께 진열한 것은 한자리에서 인터넷으로 설계도를 다운받아 프린트해 고객에게 주기를 원할 수 있기 때문입니다. 디지털 카메라는 부동산 사진을 찍어서 고객에게 이메일로 보내거나 출력해줄 수 있도록 하기 위해서입니다. 그리고 이 GPS는 어떤 집을 보러 가는 중에 길을 헤매지 않도록 하기 위해서지요."

"부동산 중개업자는 이런 배치가 자신을 위해 고안된 것인지 어떻게 알 수 있나요?"

"우리는 그들의 생활을 잘 묘사하는 문구를 만들면, 이곳으로 와여러 제품군을 볼 수 있을 거라 생각했어요. 그래서 이러한 표지를 만들었지요."

그는 커다란 판을 가리켰는데 거기에는 이렇게 써 있었다.

'달리는 사무실.'

이런 묶음 진열이 효과가 있고 판매에 도움이 되는지 묻자 그는 대답했다.

"늘 그런 것은 아니에요. 처음에는 GPS가 묶음에 포함되지 않은 대신에 휴대전화와 전화카드를 놓았지요. 그게 괜찮을 것 같았는데, 어떤 이유에선지 아무도 사지 않았어요. 그래서 GPS로 바꾸자는 아이디어를 냈는데 회사에서는 우리가 미쳤다고 생각했을 거예요. 회사는 'GPS는 휴대전화보다 훨씬 비싸니까 한 대도 못 팔 것'이라는 말까지 나왔어요. 그러나 우리는 시도해볼 만하다고 생각했고 그래서 GPS를 포함시켜 묶음 진열을 했어요. 이제는 너무 잘 팔려서 들어오기가 바쁘게 다 팔려나갑니다."

그때, 마치 짜기라도 한 것처럼 한 고객이 다가오더니 표지판을 보고 5분 정도 묶음 진열을 살펴보더니 그 전체를 사기로 결정했다. 토건업자인 그에게 어떻게 3000달러에 달하는 구매를 선뜻 결정하게 되었는지 물어보는 중에 또 다른 고객이 다가와 한번 휙 보더니 앞서의 고객처럼 4가지 제품 모두를 구매했다.

현실이라고 믿어지지 않는 현상이었다. 그래서 나중에 매장 담당자에게 이런 일들이 늘 일어나는지 물었다.

"아닙니다. 그러기를 바라지만요. 그러나 36퍼센트의 비교지수를 유지할 정도는 됩니다."

'비교지수Comps'는 소매업에서 가장 중요한 기준의 하나이다. 그것은 매장의 지난해 같은 기간 대비 판매의 비교수치를 의미한다. 보통 소매업자는 비교지수를 증가시키는 방법으로 많은 매장을 여는 것을 생각한다. 그러나 이러한 방법의 문제는 신규 오픈에 비용이 들고 판매 증가가 단기간에 그친다는 것이다. 최고의 성장 방법은 적어도 1년 동안 운영한 매장들이 작년 같은 기간 대비 더 많이 팔도록 하는 것이다. 이렇게 될 때 플러스 비교지수를 갖게 된다. 증권가에서는 10퍼센트 플러스 비교지수만 기록해도 놀랄 일이 된다. 20퍼센트가 성장하면 증권가는 할 말을 잃게 된다. 매장을 개조하지도 않고 자본 투자도 더 하지않고 8년이 지난 웨스트민스터 매장에서 36퍼센트 성장을 거둔 것은 정말 놀라운 일이다.

사실 웨스트민스터 매장의 업적은 예외적인 일이 아니다. 각 매장마다 한 가지 고객군만을 목표로 하는 전략은 25퍼센트에서 35퍼센트에 이르는 비교지수 성장을 가져왔다. 분명히 이러한 매출성장 중 상당부분은 종업원들이 누구를 목표로 해야 하는지 확실해지면서 자신들의 판단과 창의성, 주도성에 확신을 더 갖게 됐다는 점에서 기인한다. 간단하게 말하자면 그들은 핵심 고객들에게 매장을 어떻게 보여줘야 하는지 더 나은 아이디어들을 만들어냈다.

그러나 이러한 매출 증가가 각 매장별 핵심 고객으로부터 나오는 것은 아니다. 매출 증가는 매장이 자신들의 욕구에 맞추어 기획된 게 아닌데도 마치 그런 것처럼 느끼는 다른 고객들로부터 나온다.

브랜드의 '파급효과'는 이러한 현상을 설명해준다. 각 매장의 종업원들이 한두 개의 고객군만을 목표로 삼도록 제시함으로써 브랜드는 종업원들의 전문성을 연마하여, 세상을 이러한 고객들의 시각으로 바라보도록 했다. 그래서 전문성을 갖추게 된 종업원들은 이러한 것을 모든 사람들에게 어떻게 적용해야 하는지 더 잘 알게 되었다.

이러한 전문성은 도처에 존재했다. 홈씨어터 구역에서 종업원들은 '플라스마 텔레비전을 사는 걸 고려 중이라면 고품질의 몬스터 케이블을 사기 위해 20퍼센트를 더 지출하는 편이 낫습니다'는 안내문을 만들어냈다(만약 케이블을 사지 않으면 플라스마 텔레비전을 사는 것은 낭비이고, 나중에 놀라는 것보다는 미리 말해주는 것이 더 낫다). 수많은 종류의 컴퓨터와 프린터가 진열된 곳에서도 이러한 안내문을 볼 수 있다. '원한다면 각각의 프린터와 잉크 카트리지의 질을 살펴볼 수 있습니다.' 직원이 계산대를 뒤쪽 벽에서 컴퓨터 진열대 사이로 옮겼다. 대부분의 고객들은 진열대를 살펴보면서 질문을 던졌는데 이제는 단순히 어깨너머로 살펴보고 계산대에 있는 직원에게 묻기만 하면 되었다. 개인 쇼핑객 프로그램은 원래 아이를 가진 주부가 매장 내에서 길을 찾을 수 있도록 설계됐지만 이제는 모든 고객이 사용하고 사랑하는 프로그램이 되었고, 이 프로그램에서도 이런 전문성을 볼 수 있다.

이러한 변화 중 어떤 것도 급진적이지 않고 상식적인 수준이지만 서로 결합되고 시간이 지남에 따라 강력해졌다. 그러한 변화는 자신들의 욕구를 염두에 두고 매장을 설계했다는 느낌을 고객들에게 만들어냈다.

당연히 모든 조직은 고객들이 그렇게 느끼기를 원한다. 브래드는 이것을 달성하는 가장 좋은 방법이 직원들로 하여금 소수에게만 집중하는 것이라는 점을 알고 있었다.

놀랍게도 내가 명확성의 필요성에 대해 질문했을 때 브래드는 믿지 않는 모습을 보였다.

"나는 명확함보다 모호함을 훨씬 선호합니다. 명확함이 지나치면 현실에 안주하기 쉽거든요. 대신에 나는 모든 직원이 자유롭게 기존 방식에 도전하고 새로운 것을 실험해보기를 원합니다. 나는 그것이 호기심 많은 조직으로 유지할 수 있는 유일한 방식이라고 생각합니다. 그것이 우리를 살아 있도록 만드는 유일한 방식이지요."

그러나 그의 의문이 누구를 대상으로 하는가에 대한 명확성의 필요와 상충하는 것은 아니다. 브래드는 직원들에게 주요 고객이 누구인지를 매우 생생하게 보여줬다. 그가 말하고자 하는 것은 경영자가 모든 점에서 명확할 필요가 없다는 말이 아니다. 그는 사실 확실했는데, 그가 모호성을 허락하는 분야 중 하나는 자신의 직원들이 선택한 전략과 전술이다. 주요 대상에 대한 개념은 매우 확실했지만 직원들이 고객을 대할 때 자신들의 새로운 방식들을 실험해보도록 했다. 그가 말한 대로 이것이 살아 있는 조직을 유지하는 유일한 방법이다.

리더로서 성공하기 위해, 걱정을 확신으로 변화시키기 위해서는 누구를 고객으로 하는가에 대해 명확해야 한다. 시장조사나 모니터를 하는 것도 중요하지만 가장 중요한 것은 주요 고객을 결정하고 이러한 고객들의 욕구를 최대한 생생하게 묘사하는 것이다. 직원들의 확신은 여기에 달려 있다.

지금까지 우리가 인용한 리더들은 조직 전체가 어떤 고객을 대상으로 하는지 결정할 수 있는 권한을 지닌 최고경영자들이었다. 하지만 조직의 다른 경영자들이 최고경영자의 결정을 순전히 따라야 한다는 의미는 아니다. 조직 내 모든 부서는 내부든 외부든 특정 고객에게 가치를 창조하기 위해 존재한다. 당신이 이러한 부서들 중하나를 이끌고 있다면 최고경영자가 조직 전체 고객에게 하듯이 당신 그룹의 고객을 세밀하고 생생하게 정의하는 것은 필수적이다. 당신이 작은 그룹을 이끌고 있더라도 당신의 직원들이 누구를 대상으로 하는가에 대한 명확성의 욕구는 매우 중요하다.

그리고 물론 명확성의 나머지 세 가지 관점에 대해서도 같은 중요성이 적용된다.

우리의 핵심 강점은 무엇인가?

30년 전 피터 드러커는 《자기경영노트》에서 가장 효율적인 조직은

"강점은 모으고 약점은 단절시킨다"고 썼다. 당시에 이러한 통찰은 회의적인 평가를 받았다. 당시에는 '성공적인 조직은 전체적으로 모든 면에서 뛰어나기 위해 노력해야 한다'라는 논리가 우세했다. 하지만 최근 들어 그의 통찰력이 입증되고 있다.

미국에서 매출액이 가장 큰 월그린스는 가장 싼 제품을 공급해서가 아니라(대부분의 제품은 월마트나 코스트코에서 더 싼 가격에 구매할 수 있다) 최고의 편리함을 제공하기 때문이다. 월그린스는 24시간 영업을 하고 고객이 찾는 특정 제품의 재고를 항상 보유하고 있으며, 또 쉽게 찾을 수 있다.

마이크로소프트는 친소비자적인 제품 디자인을 제공했기 때문에 세계적인 성공을 거둔 것이 아니다. 사실 많은 경쟁사들이 보다 직관적이고 보다 안전하고 더 견고한 제품을 제공한다. 대신 마이크로소프트는 거대 기업들과 제휴하여 제국을 구축했다. 이러한 제휴 능력으로 IBM, 델, 인텔과 같은 하드웨어 제조업체에 자신의 소프트웨어를 포함시키고, 〈포천〉 선정 500 IT 분야에 이렇게 묶은 하드웨어와 소프트웨어 패키지를 판매하는 데도 우수함을 보였다.

오늘날 대부분의 영리한 관찰자들은 "강점은 키우고 약점은 단절시킨다"는 전략이 가장 효율적이라는 것에 동의한다. 그러나 그것이 왜 강력한 전략인지는 여전히 의문이다. 가장 일반적인 설명은 당신이 대상 고객이 누구인지 명확히 해야 하는 이유와 같다. 다시 말해서 당신이 시간과 자원을 어떻게 쓰느냐의 문제인 것이다. 이미 언급한 대로 자산 배분에 대한 설명은 설득력이 있다.

더 긍정적인 면을 보자면, 편리성에 초점을 둔 월그린스는 위성 정보 시스템에 수십억 달러를 투자하여 국내 어느 매장에서든 처방을 입력할 수 있도록 했다.

그러나 이러한 자산 배분 설명은 설득력이 있지만 문제의 핵심에는 도달하지 못했다. 리더가 조직의 강점을 명확히 하는 이유는 이성적이기보다는 감정적인 데 있다. 직원들은 미래에 대해 걱정한다. 직원들의 걱정을 확신으로 바꾸기 위해서는 왜 승리해야 하는지 설명해야 한다. 미래에 대한 확신을 주고 왜 우리의 미래가 더 나아지고 반드시 승리할 수밖에 없는지 설명해야 한다. 왜 우리가 수많은 경쟁자를 물리치고 장애물을 뛰어넘을 수 있는지, 우리의 강점은 무엇이며, 우리의 우위는 무엇인지, 이런 질문들에 명확한 답을 함으로써 직원들은 확신을 가지고 계속 창의적으로 일할 수 있다.

흥미롭게도 당신이 선택한 강점이 현재의 사실을 반영할 필요는 없다. 당신은 반드시 옳은 것을 해야 하는 것도 아니다. 단지 명확해야 할 뿐이다. 있는 사실들을 회피하라는 말이 아니다. 당신의 확실성이 건설적인 행위라는 것을 말하는 것이다. 당신이 명확하면 추종자들은 당신이 옳다는 것을 증명해줄 것이다.

요즘 브래드 앤더슨은 베스트바이의 강점은 매장 내 직원들의 자질에 있다고 주장한다.

"우리의 직원들은 당신에게 최고의 영리한 친구가 될 것입니다. 우리는 이러한 역할에 맞는 사람들을 아주 신중하게 선발합니다.

이렇게 선발된 사람들은 고객이 원하는 것을 가르치는 방법을 교육받게 됩니다. 우리는 그들에게 최고의 정보 기술을 제공합니다. 그래서 고객이 궁금해하는 것, 그게 우리가 팔지 않는 제품일지라도 모든 것에 대답할 준비를 갖추고 있습니다."

베스트바이의 강점이 직원들에게 있다는 그의 말은 옳을까? 그건 알 수 없다. 베스트바이에서 쇼핑하면서 만족할 수도 있고 아닐 수도 있다. 브래드의 접근 방식의 강점은 현재의 정확성이 아니다. 수십만 명 직원들의 미래 행동에 미칠 영향력이다. 그는 그들 업무의 복잡성을 없애고 명확하게 만들었다. 그는 그들이 마케팅부, 진열부, 판매부, 재고관리부, IT부, 인사부 등 어느 부서에서 일하든지 매장에서 자신의 동료들이 최고로서 선발되고, 최고로 훈련받고, 가장 많은 정보를 갖고 있고, 사업에 있어 잘 준비할 수 있도록 모든 노력을 기울이도록 했다. 그리고 이런 영업력 강화는 베스트바이가 성공할 거라는 확신을 준다. 그런 확신이 베스트바이의 더 나은 미래를 창조한다.

프레스턴 키아로Preston Chiaro는 붕소를 채굴하여 정제하는 리오 틴토의 자회사인 리오 틴토 보락스의 사장이자 최고경영자이다. 그는 반드시 정확할 필요는 없지만 조직의 핵심 강점에 대한 확실함을 갖춤으로써 더 나은 현실을 창조한 좋은 예를 보여준다.

1998년 7월 17일 다국적 채굴회사인 리오 틴토는 역사상 가장 큰 사고로 위기에 처했다. 오스트리아의 라싱에서 활석 채굴 도중 터널이 붕괴하여 게오르그 하인즐Georg Hainzl이라는 광부가 갇혔다. 10명의 광부들이 그를 구출하기 위해 터널로 내려갔다. 그들이 주요 수갱으로 내려갔을 때 두 번째 진흙무더기가 지지벽을 덮치는 바람에 10명 모두가 죽음을 당했다. 10일 후 기적이 일어났다. 게오르그 하인즐이 물구덩이에서 간신히 연명하다가 안전하게 구출된 것이다.

이러한 비극이 일어난 지 6개월 뒤 프레스턴은 보락스의 사장으로 임명됐다. 라싱에서의 참사나 환경기술자였던 과거 경험에 비추어 그는 지금부터 보락스의 강점은 기록적인 무사고가 될 것이라고 선언했다. 그는 다음과 같이 발표했다.

"광부들은 아침에 출근할 때나 저녁에 채굴을 마치고 떠날 때나 똑같이 안전해야 합니다. 보락스는 리오 틴토 그룹 전체에서 가장 안전한 채굴 작업을 할 것이고 그렇게 하면 생산성, 효율성, 이익률과 같은 다른 영역들도 향상될 거라고 단언합니다."

이 발표는 현실을 반영한 것이 아니다. 사실 프레스턴이 취임한 해 보락스는 총 38번의 사고와 26번의 작업시간 손실 사고를 겪었는데 이는 리오 틴토 그룹 전체에서 중간 정도의 순위이다. 그러나 그의 발표는 생생하고 명확했다. 그리고 이러한 명확성은 모든 직원들을 자극해 그것을 실현시키도록 했다. 오늘날 당신이 보락스 광산 시설 중 하나를 방문한다면 당신은 이 한 가지 주장, '우리의 강점은 우리의 안전'이라는 단 한 가지의 주장이 모든 행동과 절차에 반영되어 있음을 깨닫게 될 것이다. 이제까지 내가 해온 모든 조사에서도 사실 한 가지 이상의 지배 개념으로 움직이는 회사는 상상할 수 없다.

나는 보락스 광산을 가기 위해 캘리포니아 주 사막의 에드워드 공군기지에서 북쪽으로 수킬로미터 떨어진 보론 시(창의적인 도시명은 확실히 강점이 아니다)로 향했다. 보락스 광산으로 차를 몰면서 가장 먼저 나를 맞이한 것은 보락스 안전 사명이 쓰인 거대한 도로 표지판이었다.

> 보락스는 우리의 시설에서 일하거나 방문하는 모두의 건강과 안전을 보호하고 증진한다. 우리의 궁극적인 목적은 우리의 전 세계 사업에서 모든 사고와 질병을 막는 것이다.

그다지 감명을 주지는 않지만 흥미를 느끼게 하는 점이 있어 나는 잠시 멈춰서 노트에 적은 뒤 다시 차를 몰았다. 사실 사명은 선거공약과 같아서 만들기는 쉽지만 실행하기는 어렵다. 곧바로 거대한 디지털 전광판이 나타났다. 거기에 차 시속을 측정한 38, 39, 38, 41의 숫자가 나타났다.

"속도를 줄이시오." 전광판은 그렇게 외치는 것 같았다. "제한속도는 시속 40킬로미터입니다."

나는 죄책감을 느끼며 주변을 둘러본 후 40킬로미터로 속도를 줄였다.

입구에서 안내원이 방문 목적을 물었고 내 약속을 확인하기 위해 전화를 건 뒤 몸을 숙여 말했다.

"잘 들으세요. 지금 안전훈련증을 드릴겁니다. 그 전에 몇 가지 질문을 하겠습니다. 시설 내에서 운전을 할 때 제한 속도를 지킬 것을 약속하시겠습니까?"

"어, 네."

나는 더 죄책감을 느끼며 대답했다.

"안전벨트를 계속 착용하시겠습니까?"

"네."

그러자 그녀는 내게 안전모를 건넸다.

"그럼 광산에 들어갈 때 이 모자를 착용하시겠습니까?"

"네, 그렇게 하겠습니다."

좀 여유를 찾은 뒤 관리동을 향해 차를 몰다가 '보론광산 : 821만 427시간 근무 중 무사고'라고 쓰인 커다란 표지판을 지나 차를 주차시킨 뒤 회의실로 향했다. 세 명의 보락스 경영자들이 들어오고 가벼운 농담을 나눈 뒤 나는 준비된 질문을 했다. 그때 한 사람이 끼어들었다.

"잠깐 시작하기 전에 할 말이 있어요. 마커스, 여기는 바람이 매우 심해서 고속도로에서는 93킬로미터 정도의 풍속이 나옵니다. 그러니 집에 돌아가실 때는 반드시 핸들을 두 손으로 잡으세요."

"네, 감사합니다."

다른 사람이 또 말했다.

"바람이 강하게 불 뿐만 아니라 돌발적입니다. 잦아드는 것 같아도 절대로 손을 떼지 마세요. 곧바로 바람이 미친 듯이 불 테니까요."

처음에 말한 사람이 다시 말했다.

"이 건물에는 세 가지 경보음이 있습니다. 한 가지는 커다랗게 삐삐거리는 소리입니다. 이것은 모든 사람들이 건물에서 나가야 한다는 신호입니다. 두 번째는 계속 울리는 소리입니다. 그것은 모든 사람들이 중앙홀에 집합해야 한다는 신호입니다. 그리고 세 번째는 침입자 경고음입니다. 그것은 이런 소리입니다."

그는 기묘한 소리를 냈다.

"이런 소리를 들으면 그냥 회의실에 있으세요."

그는 계속 나에게 출구가 어디인지 알려주고, 내 안전훈련증에 적힌 응급전화번호를 가리키고, 내 무거운 가방을 들어올리는 방법을 보여줬다.

이런 것들은 내용은 좋았지만 많은 시간이 소요되었다. 그래서 그가 전투기의 음속 소리에 대한 경고를 시작하려고 할 때 나는 불쑥 끼어들었다.

"실례인 줄은 알지만 저는 안전에 대한 이야기를 듣고자 여기 있는 게 아닙니다. 걱정은 정말 감사하지만 이제 제 질문을 시작해도 될까요?"

그들은 일순간 말을 멈추더니 당황했다. 내가 목격한 것은 그것이 호기심 많은 방문객에게 강한 인상을 심어주기 위한 연극이 아니라는 것이다. 보락스에서는 일상적인 일이었다.

프레스턴이 사장에 취임했을 때 모든 회의는 5분간의 안전에 대한 토론, 소위 그의 표현을 빌리자면 '안전 공유'로 시작하도록 결정되었다. 회의가 어떤 종류든지 관계없었다. 업무에 관련된 안전이든 개인적인 안전이든 관계없었다. 모든 미팅은 안전 공유 시간으로 시작해야 한다.

이러한 훈련은 안전을 보락스의 강점으로 만들겠다는 프레스턴 사상의 대전세적 약속의 작은 일부분일 뿐이다. 그는 근무 환경을 개선하는 것만이 안전에 있어서 강해지는 게 아니라고 보았다. 모든 근무지가 적절한 밝기를 유지하고, 모든 계단과 계단 난간을 잘 관리하고, 모든 장비는 안전점검을 철저히 해야 하지만 이러한 물리적인 개선만으로는 충분하지 않다고 그는 주장한다. 안전을 강점으로 만들기 위해서는 모든 직원 개개인의 태도를 극적으로 바꿔야만 한다. 안전이 모든 사람의 최우선 순위가 되도록 해야 한다. 안전의식을 모든 곳에 심어야 한다.

다른 두 장소에서 이틀을 보내면서 나는 그가 성공적으로 이것을 이루어냈음을 알게 됐다.

예를 들어, 모든 직원들은 개인 안전 향상 계획을 완성해야 하는데, 광산관리자 존 킨네베르크John Kinneberg는 그의 리스트에 업무 사항들만 포함시킨 게 아니라 아래와 같은 사항 역시 포함시켰다.

• 나는 장비 손실 사고를 줄이기 위해 모의 실험 장치를 도입하겠다.

또한 개인적인 안전에 관련해서 할 일:

- 나는 피부암 검사를 받을 것이고 항상 자외선 차단제를 바르겠다.
- 나는 상황에 따라 방어운전을 하고 스미스 운전 과정에서 배운 '5가지 원칙'에 따라 운전하겠다.

그리고 심지어

- 그리고 집 안팎에서 안전행동의 중요성을 아이들에게 가르치겠다.

모든 직원들은 다섯 가지 안전행동에 대해 훈련받는데, 방문 기간 동안 내가 무작위로 직원들에게 퀴즈를 냈을 때 그들은 본능적으로 다음과 같이 대답했다.

- 시선을 항상 진행 방향에 두어라
- 시선을 항상 손에 두어라.
- 발화선을 유의하라
- 가는 곳을 예측히라
- 장비를 쓸 때는 절연하고 다 쓴 후에는 전원을 꺼라

광산의 안전수칙을 가장 잘 지킨 20명의 직원들을 표창하기 위해 새로운 상이 제정되었다. 이 20명의 안전노새(1920년대 20마리의 노새를 사용하여 보론 광석을 사막 밖으로 끄집어낸 것에서 유래함)의 무사고 경력을 합치면 총 711년에 달한다. 진 반 혼Gene Van Horn이 최고 안전

노새이다. 그는 53년 동안 보락스에서 선적담당 직원으로 근무했고 한 번도 부상을 당한 적이 없다.

보락스의 안전에 대한 책임의식은 뿌리 깊게 박혀 광산 주변 동물의 안전까지도 포함하도록 그 범위를 넓혔다. 예를 들어, 보락스는 전문 거북 사육사를 고용하고 있다. 캘리포니아사막거북은 보론 광산과 매우 가까운 곳에 서식하고 있는데 가끔 일하러 가는 광부들이나 기술자들과 마주치는 일이 생긴다. 그러면 거북은 놀라서 반사행동으로 오줌을 싼다. 사막거북은 속력이 느려서 물에서 멀리 떨어진 곳에서 길을 잃으면 종종 탈수증세로 죽기도 한다. 거북 사육사의 역할은 뒤에서 거북을 덮쳐 오줌을 못 싸도록 거북의 꼬리를 다리 사이에 끼우거나 그렇게 하기에 너무 늦었으면 거북을 가까운 웅덩이나 틈새로 안전하게 옮겨놓는 것이다.

마지막 예는 광산을 홍보하는 듯한 인상을 풍기기도 하지만 프레스턴은 상관하지 않았다. 회사가 성과를 보이는 것이 중요했다. 1999년 보락스 종업원들은 38건의 사고를 당했다. 오늘날 이 수치는 13건으로 줄었다. 업무 시간 손실 부상으로 측정되는 중상 사고가 줄어든 것도 인상적이다. 1999년에는 26건에 달한 사고가 2003년에는 단 4건이 일어났을 뿐이다. 이런 성과로 보락스는 최고경영자 안전상을 수상할 수 있었다. 그리고 프레스턴이 예언했듯이 다른 결과 수치들도 함께 올라갔다. 오늘날 리오 틴토 보락스는 생산적이고 효율적이며 주주들의 배당금으로 평가했을 때 회사가 창립한 이래 가장 그 가치가 높다.

물론 보락스가 이 마지막 세 가지 지표에서 뛰어나게 된 요인들로는 여러 가지가 있을 것이다. 하지만 나는 프레스턴 사장이 '우리의 강점은 안전'이라고 발표한 게 그 하나라고 확신한다. 처음에는 다소 회의적이었으나 그의 경영 방식을 면밀히 살펴본 후, 갈수록 경탄하게 되었으므로 나는 그의 이러한 주장에 동의하는 편이다.

어쨌든 라싱 참사 이후 신념의 위기를 겪었던 직원들이 안전을 핵심 개념으로 삼고 성공할 것이라고 전적으로 확신하는 모습은 감동스러운 일이다.

직원들이 더 나은 미래를 향해 확신을 갖고 당신을 따르기를 원한다면 프레스턴 사장에게서 배워라. 핵심 강점이 어디에 있는지 명확히 말하고, 집중하고, 강화하도록 한다면, 그들은 그것을 실현하는 데 가능한 모든 노력을 다할 것이다.

우리의 핵심지수는 무엇인가?

이 책에 대한 자료조사를 하던 중 나는 데이비드 램즈보텀David Ramsbotham 장군과 인터뷰할 기회가 있었다. 영국 육군 장군의 지위에 오른 데이비드 장군은 은퇴한 뒤 곧바로 왕립 교도소의 최고 감찰관으로 임명됐다. 그가 취임했을 때, 영국의 교정제도는 최악의 상태에 있었다. 그의 혹독한 지도력으로 많은 변화가 있었지만 그는 지금도 여전히 할 일이 많다고 이야기한다.

나는 그에게 무슨 일을 했고, 어떤 변화가 있었는지 물었다.

"사실 내가 할 수 있는 일에는 한계가 있었습니다. 나는 최고 감찰관이었기 때문에 교도소장들에게 직접 방식을 바꾸라고 할 수는 없었습니다. 대신 저는 교도소를 감사하는 방식, 즉 교도소의 성공을 평가하는 방식을 바꿈으로써 변화를 가져올 수 있었습니다. 되돌아보면 성공을 평가하는 더 나은 방식을 찾은 것이 내가 가장 기여한 일인 것 같군요."

"전에는 어떻게 평가했나요?"

"단 한 가지 기준에만 의존했습니다. 바로 탈옥자 수이지요."

내가 웃자 그가 말했다.

"마커스, 이 기준은 당신 생각처럼 어리석은 것만은 아닙니다. 얼마나 많은 사람들을 교도소에 수감되는지 생각해보세요. 안전성 문제는 교도소에서 중요한 문제입니다."

"그럼 왜 평가 방식을 바꾸셨나요?"

"교도소가 해야 할 일이 무엇인지 생각하고, 고심 끝에 교정제도의 주요 목적은 죄수들을 거리에서 없애는 것이라고 판단했습니다. 교도소는 죄수들에게 필요한 곳이어야 합니다. 죄수가 수감되어 다시 사회로 돌아갔을 때 재범을 저지르지 않도록 해야 합니다. 모든 사람이 이 결론에 동의하지는 않지만 그게 옳다고 확신했기 때문에 교도소의 성공을 평가하는 데 재범자 수를 사용했습니다."

되돌아보면 재범률은 감옥제도의 장기적 성공을 평가하는 가장 탁월한 방식이라고 확신할 수 있다. 이 날카로운 통찰력은 후에 명백히 옳았다는 것이 증명되었다. 그러나 데이비드 장군처럼 결정을 믿고, 바로 집중하여 행동으로 옮기기란 쉬운 일이 아니다.

새로운 핵심 수치로 그는 교도소를 완전히 다르게 평가했다. 예전 방식으로 보면 성공적이라고 보였던 교도소는 오히려 순위가 바닥으로 추락하고, 그 반대 현상도 일어났다. 그는 각 교도소의 경영진에게 집중 영역을 바꾸고, 재소자의 갱생 프로그램과 출감 후 사회로 쉽게 복귀하는 방법을 깨우치는 데 에너지를 쓰라고 독려했다. 각 교도소 경영진의 질적 차이에 따라 진행 속도는 달랐다. 그러나 영국 교정 시스템에 연관되어 있는 모든 사람들은 우선순위와 성과를 다시 한 번 살펴보아야 했다.

　오래된 격언 중에 '수치로 표현할 수 있는 것은 관리될 수 있다'와 '면밀하게 조사하는 것은 성취할 수 있다'라는 것이 있다. 이런 격언이 지금까지 살아남은 이유는 진실이기 때문이다.

　데이비드 경의 경험을 다시 살펴보는 목적은 교도소 수치의 중요성을 일깨워주기 위해서이다. 또 다른 목적은 여러 가지 평가 항목 중에서 추종자들이 지속적으로 집중해야 하는 하나의 수치를 결정하는 것이 리더의 책임이라는 말을 하고 싶어서이다. 사람들이 당신을 따르기를 원하면, 당신은 미래를 향한 평가를 위해 어떤 수치를 사용할 것인지 그들과 공유해야 한다. 미래라는 숲은 어둡고 깊고, 그래서 공포스럽다. 따라서 당신은 어디까지 왔는지, 또 얼마나 더 가야 하는지 알 수 있는 핵심 수치를 제시해야 한다.

　그렇지만 5가지 혹은 10가지 혹은 20가지 수치로 구성된 평가표를 주지 마라. 조직이 만들어낼 수 있는 모든 수치를 다 사용해 '종합평가표'로서 구성하지 마라. 분석가 타입의 리더는 종합평가표를 좋아할 수 있지만, 추종자에게는 평가표 자체는 별 의미가 없다.

그래도 종합평가표를 만들고 싶다면, 최고경영층 보고용으로만 사용하고 공개하지 마라. 중역회의에서만 사용하고, 굳이 원한다면 직속 부하직원의 성과를 측정할 때만 사용해라. 종합평가표 대신 신행 여부를 확인할 수 있는 복잡하시 않은 단 하나의 숫자만 제시하라. 그 숫자는 우리가 해야 할 일과 고객에 대해 평가할 수 있는 숫자이다. 이로써 당신이 강조한 강점의 정도를 정할 수 있다. 당신이 이런 일을 할 수 있는 핵심 지수를 선별한다면, 직원들은 당신을 확실히 믿고 따를 수 있다.

이것이 프레스턴 키아로가 한 일이다. 처음에 프레스턴은 종합평가표 신봉자였다. 그래서 직속 부하직원에게 하나씩 만들어오라고 지시했다. 심지어 그는 회사 인트라넷에 이 평가표를 게시하여 직원 모두가 볼 수 있게 했다. 그러나 결국 종합평가표는 리더에게가 아니라 관리자에게 도움을 주는 부속품일 뿐이라는 것을 깨달았다. 종합평가표는 직원에 대한 기대치를 설정하는 데에는 도움을 주지만 많은 사람들에게 명확성을 전달하는 데에는 도움이 되지 않는다. '우리의 강점은 안전' 같은 것이 바로 그런 역할을 수행한다. 그는 거기에 집중하고, 선언하고, 무사고 숫자와 같은 수치만을 공표했다.

브래드 앤더슨 또한 마찬가지였다. 대상 고객이 누구인지 밝히고, 그들의 강점이 매장 영업인력의 정보, 통찰력, 창조성이란 점을 이야기했다. 그런 다음 더 나은 미래로의 진전을 기록할 수 있는 핵심 지수를 선별했다.

베스트바이는 직원의 업무 전념도를 측정하게 위해 12가지 질문을 사용한다. "당신은 업무상 기대치를 명확하게 알고 있는가?" "업무시간에 당신을 배려하는 사람은 누구인가?" "업무에서 당신은 매일 당신이 가장 잘하는 일을 할 수 있는 기회가 있는가?"(내 첫 책인 《유능한 관리자》의 1장에서 갤럽 연구원들이 Q12라 명명한 12가지 질문을 찾을 수 있다.) 베스트바이가 매출, 이익, 부품, 보증 등과 같은 일별 성과 측정 지수를 만들어내지만, 브래드는 각 매장 직원들의 전념도를 가장 중요한 수치로 결정했다. 12가지 질문을 통해 직원들의 창조성을 키워주고 명확한 기대치를 설정하여 각 직원의 개별성에 맞는 역할을 부여하고, 직원에 대해 배려와 성과에 대한 보상을 한다. 그리고 이를 통해 지속적인 학습과 발전을 도모할 수 있다.

베스트바이의 성공은 여러 가지 다른 방식으로 평가된다. 브래드는 각 매장에서 전심을 다하는 직원들의 수가 증가한다면, 회사의 성공을 의미하는 전통적인 평가 지수 역시 올라갈 것이라 단언했다. 이러한 노력으로 직원의 업무 전념도는 2퍼센트 증가했고(이 지수는 열두 가지 질문으로 직원을 평가한 데서 나왔다), 매출이 7000만 달러 이상 늘었다.

루돌프 줄리아니 시장 역시 이와 유사한 단언을 했다. 뉴욕 시의 성공을 측정할 수 있는 평가 지수는 다수 존재했지만, 그는 범죄 통계를 통해 성공할 수 있을 거라고 생각했다. 범죄를 줄일 수 있다면, 모든 다른 수치, 예를 들면 도시의 신인도, 관광객의 숫자, 법인

창업의 숫자, 심지어는 성공적인 입양의 숫자와 같은 수치 역시 향상될 거라고 그는 단언했다.

데이터가 모든 것을 말해주고 있다. 8년 임기 동안 범죄는 상당히 줄었다. 일반 범죄는 57퍼센트, 살인은 70퍼센트, 강간은 1200건, 강도는 6만 2000건이 감소했다. 예상치 못한 점은 다른 수치도 향상되었다는 점이다. 1994년에서 2001년까지 입양 성공 건수는 1784건에서 3148건으로 증가했다. 할렘 지역에서만 200개의 법인이 새로 사업을 시작했다. 관광객은 2580만 명에서 3740만 명으로 늘어났으며, 무디스의 신인도는 BAA1에서 A2로 개선되었다.

이런 리더들의 업적을 강조함에 있어서 나는 각 리더가 '옳은' 수치를 선택했다는 점을 말하려는 게 아니다. '옳은' 수치란 없다. 줄리아니와는 대조적인 현 런던 시장 켄 리빙스턴은 범죄가 아닌 교통 체증을 감소시키는 일에 집중하기로 결정했다. 그러나 이 정책으로 그의 지지도는 떨어지고 있다. 그의 조치로 런던 중심가로 차를 운전해 들어오려면 5파운드의 돈이 들기 때문이다.

내가 말하고자 하는 요지는 한 수치에 집중함으로써 사람들에게 명확성을 부여한다는 사실이다. 명확성은 사람들을 좀더 자신감 있고, 성실하고, 유연하고, 더 창조적인 역량을 발휘하게 한다. 이러한 자질은 브래드가 말한 '파급효과'를 일으켜 조직 전체에 영향을 미친다.

만약 당신도 이런 업적을 얻고 싶다면, 이와 똑같이 하면 된다. 평가 수치 중 대상 고객과 당신의 강점 사이의 연관성을 찾아라. 당신이 영향을 미칠 수 있는(이것이 가장 중요하다) 수치를 선별하라. 그리고 이것을 널리 공표하고, 공식화하고, 집중하라. 더 나은 미래로의 향하는 여행길의 어디까지 와 있는지 알고 싶다면, 이 핵심 수치야말로 믿을 수 있는 오직 한 가지라는 사실을 이야기하라.

이성적으로 직원 전념도, 직원 안전, 범죄와 같은 수치는 매출, 이익, 혹은 세수와 같이 결과론적 지표가 아닌 선행지수이다. 그러나 직원들에게 가장 중요한 점은 그것이 명확하다는 점이다.

오늘날 우리가 할 수 있는 일은 무엇인가?

리더에게 있어 행동은 농구 선수의 슛과 같다. 농구 선수와 마찬가지로 리더는 '코트'에서 많은 책임을 진다. 그에게 중요한 것은 목표를 조준하여 슛을 쏘는 것이다. 많은 슛이 빗나가지만 그래도 계속해서 슛을 던져야 한다. 빗나가는 슛이든 들어가는 슛이든 모든 슛은 가르침을 준다. 다음번 슛에 더 집중할 수 있고 개선에 도움을 주기 때문이다.

그래서 리더는 행동을 해야 한다. 오직 행동만이 영향을 미칠 수 있기 때문이다. 그러나 행동은 개별적이고 강력해야 하며, 모호하지 않고 명확해야 한다. 리더가 주의 깊게 선택한 행동에 집중한다면, 추종자들은 기쁘게 이 행동에 동참해 불안한 미래에 대한 두려움을 잠재울 것이다. 그만큼 리더의 행동은 '핵심 가치'와 '사명서'보다 훨씬 낫다. 우리는 리더의 행동으로 믿음과 확신을 세운다.

리더의 행동은 보통 체계적 행동과 상징적 행동으로 나타난다.

둘 다 강력하지만, 둘 다 다른 방식으로 명확함을 심어준다.

체계적 행동은 우리의 일상을 방해하고, 새로운 활동에 열중하게 한다. 상징적 행동은 우리의 행동양식을 곧바로 변화시키지 않으며, 우리의 주의를 집중시키고 어디에 집중할지 알리는 방향타 역할을 한다. 성공적인 리더는 최대의 효과를 내기 위해 두 가지 방법 모두를 활용할 줄 안다.

루돌프 줄리아니는 뉴욕 시의 리더십을 회복하기 위해 노력했다. 그는 삶의 질을 향상시키고, 범죄를 감소시키고, 산업을 촉진시켜 뉴욕을 예전의 영광스러운 모습으로 돌아가게 하겠다는 희망을 선포했다. 동시에 즉시 이행할 수 있는 세 가지 행동 계획을 세웠다.

첫 번째, 그는 '고무걸레 맨'을 거리에서 없애기로 했다. 뉴욕 시민이라면 누구나 기억할 만큼 오랫동안 고무걸레 맨은 뉴욕의 살아 있는 동상 같은 존재였다. 그들은 다리나 터널을 통해 맨해튼으로 들어오거나 나가는 차들 사이에 있다가 차 유리로 더러운 젖은 걸레를 던진 다음 닦아준다는 명목으로 돈을 요구하면서 생계를 유지하고 있었다. 줄리아니는 이 같은 광경은 뉴욕의 첫인상과 마지막 인상을 결정한다고 판단했고, 이 문제를 뿌리 뽑겠다고 결정했다. 그는 무단횡단이라는 죄목으로 고무걸레 맨들을 잡아들였다. 뉴욕 시민들은 그가 적용한 법 죄목이 무엇이었든 그들이 한 달 후 사라졌다는 데 고마워했다.

두 번째로 줄리아니는 뉴욕의 버스와 지하철 차량의 벽면 낙서를 모두 없애겠다고 공표했다. 이것은 힘든 과제였다. 기술적으로 시당국이 아닌 교통당국이 차량에 대한 책임을 지고 있었기 때문이다. 그는 20개의 부서 대표자들로 구성된 프로젝트팀을 통해 관료주의를 청산함으로써 이 약속을 이행할 수 있었다.

세 번째 조치로 그는 택시와 리무진 규칙을 개정하여, 모든 택시 기사에게 칼라가 달린 셔츠를 입게 했다. 공항이나 기차역 등 뉴욕에 도착해서 처음 보는 모습은 방문자의 인상을 결정한다. 그런데 처음 보는 것이 땀에 전 흰색 티셔츠를 입은 지저분한 모습의 택시 기사라면 뉴욕 전체에 나쁜 인상을 가지게 될 거라는 게 그의 판단이었다.

이런 조치가 올바른 것인지는 알 수 없다. 그러나 뉴욕 시민의 한 사람으로서 나는 각각의 조치가 강력하게 상징적이었다고 생각한다. 줄리아니는 이 일을 통해 자신이 리더라는 점을 부각시켰고, 사람들의 주의를 집중시켰으며 그가 창조하고자 하는 더 나은 미래를 생생하게 보여주었다.

고무걸레 맨, 지하철 벽면 낙서, 지저분한 택시기사를 없애는 것이 상징적인 행동이라면 종합통계CompStat는 체계적인 것이다. 줄리아니는 임기 초기 경찰 부국장 잭 메이플Jack Maple에게 뉴욕 시의 일일 범죄 통계를 보고하라고 지시했다. 다른 시들은 일곱 가지 주요범죄에 대한 FBI의 분기별, 연도별 보고서에 의존하고 있었다. FBI 보고서는 추세를 예측하는 데 유용했지만, 현재의 행동지침을 결정하는 데는 별 도움이 되지 못했다.

줄리아니는 일일 데이터를 바탕으로 종합통계 미팅을 일주일에 두 번씩 소집했다. 매주 목요일과 금요일 오전 7시에 원 폴리스 플라자에서 100명이 넘는 고참들이 모여 데이터 속에 나타나는 일정한 패턴에 대해 논의했다. 미팅이 열릴 때마다 뉴욕 8개 구역 중 한 구역 경찰은 동료들 앞에서 그의 구역에서 일어나고 있는 일에 대해 설명하고 변론해야 했다. 아주 힘든 미팅이었다. 줄리아니는 이렇게 당시의 미팅 분위기를 설명했다.

"그때 잭 메이플은 '왜 자동차 절도가 시 전체로는 20퍼센트 감소했는데 당신 지역에서는 10퍼센트 올라갔지요?' 혹은 '지난달까지 6개월 연속하여 폭행이 줄어들었다가 이번 달에 갑자기 증가한 이유를 설명해보세요' 등의 말로 각 관할지역 경찰을 질책했습니다."

어쨌든 줄리아니는 이런 거친 미팅이 필요하다고 믿었다. 그 이유는 그의 말을 빌리자면, "이 미팅은 투명성, 책임의식, 전체적인 분석 능력, 성공 사례를 공유할 수 있게끔 독려하는" 역할을 했기 때문이다.

이 미팅은 성공적인 결과를 가져왔다. 경찰들에게 더 나은 미래에 대한 확신을 심어주는 것은 아니었지만 시장이 원하는 기준이 무엇인지, 기대치에 부응하려면 어떤 일을 해야 하는지 확실히 알게 했다.

이 미팅이 보여주는 진정한 리더십의 힘은 명확성이다. 줄리아니는 이렇게 말했다.

"나는 여러분이 지난 목요일, 금요일 오전 7시에 어디에 있었는지 관심이 없습니다. 다만 지금부터는 당신은 내 종합통계 미팅에 참석하게 될 겁니다. 뉴욕 시의 더 나은 미래 건설에 대해서 얘기할 때,

이 미팅에서 일어날 수 있는 모든 일이 제가 의도하는 바입니다."

이 말에는 줄리아니가 의도하는 핵심이 담겨 있다. 참석자들은 공개적으로 그의 상관에게 심문을 당하는 게 유쾌하지는 않았을 것이다. 그러나 결국은 그들 모두 의식적이든 아니든 명확함으로부터 강점을 끌어낼 수 있었다.

가까이 들여다보면, 진정으로 성공한 리더는 상징적, 체계적 행동 둘 다 활용하는 데 뛰어나다. 보락스의 프레스턴 키아로가 회사의 안전 사명, 안전 기록, 심지어 방문자 시속 제한 등을 만들고 공표한 것은 모두 상징적 행동이다. 20명의 안전노새를 만들고, 거북 사육사까지 고용한 것도 마찬가지다. 이와는 대조적으로 안전의식을 공유하고 그에 따른 계획을 세우는 것은 체계적인 행동이다. 그들은 새로운 행동을 일상으로 만들었다.

브래드 앤더슨이 컴퓨터 헬프데스크를 뒤쪽에서 앞쪽으로 옮기겠다고 한 결정은 새로운 베스트바이가 고객의 정보와 그 필요성을 존중하겠다는 뜻을 상징적으로 나타낸다. 반면에 그가 모든 매장을 직원의 전념도에 의해 측정하고, 이에 직원 조사를 하고, 그 결과를 살펴보면서 개선방안을 연구하는 시간을 일상화한 것은 직원들의 행동을 변화시킨 체계적인 행동이다.

광산 관리자인 랜디 포글을 다시 생각해보자. 그가 광부들에게 방수천을 끌어당겨, 동굴의 입구를 막으라고 지시한 것은 일종의 상징적 행동이다. 이것은 광부들의 주의를 계속 유입되는 물로부터 다른 곳으로 집중시킴으로써 행동을 전환시켰다. 그래서 광부들은 희망적인 생각에 집중할 수 있었다. 모우의 구출 또한 상징적 행동이었다. 동료의 구출로 사기가 충전했으며, 그들 역시 결국에는 구출될 수 있다는 희망을 가질 수 있었다. 그러나 모든 성공적인 리더처럼 랜디도 상징적 행동만으로는 충분하지 않다는 것을 알고 있었다. 부하들이 절망에서 벗어나게 하려면 체계적인 행동을 할 필요가 있었다. 더 나은 미래를 더 생생하고 실질적으로 만들 수 있는 일이 필요했다. 그래서 매시간마다 두 명의 광부들에게 구조대가 굴착기로 구멍을 뚫어놓은 곳까지 가게 하여, 그 굴착기를 망치로 세 번씩 두드려, 그들이 살아 있음을 알려주는 일을 시켰다.

이처럼 리더에게는 무엇보다 명확성이 필요하다. 그리고 명확성은 상징적 행동과 체계적 행동을 통해 이루어진다는 점을 기억하라.

리더십을 위한 훈련
최고의 리더는 어떻게 명확성을 획득하는가?

나는 중역들과 대화할 때마다, 부하직원은 명확성을 요구한다고 강조했다. 그때 누군가 다음과 같은 질문을 했다.
"명확성이 성공하는 리더에게 그렇게 중요하다면, 어떻게 해야 명확성을 가질 수 있나요?"

좋은 질문이다. 대부분 중역들은 미팅과 업무로 모든 스케줄이 이미 꽉 차 있다. 이 책을 쓰기 위해 조사하는 동안에도 중역들과 인터뷰 시간을 조정하는 데 어려움을 느꼈다. 나는 뉴요커를 묘사한 유명한 만화가 떠올랐다. 그 만화에서 한 중역은 자기 책상 위의 달력을 훑어보면서 전화에 대고 이렇게 말한다.

"절대 불가는 어때? 그것 좋지 않아?"

리더에게는 여러 가지 미팅이 기다리고 있다. 그리고 각 미팅은 전혀 다른 집중을 요구한다. 오늘날의 리더에게 꼭 필요한 것이 유연성이다.

이런 다양한 요구에 직면하여, 추종자가 요구하는 명확성을 가지기 위해서 어떤 일을 해야 할까?

여기에는 몇 가지 단계가 있다. 그러나 모두 한 가지 기본 인식이 전제가 된다. 즉 천성이다. 복잡한 중에도 통찰력을 가지고 조직의 대상고객과 핵심 강점, 핵심 지수 혹은 상징적, 체계적 행동을 추출하는 능력은 천성에 의해 일부 결정된다.

모호하고 섬세한 것을 좋아하는 사람은 명확성에 흥미를 느끼지 않는다. 훈련을 받는다 하더라도 이런 자질이 길러질 가능성은 없다. 그런 사람은 창의성으로 평가를 받을 수는 있다. 이런 사람에게는 맞는 일이 따로 있다. 하지만 리더들은 이와 다르다.

만일 당신이 리더를 열망한다면, 복잡함을 뚫고 명확성을 발견하는 데 천성적 자질이 있을 것이다 그렇다면 이런 질문이 가능하다. "이런 자질을 연마하여 리더 역할을 잘하려면 어떻게 해야 하나?"

내가 조사한 바로는, 모든 성공적인 리더들은 업무를 통한 계속적인 훈련으로 명확성을 연마해간다. 이 후 나올 세 가지 훈련 방법 중 어느 것이라도 열정적으로 연습한다면, 리더로서 성공할 것이다.

훈련 1 생각할 수 있는 시간을 가져라

탁월한 리더들은 업무에서 잠시 벗어나 생각하는 시간을 갖는다. 그 시간을 소중히 여기며 명상 등을 하기도 한다. 이때 그들은 이미 일어난 일에 대해 분석하고, 개선방안을 찾아 마지막 결정까지 생각한다. 명확성은 결론을 내는 능력을 통해서 얻을 수 있다.

브래드 앤더슨은 매주 2시간 정도 산책을 한다. 건강에도 좋지만 생각할 수 있는 시간을 주기 때문이다.

테리 경은 휴대전화를 가지고 다니지 않는다. 그는 자동차, 기차, 비행기 안에서의 이동 시간이 가장 생산적인 생각을 할 수 있는 시간이라고 여겨 방해받고 싶어 하지 않는다.

칙필에이Chick-fil-A의 사장인 댄 캐시는 분기에 한 번씩 노스 조지아에 있는 별장에 머물면서 혼자만의 시간을 보낸다. 그에게 거기서 무슨 일을 하냐고 묻자 이렇게 대답했다.

"아무것도 안 합니다. 그저 내가 확실하다고 믿는 일들에 대해 생각할 수 있는 시간으로 사용합니다."

그렇다면 성공하는 리더는 이런 명상 시간에 무엇을 생각할까? 아마 온갖 종류의 일일 것이다. 그리고 성공에 대해서 생각한다. 왜 이런 활동이 다른 것들보다 나은가? 왜 이 고객들은 다른 고객들보다 충성을 보이는가? 사회과학자와는 달리 그들은 성공이 실패의 반대가 아니라고 이해한다. 성공과 실패는 단순히 다른 것이며, 그래서 만약 그들이 각각의 특징을 집어내고자 한다면, 집중을 요구한다. 핵심을 말하면, 그들은 가장 위험한 것은 실패한 이유가 아니라, 성공의 이유를 이해하지 못하는 것이라고 말한다. 성공을 분석하지 못하면, 성공에 대해 부담감을 가질 것이다.

브래드 앤더슨은 2004년 고객 중심으로 전략을 정하고 다양한 위치에 있는 30개 매장에서 파일럿 프로그램을 실시했다. 각 매장에 집중해야 하는 대상고객이 누구인지 알려주었다. 각 매장의 직원은 대상고객의 필요성에 대해 교육을 받았고, 개인 고객 프로그램이나 고객의 라이프사이클에 맞춘 세트 제품들과 같은 제안사항도 전달받았다.

모든 매장에서 성과가 올랐지만, 시범 매장 중에서도 8개의 매장이 눈에 띄게 향상했다. 브래드는 왜 이런 차이가 나는지 궁금했다. 왜 이 8개 매장이 더 잘하고 있을까? 어떤 다른 중점 요소가 차이를 불러왔을까? 만일 그가 그걸 밝혀내지 못하면 다른 매장에 적용하는 게 불가능할 것이다. 그러면 전체 매장이 고객 중심 전략을 실행하는 데 자신감이 떨어질 것이다.

그래서 그는 8개 매장을 방문해 고객들과 대화하고, 직원들을 계속 관찰했다. 그리고 매주 산책길에 이 문제에 대해 생각했다.

두 달 후 그는 결론에 이르렀다. 이 8개 매장의 성공 요인은 매장이 새로워서도, 대상고객에 더 집중해서도 아니었고, 번화가라는 위치 때문도 아니었다. 다만 직원들이 더 집중하고 서로 긴밀했다. 그들은 사기가 충만하고 자신감이 넘쳤으며, 고객의 요구를 맞추기 위해 더 창의적으로 움직였다.

30개 매장 가운데 14퍼센트의 고객이 개인고객 프로그램을 이용했다. 상위 8개 매장에서는 이 숫자가 50퍼센트에 달했는데, 과연 그 이유는 무엇인가? 그들은 고객들이 개인 고객 프로그램을 요청하는 데 머뭇거린다는 것을 알고 엔터테인먼트 전문가(대개 CD와 DVD 코너에서 일하기 때문에 이런 이름이 붙었다)라는 새로운 역할을 만들어 고객이 물건을 보고 있을 때 다가가 개인 고객 프로그램의 개념을 설명해준다.

TV스크린과 서핑보드를 바꾸고 합판 자동차를 만들고, '움직이는 사사무실' 같은 개념으로 GPS와 핸드폰을 함께 묶어 판매하는 등 이 모든 아이디어는 상위 8개 매장에서 나온 아이디어였다.

브래드는 이런 아이디어가 자질이 뛰어난 직원의 산물이 아니라는 결론을 내렸다. 자신의 재능과 고객의 요구를 연결하는 방법을 찾고자 하는 직원들의 열망의 산물이었다. 간단히 말하면 그는 부사장에서 말단 직원까지 모든 직원들이 잘 관리되고 있다는 결론을 내렸다.

이것은 단순한 결론에 지나지 않는다. 그러나 이 결론을 얻고 나자 그는 자신감을 가지게 되었고, 문제가 명확하게 정리되었다. 이후 이 명확성은 모든 일을 결정하는 기준이 되었고, 마침내 '직원의 업무 전념도'를 사용하는 결정적인 역할을 했다.

훈련 2 조심스럽게 영웅을 선발하라

성공적인 리더가 두 번째로 해야 할 훈련은 조심스럽게 영웅을 선발하는 것이다. 나는 역할 모델에 대한 얘기를 하고 있는 것이 아니다. 여기에서 '영웅'은 상당한 성과를 보여준 직원을 말한다. 영웅의 모습을 통해 팀, 부족, 회사, 국가 등과 같은 공동체의 미래 행동을 예측할 수 있다.

영국인의 행동을 예측하려면 역사 수업에 참가하거나 역사 교과서를 살펴보면 된다. 영국인에게는 자랑스러워하는 세 가지 사건이 있다. 크림전쟁의 브리게이드 등대 공격 사건, 제2차 세계대전 시 던커크 철수와 브리튼 해협 전투이다. 대부분의 국가에서는 전투에서의 승리를 기린다. 하지만 영국의 세 가지 전투에는 좀 다른 점이 있다. 전부가 이긴 전투는 아니기 때문이다. 한 번은 승리했지만 두 번은 패배한 전투이다.

그럼 영국인은 승리하지도 못한 전투를 왜 그렇게 축하하나? 답은 영국인의 강점을 보여주는 전투였기 때문이다. 영국인이 강점으로 삼은 것은 어려운 상황에서 견뎌내는 의지이다. 이것이 왜 윈스턴 처칠이 존경받고 그가 "우리는 해변에서도 싸울 겁니다. ……우리는 결코 포기하지 않을 겁니다"라고 한 연설에 영국인이 경의를 표하는 이유이다. 영국인들은 승리하지 못하더라도 결코 포기하지 않는다는 것을 자신들의 강점으로 여긴다.

영국의 비공식 국가 〈지배하라 영국인이여〉의 합창 부분을 들으면 이런 점을 알 수 있다.

지배하라, 영국인이여! 영국인들은 바다의 물결을 지배하고,
영국인들인 절대로, 절대로, 절대로 노예가 되지 않을 것이다.

'우리는 절대로 노예가 되지 않을 것이다'에는 영국 국민의 핵심이 되는 성격이 있다. 모든 것에 대한 불굴의 의지와 노력이 우선이고 승리는 세 번째이다.

미국은 이와는 대조적이다. 빈스 롬바르드의 말처럼 미국은 가장 경쟁적인 나라이다.

"승리는 모든 것이 아니다. 그것은 유일한 것이다."

이는 미국 신문의 스포츠면에서 찾아볼 수 있는데, 영국 신문의 스포츠면에는 영웅적인 노력이나 선수의 일화에 많은 부분이 할애되어 있다. 이런 선수들의 영웅적인 노력은 승리와는 상관이 없다. 미국에서는 안타율, 점수, 어시스트, 승률 등의 숫자가 상당부분 등장한다. 스포츠면은 경제면과 유사한 점이 많다.

미국인은 왜 숫자에 민감한가? 경쟁자들은 숫자를 사랑하기 때문이다. 숫자를 통해 측정할 수 있고, 또 비교가 가능하다. 비교가 가능하면 경쟁할 수 있고, 경쟁을 통해 승리할 수 있기 때문이다. 미국의 핵심 강점은 시도와 노력이 아니라 승리이다.

미국에서 승리자에 대한 경외감은 대단해서 두 팀이 경기를 벌이게 되면 승리 팀뿐만 아니라 승리를 이끈 선수 역시 '오늘의 선수'로 선정된다. '오늘의 선수'는 점수와 타율과 어시스트와 홈런 등등의 숫자로 결정된다.

영국에서는 두 개 방송사에서 오늘의 선수라는 개념을 적용했다. 취지는 좋았지만 영국인들이 숫자에 약하다는 사실은 간과한 것이다. 그래서 축구 경기가 끝나면 아나운서의 이런 방송을 들을 수 있다.

"오늘의 선수는 데이비드 베컴입니다."

이유가 뭐냐고 물으면 그는 이렇게 대답한다.

"글쎄요. 그는 오늘 아주 열심히 뛰었습니다. 온몸이 땀에 젖고 머리가 헝클어져 있네요."

하지만 리더에게 있어 영웅이란 리더가 창조하고자 하는 미래를 잘 보여주는 사람이다. 직원을 무대 위로 올리고 성과를 칭찬하는 것은 관리에 영향을 줄 수 있는 일이다. 특정 직원의 사기를 진작시키는 일이다. 하지만 여기에도 리더십을 발휘할 수 있다. 즉 추종자들이 그 직원이 보상을 받는 모습을 보고 고무되어 더 잘하고자 하는 마음을 먹게 하는 말을 한다. 보상받는 직원의 강점과 성과, 행동을 보여줌으로써 명확히 하는 것이다. 그 직원의 행동이 더 나은 미래로 가기 위한 발판이 되었다는 점을 강조하는 것이다.

리더가 선별한 영웅을 통해 우리는 미래의 모습을 명확하게 볼 수 있다.

훈련 3 연습

최고의 리더들이 사용하는 마지막 훈련은 연습이다. 그들은 우리가 미래를 더 선명하게 볼 수 있도록 도움이 되는 단어, 이미지, 예 등을 연습한다.

더그 딘이 즉석에서 '월급으로 살아가는 사람들'이라는 문장을 만들었다고는 생각하지 않는다. 이 표현은 연습의 결과이다. 아마 그는 이메일, 복도에서 나눈 짧은 대화, 회의, 프레젠테이션 때 사용한 다양한 문장을 응용했을 것이다. 그 결과 청중에게 가장 강력하게 들릴 수 있는 '월급으로 살아간다'는 특정한 문장이 나왔다.

성공적인 리더는 더 새롭고 더 나은 연설을 하기 위해 시간을 소비하지 않는다. 대신 연설을 연습하고 다듬으면서, 새롭고 다른 청중을 찾아 같은 연설을 반복한다.

우리는 마틴 루터 킹 목사의 "나에게는 꿈이 있습니다"라는 연설을 잘 알고 있다. NAACP(전미흑인지위향상협회)의 지도부와 남부 그리스도교도 지도 회의 본부는 그에게 자유와 직업을 갈구하는 흑인 200만 명을 위한 연설을 부탁했다. 덧붙여 그에게 이번 연설은 규모가 크며 특별한 기회이므로 전혀 새로운 연설이 필요하다고 말했다. 그는 밤에 몇 시간 동안 새로운 연설을 쓰고 다시 쓰고 했다. 그렇게 완성된 연설은 미합중국 헌법을—아직 해방되지 않은 아프라카계 미국인 세대가 이제 현금으로 바꾸려고 하는—약속어음으로 비유하는 은유로 시작한다.

그것은 좋은 은유였으나 연설을 한 지 8분이 지나지 않아 그는 청중을 감명시키지 못할 것이라는 것을 깨달았다. 200만 명이라는 많은 청중을 실망시킬지도 모르는 일이어서 그는 모든 유능한 리더들이 해왔던 것을 했다. 쓰라고 강요받았던 새로운 연설을 버리고 교회와 회의석상에서 계속해서 사용해왔던 말들과 이미지와 문장을 사용했다. 예를 들면 "나는 어느 날 나의 네 아이들이 그들의 피부색으로 판단되지 않고 그들의 인격의 내용에 따라 판단되는 그런

나라에서 사는 꿈을 가지고 있습니다"와 같은 우리 누구나 암송할 수 있는 연설이었다. 킹 목사는 이 말의 효과를 알고 있었다. 예전에도 효과가 있었고, 1964년 여름 어느 무더운 오후에도 또 한번 효과가 있을 것이라고 그는 자신했다.

나는 킹 목사처럼 탁월한 수사학을 가지기 위해서 노력하라고 제안하는 것이 아니다. 미래를 묘사하는 훈련을 하라. 단어조합을 실험하라. 같은 내용을 반복하여 당신의 목소리가 지루해지기 시작할 때, 그때가 바로 당신이 우리의 마음에 닿고 우리의 혼란을 꿰뚫고 우리가 처음으로 더 나은 미래를 볼 수 있는 순간이다.

• • •

유능한 리더가 열정적이거나 매력적일 필요는 없다. 똑똑할 필요도 없다. 탁월한 연설가일 필요도 없다. 공통의 특징이 있는 것도 아니다. 그들에게 공통된 것은 미래에 대해 선명한 비전을 가지고 있다는 것이다. 안전, 공동체, 명확성, 권위, 존경에 대한 욕구 중에서 명확성에 대한 욕구야말로 추종자들에게 자신감, 지속성, 탄력성, 창조성을 가장 잘 유발시키는 것이라는 진실을 절대로 잊어서는 안 된다.

직원들이 수행해야 할 비전을 명확하게 보여라. 대상고객, 강점 영역, 핵심 지수에 대해, 그리고 당장 할 수 있는 행동을 선명하게 보여줘라. 우리는 더 나은 미래를 위해 노력할 것이다. 이로써 리더인 당신은 보상받을 수 있다.

2부
지속적인 성공을 위해서
강점에 집중하라

4

상위 20퍼센트를
목표로 하라

개인의 지속적인 성공은 어떤 모습인가?

데이브, 머틀, 팀의 사례

올랜도에서 로스앤젤레스로 가는 비행기 안에서 누군가 나를 쳐다보는 느낌이 들었다. 그 느낌은 점점 강해졌다. 나는 머리는 컴퓨터쪽에 고정시키고, 눈동자만 돌려 기내 주변을 살펴보았다. 누군가 확실히 나를 지켜보고 있었다. 그 사람은 통로 반대편에 있는 여자로 숨기려고도 하지 없었다. 나는 기분이 좋을 때도 비행기에서 사람들과 잘 말하지 않지만, 특히 연설 후에는 거의 말을 하지 않는다. 나는 방금 2시간의 연설을 마쳤고 아는 여자도 아니었으므로 거북이처럼 가만히 있기로 결심했다. 나는 어깨를 웅크려 머리를 수그리고 열심히 타이핑을 하기 시작했다. 그런데 그녀가 불쑥 말했다.

"저는 20퍼센트에 해당하는 사람입니다."

나는 듣지 않은 척했다. 엔진 소리가 시끄러워서 못 들은 척할 수 있었다. 그런데 다시 말하는 게 아닌가.

"제가 20퍼센트에 해당하는 사람이라고요."

굳이 응답할 필요는 없었지만 무례를 범하고 싶지는 않아 고개를 들어 올려다보았다.

"뭐라고요?"

"저는 20퍼센트에 해당하는 사람입니다."

"아, 예, 그런데 무슨 말씀이신지 잘 모르겠네요."

"당신 연설을 들었어요."

"아, 네."

"기억하시죠? 갤럽 조사의 예를 들면서, 20퍼센트에 해당하는 사람만이 가장 잘할 수 있는 영역에서 일을 하고 있다고요. 80퍼센트에 해당하는 나머지 사람들은 자신의 강점과는 상관없는 일을 하고 있다고 말이죠. 그렇게 많은 사람들이 자신에게 맞지 않는 일을 하는 것은 부끄러운 일이고 낭비라고 하셨지요."

물론 나는 기억했다. 2, 3년 전 이 숫자를 알게 된 이후로 나는 결코 잊은 적이 없었다. 그리고 지금도 여전히 내게 호기심을 불러일으킨다. 어떤 의미에서 보면 많은 사람들이 자신에게 맞지 않는 업무를 하는 것은 안타까운 일이지만, 다른 면에서 보면, 아직 개발되지 않은 충분한 자원이 있다는 말도 된다.

그녀는 계속 말했다.

"저는 그저 당신에게 제가 살아가는 모습을 알려드리고 싶었어요. 저는 한 회사에서 20년 동안 근무했고 제가 하는 일을 정말로 좋아합니다. 매일 아침 제 최고의 모습을 표현할 수 있는 기회가 있지요. 저는 당신이 말한 20퍼센트 중의 한 명에 해당하는 사람입니다."

얼마나 피곤하든 낯가림을 하든 나와 같은 일을 한다면 이런 기회를 쉽게 지나칠 수 없을 것이다. 여기에 보기 드물고 가치 있는 종족의 대표자가 있다. 4시간 동안 아무 방해를 받지 않고 바로 내 옆에 앉아서 그 이야기를 하고 싶어 하는 사람 말이다. 그래서 나는 컴퓨터를 끄고 그녀와 마주 보는 쪽으로 의자의 방향을 바꾸고 물었다.

"정확히 무슨 일을 하시나요?"

20퍼센트에 해당하는 사람들이 있다. 그리고 평범한 나머지 사람들도 있다. 20퍼센트에 해당하는 사람들은 자신의 능력, 노력, 꾸준함, 멘토, 다소간의 행운에 의해 지속적인 성공을 거두고 있는 소수의 사람들이다. 그들은 현명하게 초기에 직업을 선택하고 시간이 지나면서 부딪치는 어려움을 현명한 방식으로 이겨내어 탁월한 성과를 이룬다. 그리고 이상하게도, 세월이 흘러도 매너리즘에 빠지지 않는다. 오히려 경력이 쌓일수록 실제로 더 향상된다. 인생의 시련도 이들에게는 성공과 만족을 안겨주기 위한 것으로 보여 평범한 우리는 좌절에 빠지고 만다. 나머지 사람들은 달성과 만족이 같지 않다. 성공을 경험할 때조차도 스스로 일구어낸 것인지 우연히 일어난 일인지 의심하는 '협잡꾼 증후군'을 겪게 된다.

80퍼센트에 해당하는 대부분의 사람은 새뮤얼 버틀러Samuel Butler가 말한 "대중 앞에서 바이올린 독주를 해야 하는데 이제 막 악기를 배우는 사람" 같다.

이것이 20퍼센트에 해당하는 사람들과의 차이점이다. 때때로 주변사람들은 그들의 성공과 침착함, 방향에 대한 명확한 감각을 질투할지도 모른다. 그러나 그들은 영감에 따라 행동한다. 우리는 인생이 바라는 대로 되어가지 않는다고 알고 있다. 그러나 20퍼센트에 해당하는 사람들은 예측 가능하게, 생산적이고 일관성 있는 삶을 살아가는 방법을 알고 있다.

"우리가 잊고 있거나 혹은 알지 못하는, 개인의 지속적인 성공에 관해 그들이 아는 한 가지는 무엇인가?" 여기에 소개하는 3명에게 답이 있다.

데이브

최근에 데이브 코엡Dave Koepp과 점심을 같이 했다. 데이브의 겉모습은 특별하지 않다. 바나나리퍼블릭 셔츠와 치노 바지를 입었고 좀 길다 싶을 정도의 갈색 머리를 하고 있었다. 그는 두 명의 아이를 키우는 어려움이 자연스럽게 표정에 드러나는, 결코 자신을 내세우지 않는 겸손한 타입이었다. 말하자면 그는 전형적인 미국의 중산층이었다.

"만약 필라델피아가 4쿼터에서 26점을 얻지 않았다면 경기를 이겼을 거예요. 4쿼터에만 26점이라니! 아무도 4쿼터에 26점을 얻지 못했어요" 하며 패커스를 응원하는 것으로 봐서 그는 분명한 위스콘신 출신이었다.

그러나 데이브는 첫인상과는 달리 20퍼센트에 해당하는 사람이다. 그는 소수만이 성취하는 성과를 이루어냈다. 어느 누구라도 좌절되고 절망할 것 같은 영역에서 그는 지속되는 성공과 만족을 발견했다.

패커스를 좋아했지만 고등학교 때 데이브는 스포츠보다 연극 수업을 선택했다. 그는 이런 선택이 일종의 잘 사고된 데이트 전략 같은 거라고 설명했다.

"스포츠 수업은 남자 대 여자의 비율이 끔찍하지만 연극 수업에서는 그렇지 않죠."

그는 씩 웃었다. 그렇지만 좀더 파고들자 그는 그 이상의 것이 있다고 인정했다. 그는 영화를 좋아했고 연극 수업은 언젠가 할리우드에 가서 배우가 되겠다는 환상을 만족시키는 기회를 주었다. 그리고 어느 날 오후, 〈레이더스Raiders〉라는 영화를 보면서 영화에 시나리오 작가가 있다는 사실을 알고 관심을 갖게 되었다.

"인디가 카이로 거리를 가로지르는 여자친구를 쫓다가 갑자기 큰 초승달 모양의 칼을 가진 악인과 마주치게 되는 장면이었어요. 이 남자는 미친 사람처럼 웃으면서 마구 칼을 휘두르고 있었죠. 인디는 그 유명한 채찍을 가지고 있어서 누구라도 대단한 한판 승부를 기대했을 거예요. 그러나 인디는 바로 벨트에서 총을 꺼내 그 사내에게 쏘았어요. 기대와는 달랐지요. 그리고 어떤 이유에서인지 제 머릿속에 극본이 존재한다는 사실이 떠올랐어요. 그 전까지는 영화에 시나리오 작가가 있다는 것을 몰랐거든요."

하지만 데이브는 후에 이 장면은 완전히 즉흥적이었다는 것을 알게 된다. 실제로는 멋진 칼과 채찍 싸움이 예정되어 있었는데, 촬영 당일 해리슨 포드가 감기에 걸려 훨씬 짧은 장면으로 스티븐 스필버그가 즉석에서 결정한 것이다.

데이브가 시나리오 작가가 되겠다고 결심한 다음에는 그런 건 상관없었다. 그는 미네소타주립대학, 위스콘신주립대학 드라마학부, UCLA 영화학부에 진학했다. 그리고 부에노스아이레스에서 첫 영화 〈아파트제로Apartment Zero〉를 만들었다. 흥행에는 성공하지 않았지만 좋은 평가를 받았고, 곧 유니버설 스튜디오로부터 여피 스릴러 〈캣 인플루언스Cat Influence〉라는 영화대본을 사겠다는 제안을 받았다. 첫 영화에 쏟은 돈을 벌충할 만큼 큰 돈을 제시했다. 그러나 초보 극작가와 획일화된 스튜디오의 거래에 늘 일어나는 일처럼, 단 한 가지 조건이 있었다. 영화를 버디 코미디로 다시 써달라는 것이다.

데이브는 "너무 황당했어요. 나는 버디 코미디를 쓰는 것에는 관심이 없었습니다. 해본 적도 없었고요. 나는 편집증, 배신, 통제 같은 어두운 주제에 사로잡혀 있었어요. 돈은 절실히 필요했지만 그들의 제안을 거절하기로 결심했습니다"라고 말했다.

할리우드 같은 배타적이고 서로 연결되어 있는 도시에서 거대 스튜디오의 제안을 거절하는 것은 정상적인 행동이 아니었다. 이는 무명작가가 되는 길로 가겠다는 의미이기도 했다.

그러나 데이브는 달랐다. 그 스튜디오의 중역이 그의 예술적 정직성에 감명받아 정식 직원으로 채용했다. 그리고 간섭을 받지 않고 스튜디오에서 글을 쓰게 했다(내겐 말도 안 되는 소리처럼 들렸다. 있을 법하지 않은 일 같았다). 이제 데이브는 스튜디오에 있는 사무실에서 편하게 할리우드에서 가장 많은 작품을 성공시키는 시나리오 작가의 길을 가게 되었다.

그의 몇 작품을 살펴보자. 그가 다음으로 참여한 영화는 메릴 스트립과 브루스 윌리스 주연의 〈죽어야 사는 여자〉였다. 상업적으로 크게 성공한 영화이다. 뒤이은 〈쥬라기 공원〉은 말할 것도 없는 유명한 대작이다. 그리고 나서 알 파치노가 출연한 어드벤처 〈칼리토〉, 대작의 속편 〈쥬라기 공원2 : 잃어버린 세계〉, 톰 크루즈 주연의 〈미션 임파서블〉, 조디 포스터가 출연한 사이코드라마 〈패닉 룸〉, 그리고 2002년 〈스파이더맨〉이 있다. 내가 이 책을 쓰고 있을 때 그는 막 스티븐 스필버그의 최신 작품인 〈우주전쟁〉의 대본을 끝마친 상태였다.

할리우드에서 이런 정도의 성공은 아무도 거둔 적이 없다. 영화 시나리오가 팔리는 확률은 아주 적다. 그나마 팔린 시나리오 중 영화로 만들어지는 확률도 얼마 안 된다. 제작된 영화 중에서 500억 이상의 수익이 나는 경우는 100분의 1에 불과하다. 이런 상황에서

17개의 영화가 제작되고 그중 35퍼센트가 500억 이상의 수익을, 24퍼센트가 1000억 이상의 수익을 기록한 그의 업적은 믿기지 않는 일이다.

그리고 이렇게 놀랄 만한 성공에도 불구하고 데이브는 20년 전과 마찬가지로 여전히 글을 쓰고 영화를 만드는 일에 몰두해 있다. 아이들을 학교에 데려다 준 후 자신은 사무실에 처박혀 헤드폰을 쓰고 스프링스틴의 음악과 함께 자신이 창조하는 세계로 빠져든다.

"초고를 쓸 때가 제가 가장 좋아하는 시간입니다. 아무도 간섭하지 않는 가운데 제가 만들어낸 인물들과 이야기를 합니다. 나는 이보다 더 재미있는 것을 상상할 수 없습니다."

물론 여기서 묘사하는 데이브의 생활은 한 장면에 불과하다. 중역들과 스튜디오는 늘 참견하고, 개인적인 애환들도 있다. 나를 감동시키는 것은 그가 완벽하지 않은 삶 속에서도 열정을 갖고 뛰어난 성과를 지속시키는 방법을 찾은 것이다.

머틀

머틀 포터Myrtle Potter는 분야는 전혀 다르지만 같은 경험을 했다. 뉴멕시코 라스크루세트에서 자란 그녀는 시카고대학을 졸업했다. P&G에서 영업 관리 업무를 맡다 싫증을 느껴 머크Merck의 영업직에 입사했다. 거기서 그녀는 뛰어난 성과를 거두며 불과 몇 년 만에 본사로 발령이 났다. 비교적 빠른 승진을 하게 된 것이다.

빠른 승진에 고무된 그녀는 머크에는 빨리 승진할 수 있는 두 가지 루트가 있음을 깨달았다. A방식(머틀이 명명한)을 따르면 영업 업무 경험이 쌓이면 영업 부서의 최고 자리인 지역 영업이사 자리까지 올라갈 수 있었다. B방식은 좀더 넓은 영역의 경험, 예를 들면 시장조사, 가격 정책, 사업 개발 등을 거친 후 부서장으로서 부서를 경영하는 관리 업무를 맡게 된다.

두 가지 루트 중 머틀은 B방식에 관심이 있었다. 그녀는 영업을 잘했지만 좀더 범위가 넓은 사업적인 질문, 이를테면 '약을 어떻게 판매해야 하는가? 마케팅 포지셔닝을 강화하기 위해 우리에게 필요한 샘플링은 무엇인가? 이 약은 시장에서 얼마에 팔려야 하는가?' 같은 내용에 흥미를 느꼈다. 그리고 이런 질문들은 B방식을 통해 답을 얻을 수 있다고 생각했다.

하지만 회사의 생각은 달랐다. 회사에서는 그녀가 A방식에 있기를 원했다. 그리고 그녀가 계속해서 성공하자 지역 영업이사 자리를 제안했다. 그러자 그녀는 거절했다.

"그들은 충격을 받았어요. 머크에서 근무하는 4000명의 직원은 모두 궁극적으로 지역 영업이사 자리를 원했으니까요. 모두가 원하는 자리였고, 어떤 사람에게는 15년이 걸리는 일입니다. 나는 겨우 20대의 흑인 여성이었는데, 그 자리를 거절한 거예요. 저는 전반적으로 사업을 보는 법을 배우고, 언젠가는 부서 하나를 맡아 경영하고 싶었습니다. 그래서 영업에만 중점을 두는 지역 영업이사 업무는 저와 맞지 않는다고 설명했지요. 그러나 아무도 이해하는 것 같지 않았습니다. 그저 세상물정 모르는 순진한 젊은 여자로 여기는 것 같았습니다."

그래서 회사에서는 그녀에게 계속해서 그 자리를 제안했고 그녀는 계속해서 거절했다. 이런 상태는 몇 년간이나 지속되었고 결국 회사는 마지못해 그녀에게 다른 일을 제시했다. 처음에 맡겨진 일은 대단한 일은 아니었다. 그녀는 머크와 아스트라의 합작투자업체를 함께 만드는 팀에 합류하게 되었다. 그 일이 끝나자 그녀는 합작투자업체의 중심에서 의약품을 브랜딩하고 가격 정책을 수립하고 마케팅을 책임지는 팀을 이끌게 되었다. 산역류질환에 관한 의약품을 판매하는 일이었는데 효과에 대해 충분한 임상 증거가 있었음에도 불구하고 판매가 좋지 않았다. 사실은 판매가 너무 형편없었다. 머크와 아스트라는 최종시한을 정해두고 일정한 영업 실적을 달성하지 못하면 파트너십을 해체하기로 약정해두기까지 했다.

"일의 진척이 너무 더뎠기 때문이 그들이 저를 책임자로 앉혔을 때 아무도 제가 그 기한을 맞출 거라고 생각하지 않았어요. 실패가 뻔한 자리에 앉히면 제가 뭔가 배울 거라고 생각한 게 아닌가 하는 의심까지 들더군요."

말할 필요도 없이 그녀는 실패하지 않았다. 대신 아주 대단한 것을 이루어냈다. 그녀는 1년에 겨우 몇십만 달러가 판매되던 프리로섹을 세계에서 가장 잘 팔리는 의약품으로 바꾸어놓았다. 나는 그녀가 말하는 대로 기계적으로 받아적다가 다시 한 번 확인했다.

"죄송합니다. 방금 프리로섹이 세계에서 가장 잘 팔리는 의약품이라고 말씀하셨나요?"

"그렇습니다."

"단정적으로 말하시는군요. 맞습니까? 프리로섹이 세계에서 다른 어떤 처방 약품보다 잘 팔린다는 것을 말하시는 겁니까?"

"그렇습니다."

"실제 연간 판매량은 어느 정도입니까?"

"대략 연간 40억 달러입니다."

"내가 이해한 게 정확하다면 당신은 연간 몇십만 달러가 판매되던 약품을 40억 달러가 넘게 판매되는 약품으로 바꾸어놓았다는 건가요?"

"그렇습니다."

그럼 다음 질문은 뻔하다.

"당신은 어떻게 그렇게 했습니까?"

머틀과 그녀의 팀이 얼마나 철저했는지 쓰려면 아마도 책 한 권 분량은 될 것이다. 하지만 천재적인 솜씨로 그 일을 해낸 중요한 지점은 사실 단순하다. 고객과 이야기한 게 첫 시작이었다. 프리로섹의 고객은 의사들이었다. 어쩐 일인지 그들은 프리로섹을 처방하려하지 않았고 그녀는 이유를 조사했다.

의사들은 언뜻 보기에 프리로섹이 별로 필요없다고 판단했다. 프리로섹이 산역류질환에 효과적이라는 것은 알고 있었다. 하지만 모든 환자에게 처방할 필요는 없다고 생각했다. 대신 펩시드, 잔탁, 타가메트와 같은 H2 길항 약으로 불리는 의약품 종류를 처방하고 있었다. 이런 약에 반응하지 않는 소수의 환자에게만 결국 프리로섹이 처방되고 있었다.

그래서 머틀은 신약 허가 과정을 살펴보고 방대한 임상 실험 자료를 조사한 후에 프리로섹과 관련한 두 가지 결정적인 사실을 발견했다. 첫째, 펩시드, 잔탁, 타가메트는 징후만 완화시키지만 프리로섹은 증상을 치료히고 징후도 사라지게 하는 효과가 있었다. 둘째, 프리로섹 외에 다른 약에는 반응하지 않는 일부 환자는 프리로섹이 처방되기까지 6개월에서 18개월을 기다려야 한다.

이런 사실들을 안 후 머틀은 다시 의사들에게 가서 말했다.

"제가 당신이라면 프리로섹에 의해서만 증상이 사라지는 환자에게 프리로섹을 마지막 수단으로 사용하기보다 곧바로 처방하겠습니다."

의사들도 머틀의 의견에 동의했다. 머틀은 모든 홍보자료를 다시 만들었다. 그리고 모든 영업직원에게 프리로섹만이 환자의 증상을 없애주며 일부 환자에게는 프리로섹을 마지막이 아닌 처음에 처방해야 한다고 교육을 시켰다. 몇 달 후에 폭발적으로 매출이 늘어났다. 최종기한을 3개월 남기고 판매고는 기준치를 넘어섰다. 머크와 아스트라는 프리로섹 판매에 전념할 수 있는 별도의 회사를 세웠다. 그리고 머틀은 머크의 회장으로부터 상장을 받았다.

그녀의 통찰력과 행동은 너무 분명했다. 왜 아무도 전에 그런 생각을 하지 못했는지 궁금해할 정도다. 그러나 성공적이었던 일은 나중에야 명확히 보이는 것이다. 비결은 이와 같은 분명한 것을 미리 보고 그것을 행동으로 옮길 수 있는 재능이다.

의심할 여지 없이 머틀에게는 이런 재능이 있다. 그녀는 계속해서 머크에 엄청난 기여를 했다. 대규모 생물공학 회사인 지넨테크의 COO(최고운영책임자)로 옮겨가기까지 몇 년 동안 브리스톨마이어스스퀴브에서 근무했다. 현재 그녀는 사장이다. 여전히 열정적이고 열심이며 통찰력이 있는 그녀는 지난 4년 동안 해마다 20퍼센트 이상의 높은 성과를 내고 있다.

팀

마지막으로 팀 타소포로스Tim Tassopoulos도 20퍼센트에 해당하는 사람이다. 고등학교를 졸업한 팀은 여름 동안 할 일을 찾아 지방 쇼핑센터의 몇 군데 상점에 지원했다. 그런 다음 푸드코트에 내려와서 점심식사로 칙필에이 샌드위치를 샀다. 이때 주인과 이야기를 나누었는데 주인은 그 자리에서 그를 채용했다. 팀은 식당이 아니면 안 될 만큼 음식에 열광하는 사람은 아니었지만 몇 달 동안 나름 열심히 일했고, 서빙하는 일도 좋아했다.

그의 새로운 상사는 트루에트 캐시(칙필에이 창시자)에게 신입사원과의 만남을 주선하면서 톰을 소개했다. 그 만남 이후로 트루에트는 팀의 성공을 위해 개인적으로 많은 투자를 했다. 그는 팀을 칙필에이의 연간 미팅에 특별 게스트로 초대했다. 그리고 새롭게 문을 연 가게에 데려갔다. 그는 팀에게 여름방학 동안 인턴십을 제공했고, 중요한 임무를 책임지게 했다. 트루에트는 팀이 회사를 미래로 이끌어나갈, 레스토랑계의 리더가 될 재능과 성품을 가지고 있다고 판단했다.

이것은 젊은 대학생에게는 도취될 수 있는 일이다. 팀은 트루에 트의 신뢰에 감사했고 품격 있는 칙필에이의 문화에 편안함을 느꼈으나 자신의 에너지를 어떤 방향에 사용해야 할지 분명히 알지 못했다. 그는 정치학을 전공하고 있고 또 좋아했으므로 아직 사업에 매력을 느끼지 않았다. 그래서 타협안으로 MBA를 하기 위해서 조지타운으로 떠났다. 워싱턴DC의 중심에 위치한 조지타운에서의 MBA는 사업에 있어서 그의 흥미를 충족시켜주었다.

조지타운은 국회의사당에서 멀지 않은 곳이었다. 그의 룸메이트인 조지 스테파노포로스를 포함한 친구들은 정치 그룹에서 인턴십 활동을 했다. 친구들은 그에게 보고 느낀 점을 이야기했지만, 그는 별다른 흥미를 느끼지 못했다. 처음에는 왜 그런지 알 수 없었다. 그들은 국가에서 가장 강력한 사람들과 관계를 맺으면서 여러 정치적 사안들을 다룬다. 그런데 왜 그에게는 자극적이지 않은 것일까?

열정적인 친구들의 모습과 아무런 열정이 없는 자신의 모습을 비교해보면서 그는 무엇이 잘못되었는지 깨달았다.

"저는 사람들에게 영향력을 미치기를 원합니다. 그것도 지금 당장에 그렇게 하고 싶습니다. 나는 특정한 사람의 인생에서 변화가 생기는 즉각적인 피드백을 원합니다. 하지만 정치는 배후에서 일하면서 많은 사람과 접촉하지만 직접 사람들에게 영향을 주지는 않습니다. 정책에 영향을 주는 것뿐이죠. 그리고 속도도 더디기 때문에 인내하기가 어려웠습니다."

그는 우수한 성적으로 졸업한 후 조지타운의 고상한 분위기를 떠나 조지아 주의 애틀랜타에 있는, 상대적으로 잘 알려지지 않은 칙필에이로 돌아왔다. 칙필에이에서 그는 '비즈니스 컨설턴트'라는 직함의 구역 매니저에서 지역 담당 이사, 전체 매장 부사장으로 그는 빠르게 경력을 쌓아나갔다. 6년 후 그는 칙필에이 1200개 매장 전체를 관장하는 시니어 부사장으로 승진했다. 이 일을 하면서 그는 매장의 업무 진행, 업무 서비스, 구매, 유통, 인사 관리, 교육과 개발을 맡으며 직원에게 영향을 주었다.

칙필에이의 성장(지난 6년 동안 매장에서 50퍼센트의 성장을 보여주었다)은 업계 내에서 점차 두드러졌고(팀이 시니어 부사장 자리에 있을 때 칙필에이는 퀵 서비스 레스토랑 잡지에서 선정한 미국에서 가장 인기 있는 레스토랑 23위를 기록했으나 지난 3년간 1위로 올라섰다) 팀은 헤드헌터 사이에서 매우 인기 있는 사람이 되었다. 그러나 그는 헤드헌터들을 만나지 않는다. 심지어 그들의 전화도 받지 않는다.

"제가 지금 있는 자리보다 더 좋은 자리를 찾는 것이 어떻게 가능하겠어요? 칙필에이에서 저를 믿어주고 매일 최선을 다하는 사람들과 함께 있습니다. 그들은 제가 다른 사람들을 돕고 지도하기를 기대합니다. 여러 가지로 저는 축복받은 사람입니다."

• • •

팀, 머틀, 데이브가 가지고 있는 것은 무엇일까? 혹은 20퍼센트에 해당하는 사람들이 가지고 있는 것은 무엇일까? 왜 그들은 그런 지속적인 성공을 이룰 수 있는가? 그리고 어떻게 계속해서 그들은 행복한 것인가? '행복하다'라는 말은 적절한 단어가 아니다. 단순한 행복과는 다른 무엇인가가 있다. 어떻게 그들은 여전히 열심히 일하며 만족을 느끼는가? 이떤 표현이든 20퍼센트에 해당하는 사람들은 내가 무엇을 말하려는지 알 것이다. 이런 사람들은 그들이 선택한 분야에 만족하지 않는다. 그들은 늘 움직이는 사람들이다. 명성을 자랑스러워하면서도 다음 단계의 도전으로 나아갈 때면 그런 명성은 즉시 무시된다.

우리에게 중요한 것은 '우리는 어떻게 하면 그들처럼 될 수 있을까?'일 것이다.

내가 조사한 바에 따르면 20퍼센트에 해당하는 사람들과 나머지 사람들 사이의 차이는 그들이 할 일에 대한 선택보다는 하지 않을 일에 대한 선택에 있다. 시간은 안타깝지만 비탄력적인 자원이다. 시간은 늦추거나 빠르게 하거나 돈으로 살 수 없다. 이렇게 부족하고 융통성 없는 자원 앞에서 20퍼센트에 해당하는 사람들은 시간을 엄격하게 선별해 쓴다. 아무리 유혹적인 제안이어도 본능적으로 즐겁지 않은 일은 거부한다. 그래서 데이브는 버디 코미디를 쓰라는 제안을 거절했다. 머틀은 자신이 원하는 것 외에 다른 업무 제안은 모두 거절했다. 팀은 정치를 직접 경험해본 후 그것이 자신의 열정을 불러일으키지 않는다고 판단했다.

의식적이든 무의식적이든 그들은 우리의 성공을 지속하는 데 알 필요가 있는 단 한 가지를 기억하고 있다.

하기 싫은 것을 발견하고 그것을 멈추어라.

문제 해결 능력, 직관력, 단호함, 이타심, 분석력과 같은 당신의 강점은 타고난 것이어서 강제로 억누를 수 없다. 당신의 강점은 타고난 재능에 의한 활동들일 뿐만 아니라 당신을 더 강하게 하는 활동이기 때문이다. 강점을 사용할 때는 강력하고 확실하고 자신감을 느끼게 되고 의욕이 솟는다. 그렇게 해서 강점들은 스스로 강력해진다. 그것들은 내버려두더라도 드러날 수밖에 없다.

지속적인 성공이 어려운 것은 불행히도 당신의 강점이 거의 사용되지 않기 때문이다. 강점으로 초기의 성공을 이룬 후, 다른 사람들은 당신에게 새로운 기회, 임무, 역할을 계속 부여한다. 이중 어떤 것은 강점과 연관되지만, 어떤 것은 그렇지 않다. 지속적인 성공의 비결은 강점과 연관이 적은 일을 거절하는 것에 있다.

당신의 강점이 당신을 강하게 하는 활동이라면 약점은 그 반대다. 약점은 당신을 약하게 한다. 약점을 사용할 때 성과를 경험하면 혼란스러워진다. 머틀의 경우가 그렇다. 머틀은 영업사원이었다. 그러나 성과를 내더라도 약점 영역에서는 지치고 좌절되거나 지루한 느낌이 든다. 성공을 지속시키기 위해서는 이런 약점이 무엇인지 인지하고 삶에서 그것들을 단호히 단절시켜야 한다. 이런 의미에서 성공은 축적이라기보다 오히려 편집과 가깝다. 즉 무엇인가를 첨가하는 활동이 아니라 잘라내는 훈련을 함으로써 지속적인 성공이 가능한 것이다.

이런 점을 마음에 새기고 당신이 고전했던 사건을 회상해보도록 하자. 경력에 위협이 되는 실패 같은 큰 사건이 아니라 효과를 내지 못했던 사소한 사건을 떠올려라. 가능한 생생하고 자세하게 떠올려보자. 사건의 어떤 면을 통제했는지 생각해보라. 당신이 했어야 했는데 하지 않았던 일은 무엇인가? 만약 당신이 다시 한다면 피할 수 있는 실수는 무엇인가? 이런 실수를 전에도 했는가? 여기에 일정한 패턴이 있는가?

만약 그렇다면 왜 당신은 언제나 이런 종류의 상황에서 고전을 하나? 봐야 하는 것을 볼 능력이 부족한가? 혹은 능력이 있지만 이런 상황에 힘을 낼 에너지가 부족한가? 이런 상황은 당신을 지치게 하고 당신의 에너지를 고갈시키는가? 공허한 느낌이 드는가?

과거 사건을 회상하여 당신을 약하게 하는 일을 선별하라. 당신이 약점을 효과적으로 제거하면 할수록 점점 더 성공할 것이다. 약점을 떨쳐내면 당신은 강점의 역량을 충분히 발휘할 수 있을 것이다.

"당신이 좋아하지 않는 일이 무엇인지 밝혀내고 그것을 하지 마라" 같은 충고는 피상적으로 보일 수 있다. 영역이 확대되어 새롭고 힘든 업무를 맡게 될 경우는? 혹은 좋아하는 일과 좋아하지 않는 일이 절반 정도라면? 그리고 인생에서 방해되는 일은 어떻게 하란 말인가? 좋아하지 않는 일을 인생에서 확실하게 단절시키면 좋겠지만 누가 그런 호사를 누린단 말인가? 지루하거나 좌절시키는 일은 지금도 있고 그리고 앞으로도 만나게 될 것은 확실하다.

이런 질문들은 반드시 짚어봐야 하는 질문들이다. 이 질문들에 답하는 과정에서 최대한 발휘할 수 있는 한 가지 능력을 발견하는 일은 꼭 필요하다. 그런 다음 '좋아하지 않는 것을 발견하고 그것을 멈추는 쪽'으로 나아갈 수 있다.

성공에 필요한 한 가지
'한 가지'로 보이는 설명은 무엇인가?

가장 쉬운 것부터 시작하자.

지속적인 성공은 나이, 성별, 인종, 종교와 상관이 없다. 교육은 관련이 있을지도 모르지만 교육만으로는 답이 되지 않는다. 우리 주위에는 성공하지도 만족하지도 않은 교육 잘 받은 사람들이 널려 있다.

지속적으로 성공한다는 말은 힘든 일을 하고 있다는 말도 아니다. 물론 20퍼센트에 해당하는 사람들은 모두 열심히 일한다. 하지만 열심히 일하는데도 충분한 보상을 받지 못하는 무수히 많은 사람들이 있다. 그래서 열심히 일하는 것은 성공에 필요조건이기는 하지만 충분조건은 아니다.

위험을 감수하는 것은 어떤가? 데이브는 확실히 돈도 없고 지인도 한 명 없는 할리우드로 이사하고 두 번째 대본을 사겠다는 유니버설의 제안을 거절하는 큰 위험을 감수했다. 머틀은 다른 모든 승진을 거절하는 위험을 감수했다. 그러나 팀은? 팀은 위험을 감수한 증거가 많지 않다. 사실 칙필에이로 돌아감으로써 그는 모든 행로 중 가장 보장받은 길을 선택했다고 할 수 있다. 그러므로 위험을 감수하는 것도 아니다.

당신은 이 세 명의 20퍼센트에 해당하는 사람들이 일반적인 사람이 아니고 내가 특징한 것에서 일반화를 이끌어내는 오류를 범하고 있다고 걱정할지도 모른다. 그렇다면 이것을 마음에 새겨두어라. 물론 인간의 특징을 말할 때, 위험 감수는 가장 빈번하게 거론된다. 오늘날, 학계에서 인간의 특징을 다섯 가지로 요약한다. 이를 빅 파이브Big Five라고 한다.

빅 파이브 중 2개는 경험에 대한 개방성과 외향성이다. 개방성은 새로움과 다양함에 우리가 어떻게 흥미를 느끼는지, 외향성은 외부의 자극과 흥분을 우리가 얼마나 갈망하는지를 측정한다. 이 둘을 결합하여 위험 감수의 태도를 짐작할 수 있다. 그렇지만 수백 건의 연구조사에서도, 이 둘과 지속적인 성공 사이에 신뢰할 만한 연결점은 아직 발견되지 않았다.

나머지 3가지는 신경과민(얼마나 신경질적인지), 상냥함(얼마나 주위와 조화로운지), 섬세함(얼마나 조직적이고 방법론적인지)이다. 이 세 가지의 특징도 지속적인 성공과 아무런 신뢰할 만한 연결점이 없었다. 그렇다면 지속적인 성공에서 개성은 아무런 역할을 하지 않는다는 이야기인가? 사업가는 더 외향적일 수 있다. 응용과학자는 이론과학자보다 섬세할 수 있다. 예술가는 회계사보다 새로운 시도에 좀더 개방적이다. 그러나 이런 발견은 특정한 경력을 추구하는 사람의 성향과 관련 있을 뿐 지속적인 성공과는 무관하다. 그래서 "모든 20퍼센트에 해당하는 사람들은 동일한 특징을 가지고 있다"는 주장은 타당성이 없다.

흥미는 지속적인 성공과 연관이 있을까? 자신에게 흥미가 있는 분야를 직업으로 삼은 사람은 성공에 더 가까이 가고 지속시킬 수 있다. 데이브는 영화에 관심이 있었고 머틀도 의약품에 관심이 있었다. 그러나 다시 한 번 팀은 이런 설명을 배신한다. 그는 '음식에 열광하는 사람'이 아님에도 생산적이고 만족했다. 잠시 동안 주변에 있는 20퍼센트에 해당하는 사람들에 관하여 생각하라. 그들 개개인은 성공을 경험한 분야에 깊은 흥미를 가지고 있는가? 그들 중 대다수가 그럴 것이라고 상상할 수 있다. 하지만 그들 중 한두 명은 그 분야 말고 다른 분야를 선택했더라도 똑같이 성공했을 거라는 생각을 하게 될 것이다. 흥미 자체는 확실히 가치 있지만 지속적인 성공을 설명하는 데 필요충분조건은 아니다.

재능은 어떠한가? 데이브, 머틀, 팀은 셋 다 확실히 그들이 선택한 역할에 재능이 있었다.

그러나 재능이 그들의 지속적인 성공을 설명하는 바로 그 한 가지인가? 나는 그렇게 생각하지 않는다.

분명히 말하지만 나는 재능이라는 개념을 굉장히 중요하게 생각하는 사람이다. 사고, 감정, 행동 등에서 생산적으로 사용될 수 있는 한 사람의 재능은 성과에 있어서 중요한 역할을 한다. 선천적으로 친화력이 있는 사람은 수줍음이 많은 사람보다 영업에서 더 성공할 것이다. 선천적으로 경계심이 있는 사람이라면 경찰에서 성공할 확률이 높다. 한 사람의 재능은 크게 변하지 않기 때문에 역할이 요구하는 재능에 따라 사람을 뽑는 것은 중요하다.

그러나 재능 자체가 지속적인 성공을 보장하지는 않는다. 중요하기는 하지만 여정에 있어서 한 단계일 뿐이다. 재능을 가지고 있고 딱 맞는 역할을 맡고 있어도 월등한 성과를 지속시키는 데 고전하는 사람들은 널려 있다.

왜 이런 일들이 일어날까? 기본적으로 재능은 잠재력을 말할 뿐 성과를 의미하는 것이 아니기 때문이다. 당신이 "만약 그렇다면?"이라는 질문을 하고 비상 계획을 수립하는 재능이 있다면 당신은 전략적으로 사고하는 재능과 잠재력이 있는 것이다.

누군가가 미래를 선명하고 정확하게 투사하는 재능이 없는데도 그를 전략적인 사람으로 키우기는 어려운 일이다. 그러나 재능은 필요한 기술 지식을 습득할 수 있는지, 정확한 상황을 판단할 수 있는지, 올바른 관계를 형성할 수 있는지, 혹은 그것을 일관성 있게 사용할 의지와 열정이 있는지를 보장해주지 않는다. 재능은 정확하게 규정하면 한 인간의 능력을 의미한다. 그럼에도 성공을 보장하지는 않는다.

우리는 좀더 그럴듯하고, 강력하고 유용한 통찰력을 지닌 세 가지 성공 방정식을 다음 장에서 보려고 한다. 그 전에 지속적인 성공이 무엇을 의미하는지 살펴보자.

지속적인 성공이란 무엇인가
지속적 영향의 두 가지 조건

'최고의 영향력은 끊임없는 발전에 있다.' 이는 내가 내린 정의이다. 이 정의는 광범위하지만, 우리의 다양성을 모두 포함한다. 어떤 사람들은 명성 혹은 전문 기술에서, 일부는 봉사에서 만족을 갈망한다. 또 누구는 출세를 위해 가정을 포기하기도 한다. 어떤 사람들은 직장에서의 성취를 성공이라고 한다. 우리가 어떤 곳에 에너지를 쏟든, 어떤 청중을 위해 공연을 하든, 우리의 진보를 측정하기 위해 어떤 표시를 사용하든, 우리의 목표는 가장 오랜 기간 동안 최고의 탁월한 영향을 주는 그 무엇이다.

당신이 오랜 기간 동안 중대한 영향을 끼쳤다는 말은 그 분야가 무엇이든 돈, 명예, 혹은 사회적 인정보다 중요한 기여를 하고 그것을 지속시킬 수 있는 능력을 지녔음을 의미한다.

그러면 질문은 이렇게 바뀌어야 한다. "어떻게 하면 데이브, 머틀, 팀처럼 될 수 있을까?"라는 것에서 "어떻게 당신은 가장 오랫동안 가능한 최고의 탁월한 영향을 줄 수 있을까?"로 바뀐다.

더 구체적으로 살펴보면 가장 오랜 기간 가장 많은 영향을 주려면 두 가지가 필요하다.

첫째, 타고난 재능과 열정으로 역할에 필요한 지식과 기술을 배워 역할에 능숙해져야 한다. 이것은 본질적이고 꽤 어려운 일이다. 사실 능숙하다는 것은 언제나 상대적이다. 당신이 어떤 일에 능숙하지만 다른 사람들이 더 뛰어나면 당신은 더 이상 잘하는 것이 아니다. 그러므로 단지 역할에 필요한 기술과 지식을 습득하는 것은 경쟁에서 이기기 위한 것이며, 당신이 대체 가능한 일용품 정도로 전락하지 않기 위해서이다. 피터 드러커는 "방을 떠날 때는 확실히 방을 띠니야 한다"라고 말했다.

둘째, 계속 발전해나가야 한다. 특히 새로운 제품, 새 경쟁자, 새 프로세스, 심지어 새로운 법을 만들 때에도 현재의 전문기술은 쓸모없어질 수 있다. 현재의 수준을 뛰어넘으려면 특별한 것이 요구된다. 드러커는 '위대한 변화의 시대'에서 생존하는 법을 이렇게 말하고 있다.

"유연하고 융통성 있고, 개방적이고 혁신적이며, 자신감 있고 낙관적이어야 한다. 그리고 장기간 동안 에너지를 유지하기 위해 심적 스트레스를 받지 말아야 한다."

그렇다면 이러한 요구사항은 지배 개념을 찾는 우리에게 무엇을 남기는가? 지배 개념은 타인과 구별 짓게 하는 자질을 말해준다. 그리고 탄력 있고 창조적이고 침착하게 하는 방법과 일관된 법칙 안에서 계속 승리하는 방법을 보여준다.

그럼에도 우리가 고려해야 할, 설득력 있는 세 가지 성공 방정식이 있다. 이들은 당신이 일할 때 많은 도움을 주는 유용한 요소를 포함하고 있다.

5

세 가지
성공 방정식

성공 방정식 1 전술을 활용하라

성공은 재능이나 지능과는 아무런 관계가 없다. 성공은 적절한 전
술을 활용할 때 이루어진다. 시내 서점의 자기계발, 혹은 직업과 관
련된 코너를 가보라. 성공의 전술과 전략을 다룬 수많은 책을 보게
될 것이다. 그 중에서 3가지 예를 들어 살펴보자.

첫 번째는 토니 슈워츠와 짐 로허의 《몸과 영혼의 에너지 발
전소》이다. 토니와 짐은 성공한 운동선수(테니스 선수를 필두로)를 연
구하면서, 최고로 강한 서브와 스트로크가 성공의 필수조건이 아님
을 발견했다. 각 선수마다 특정한 강점과 약점이 있지만, APT 투어
에 진출할 만큼 기량이 있는 선수라면 누구나 중요한 시점에 서브
나 포핸드를 날릴 수 있다. 그러나 최고의 선수를 구별하는 방법은
점수를 내는 동안이 아니라 휴식 시간에서 찾아볼 수 있다. 최고의

선수는 더 빠르고 효과적으로 피로를 회복하는 과정을 잘 알고 있다. 게임 사이 30초 휴식 시간 동안 최고 선수들은 호흡과 심장박동을 놀랍도록 완화시킨다. 그래서 짧은 시간 동안 에너지를 재충전해 집중력을 회복할 수 있다.

토니와 짐은 이러한 통찰력을 기업에도 적용시켜, 성공은 스트레스와 회복이 반복되는 과정을 통해 이루어진다고 주장한다. 스트레스 그 자체는 우리의 적이 아니다. 특히 연속적인 스트레스는 더욱 그러하다.

자, 이제 인생을 마라톤이라기보다 연속적인 일련의 단거리 경주라고 생각하자. 인생에서 스트레스를 받고, 회복하고, 다시 스트레스를 받고, 회복하는 일련의 과정을 겪는다면 시간이 지날수록 능력의 범위, 탄력성, 에너지가 향상될 수 있다.

그들은 정신적, 감정적, 신체적 에너지를 업무에 적용시키는 방법론을 제시한다. 예를 들어 그들은 효과적으로 집중할 수 있는 시간이 90분이라고 주장한다. 그래서 90분 동안 열심히 일한 후 충분히 쉰다. 90분 알람이 울릴 때, 모든 업무를 멈추고 주변을 산책하고 숨을 깊게 들이마시는 등 휴식을 취하라. 나는 이것이 가치 있는 조언이라는 걸 몸소 체험했다. 사실 나 역시 이번 저술을 연속적인 일련의 단거리 경주로 보았다. 이러한 생각이 더 나은 책을 쓰는 데 도움이 되었는지는 잘 모른다. 그러나 매일 더 많은 에너지를 얻은 것은 분명하다.

제임스 시트린과 리처드 스미스의 《성공한 커리어의 5가지 패턴》은 자세한 전술을 제안하고 있다. 그들은 스펜서 스튜어트라는 헤드헌팅 회사의 중역이었다. 그래서 성공한 사람들을 많이 만났는데, 개인 브랜드를 만들려면 초기 경력은 블루칩 회사에서 쌓아야 한다고 말한다(즉 장기적 계획과는 상관없이, 처음에는 규모가 있고 명망 있는 회사에 다니도록 하라). 대부분의 회사에서는 위험을 피하고자 블루칩 회사에서 인정받은 사람을 고용하기 때문이다.

우리는 이른바 '허용 패러독스' 현상을 피해야 한다. 경험을 하지 않고는 직업을 얻을 수 없다. 또한 직업을 갖지 않고는 경험을 얻을 수 없다. 따라서 적극적으로 특별한 성격의 프로젝트나 일회성 과제를 찾아 수행해야 한다. 다양한 경험을 쌓음으로써 현재 업무와는 별개로 다양한 기술과 경험을 가지고 있다고 주장할 수 있다.

마지막으로, 데이비드 댈러샌드로의 《유능함을 자랑하라Career Warfare》를 살펴보자. '경력 전쟁'이란 원제에서 알 수 있듯이 그는 전투적이다. 그는 당신이 경쟁력을 키우면, 성공할 수 있다고 주장한다. 사다리가 좁을수록 사이의 틈은 점점 줄어든다. 사실 직업 전쟁에서 승리를 거두기 위해 활용해야 하는 전술은 따로 있다. 예를 들면, 당신은 상사가 원하는 세 가지, 즉 성실함, 업무상의 도움, 충직한 부하직원의 자세를 통해 거꾸로 상사를 관리할 수 있다.

당신은 최고경영진과 노력해서 좋은 관계를 맺어야 한다. 성과를 중시하는 상사와 잘 지내기 위해서는 언제 고위층 사람들의 도움이 필요할지 모른다.

"일상은 쇼다. 당신은 항상 준비하고 있어야 한다. 일상에서 당신이 하는 모든 행동은, 그것이 사소하고 권태로울지라도, 당신에 대한 인상을 남기게 한다. 불행하게도 대부분의 사람들은 평범한 사람들을 다루는 방식에 별 관심이 없다. 사람들은 고객을 대하는 것은 중요하게 여기면서도 아침에 상사를 즐겁게 하는 일은 중요하게 여기지 않는다."

이 말을 기억하라. 그가 주장한 전술을 적절한 시기에, 적절한 방식으로 적용한다면 당신은 성공할 것이다.

그런데 "적절한 전술을 발견하고, 그것을 활용하라"는 주장은 개인의 지속적인 성공을 위해 꼭 알아야 할 '한 가지'인가? 그렇지 않다. "적절한 전술을 발견하고, 그것을 활용하라"는 개인이 대체될 수 있는 소모품이 되지 않는 방법을 제시하지 못한다. 당신은 다른 사람들과 다르다. 당신은 다른 사람들과 다른 강점, 약점, 기호, 배경, 경험을 가지고 있다. 꼭 알아야 할 '한 가지'는 개인의 개별성이다. 이는 개인의 각기 다른 자원을 독특하게 배합하여 무엇을 해야 하는지를 알려준다.

다음 두 가지는 서로 정반대의 입장이긴 하지만 개별성을 기반으로 하고 있다.

성공 방정식 2 약점을 고쳐라

나는 이 점에 별로 동감하지 않는다. 하지만 이 주제는 세계 곳곳에서 상식으로 받아들여지고 있다. 갤럽의 데이터에 따르면 미국, 영국, 캐나다, 프랑스, 일본, 중국, 한국 사람의 대부분은 약점을 고치는 것이 지속적인 성공을 위한 최고의 전술이라고 믿고 있다.

기본적인 전제는 다음과 같다. 당신이 강점과 약점을 가지고 있으면 약점을 개선시켜야 한다. 성공을 위해 약점을 알아내고 그것을 고치기 위해 노력해야 한다.

래리 보시디와 램 차란의 《실행에 집중하라》에서는 이렇게 설명하고 있다.

"당신이 상사와 앉아 회의를 할 때, 상사가 당신의 약점에 대해 아무 말이 없다면, 처음부터 회의를 다시 시작하라. 그렇게 하지 않으면, 당신은 어떤 것도 배울 수 없다."

〈하버드 비즈니스 리뷰〉는 약점을 고치는 방법 중 사람들이 가장 선호하는 방식을 알려준다.

"핵심 업무 진행을 방해하는 약점부터 먼저 고쳐라. 그 다음에는 승진을 방해하는 약점을 고쳐라."(〈하버드 비즈니스 리뷰〉, 2002년 6월호)

상사는 당신이 약점을 고치는 모습을 보면 기뻐한다. 부하직원이 자신의 약점을 솔직하게 밝히고, 그것을 고치기 위해 장시간 노력하는 모습을 보는 것은 리더에게 즐거운 일이다. 게다가 노력하면 성공 가능성도 높아진다.

변화가 심한 오늘날에는 많은 기술을 꾸준히 배우는 것이 변화하는 세상에 대처하는 유일한 방법이다. 만약 영업력이 뛰어나지 못하다면 마케팅이나 생산을 배워라. 프로세스 디자인에 뛰어나다면 인사 재배치 및 공공연설 작성을 공부하라. 기술을 더 많이 배울수록 당신은 더 완벽해지고, 생존할 가능성도 높아진다.

창조적 리더십 센터에서 일한 경험이 있는, 마이크 롬바르도 박사 Dr. Mike Lombardo는 이 기술을 '직업 자유 선택권career freedom options,CFO'이라고 부른다. 그는 《리더십 기계Leadership Machine》에서 CFO는 행복, 성취도, 꿈을 이루는 정도를 결정한다고 말한다. 이것이 많을수록 행복해진다. 또 더 많은 기회와 더 많은 선택권을 가진다. 즉 CFO은 직업 생활을 유지하는 데 중요한 역할을 한다.

또 약점을 고치는 노력은 당신을 활기차게 한다. 《감성의 리더십》의 저자 리처드 보이애치스 박사는 이렇게 설명한다.

"만약 당신이 직원들을 독려하지 않으면, 그들은 결국 권태로움을 느끼고 떠난다."(《하버드 비즈니스 리뷰》, 2002년 6월호)

자세히 설명하면 이런 의미다. "근본적으로, 개발은 새롭고 어려운 일이다. 익숙함은 성장을 저해한다. 또한 정체와 퇴보로 이어지게 한다." 그는 성공하는 사람들은 영민한 학습 능력이 있다고 말한다. 영민한 학습 능력은 어려운 상황에서 더 나은 성과를 내기 위한 신기술을 배우려는 의지와 능력이다. 그리고 학습자는 이미 알고 있는 방식과는 다른, 새로운 방식을 기꺼이 배우려고 한다.

여기에서 약점을 찾고, 그것을 고쳐라라는 전술이 왜 보편적인 매력이 있는지를 잘 설명해준다. 그것은 당신을 항상 도전적이게 하고 완벽하게 해주며, 겸손하게도 해준다. 가장 중요한 것은, 당신의 상사를 기쁘게 한다는 점이다.

이는 지속적인 성공을 위한 조건과 관계된다. 첫 번째로, 서로 보완적인 관계인 강점과 약점으로 무엇을 할지 말해준다. 즉 강점은 유지하고, 약점은 고치라는 것이다. 두 번째, 장기간 동안 당신의 성공을 지속시킬 수 있는 방법을 알려준다. 이것은 가능한 많은 '직업 자유 선택권'을 획득하라는 것이다.

그렇다면 "약점을 찾고, 그것을 고쳐라"는 개인의 지속적인 성공을 위해 꼭 알아야 할 한 가지인가? 아니다. 그 이유는, 성공적인 개인들은 이 전술에 집중하지 않는다. 그들 대부분은 호기심이 강해서, 언제나 신기술을 배우는 기회를 열망하지만 호기심을 약점 고치는 데 활용하지 않는다. 성공적인 관리자들은 직원들이 약점을 고치는 데 열중하게 하지 않는다.

그러나 이는 우리가 아는 상식과는 다르다. 왜 가장 성공적인 개인, 관리자, 교사들은 약점을 발견하고 그것을 고치는 데 많은 노력을 기울이지 않는가?

가장 최근에 생화학적, 감정적인 측면에서 연구가 이루어졌다. 생화학적 연구의 결론은 실제 약점의 영역에서는 학습이 이루어지지 않는다는 것이다. 감정적인 결론은 약점을 고칠 때 활력을 느끼지 못하고 도전적인 느낌을 받지 못한다는 것이다.

즉 약점의 영역에서는 최대로 학습하지 않는다.

이 부분에서는 다음의 네 가지 질문을 통해 학습에 관련된 생화학적 실증을 자세하게 살펴보겠다.

- 학습할 수 없는 것은 무엇인가?
- 학습할 때, 왜 어떤 것은 쉽고 어떤 것은 어려운가?
- 나이와 학습의 속도는 관계가 있는가? (나이가 들수록 속도는 느려지는가?)
- 그리고 가장 중요한 질문 : 학습 효과가 좋은 분야는 무엇인가?

새로운 것을 배울 때, 뇌 속에서는 어떤 일이 벌어질까?

단어 'Saskatchewan'을 발음하는 방법을 배울 때, 혹은 계란을 삶는 방법이나 얼굴과 이름을 연결하여 기억하는 방법을 배울 때, 어떤 신체적 물리적인 현상이 나타나는가? 당신은 근육이 어떻게 발달하는지 알고 있을 것이다. 운동을 하면 근육에 극히 미세한 흠집이 생긴다. 상처가 회복되면, 근육은 강하고 단단해진다. 그렇다면 뇌는 어떻게 성장하는가?

학습이 이루어지는 실제 생화학적 과정을 통해 답을 해보자.

지난 10년 동안, 학습은 뇌세포 혹은 신경세포 사이의 복잡한 연결고리에 따라 결정된다고 믿어왔다. 뇌는 200억 개의 신경세포로 구성되어 있다. 그러나 학습 활동은 신경세포가 아닌 시냅스를 통해 이루어진다. 한 가지 학습이 이루어지기 위해, 길고 가는 벌레 같은 시냅스가 둥근 모양의 신경세포에 붙어 있는 모습을 상상해보라. 이 시냅스 중 어떤 것들은(축색돌기) 다른 신경세포로 신호를 보내고, 그동안 다른 것들은(수지상돌기) 다른 신경세포로부터 신호를 받는다. 생후 하루 된 아기든, 60세인 노인이든 상관없이 같은 방식으로 학습이 이루어진다. 한 신경세포는 발신 시냅스를 통해 신호를 전달하고, 뇌의 다른 부분에 있는 또 다른 신경세포는 이 신호를 수신 시냅스를 통해 받는다. 일생 동안 각각의 신경세포는 수만 개의 시냅스 연결을 생성하고, 이 새로운 연결을 통해 새로운 정보를 학습한다.

이 학설은 정확하지만 새로운 게 아니다. 조금 다르게 질문해보자.

- 시냅스 연결을 제한하는 것은 무엇인가?
- 시냅스 연결 시 어떤 경우가 쉽고 어려운가? 또 그 이유는 무엇인가?
- 나이와 시냅스 연결 속도는 어떤 관계가 있는가?
- 시냅스가 많이 연결된 영역은 어디인가?

위의 질문에 답하기 전에, 먼저 시냅스보다 하위의 단계로 시냅스를 자극하는 매개체인 유전자를 살펴보자.

최근 밝혀진 인간게놈지도는 우리에게 새로운 정보를 준다. 가장 흥미로운 결과는 우리의 유전자가 실질적인 학습의 일꾼이라는 발견이다. 유전자는 단백질을 생성하는 DNA의 상위개념이다. 사람은 약 3만 개의 유전자를 가지고 있고, 각각의 유전자는 단백질을 생성하기 위해 기호화되어 있다. 유전자의 주요 기능을 설명하는데 '스위치'라는 표현을 쓴다. 유전자를 온오프 기능을 가진 스위치라고 생각해보자. 스위치가 온 상태가 되면, 세포는 명령을 받은

대로 기호화된 단백질을 만든다. 이후 계속 온과 오프의 연쇄반응
이 일어난다. 첫 번째 유전자에 의해 발현된 단백질은 스위치를 온
상태로 만들어 단백질을 생성하라고 다른 유전자에게 명령을 한다.
단백질을 생성한 다른 유전자는 스위치를 끄고 단백질 생성을 멈춘
다. 다시 다른 유전자에 스위치가 들어오고 동일한 명령은 계속 하
달된다.

　이러한 온과 오프를 통한 명령은 몸 각각의 세포가 무엇이 되는
지 알려준다(예를 들면 손 세포, 몸의 피부 세포 등). 그 후 각각의 세포가
어떤 역할을 해야 하는지 말해준다. 태아의 유전자는 신경세포 초
반의 발달과 접합을 지시한다. 성인 유전자는 어디에서, 언제, 얼마
나 자주 시냅스가 자극될지에 대한 결정을 내릴 때 활성 매개체로
서 기능한다. 더 간단하게 말하면, 한 신경세포가 다른 신경세포와
시냅스 연결할 때, 이는 유전자의 지시로 이루어진다. 매트 리들리
는 《본성과 양육》에서 이렇게 묘사한다.

　"지금 당신의 머리 어딘가에서 한 유전자의 스위치가 켜지면서
일련의 단백질이 생성된다. 이 단백질이 뇌세포 사이의 시냅스를
변화시키는 작업을 가능하게 한다. 이런 활동을 통해 커피에 관한
글을 읽으면서 부엌에서 나는 커피 냄새를 연관시킬 수 있다."

　다른 말로 하면, 당신의 학습 결정 권한은 유전자에 있다. 이와
는 반대로, 경험 혹은 '교육'은 어떤 신경세포가 자극을 받고 안 받
는지 결정하는 데 중요한 역할을 한다. 미로 같은 자극이 많은 장
소에서 자란 쥐는 아무 장치도 없는 장소에서 자란 쥐보다 시냅스

연결이 더 많다.

인간은 경험이 아무리 많아도 쥐만큼 냄새를 잘 맡을 수 없다. 왜 그런가? 쥐는 1036개의 다른 후각 관련 유전자를 가지고 있지만, 인간은 347개뿐이기 때문이다. 우리가 침팬지에게 언어를 가르쳐 주려고 아무리 애써도 침팬지는 절대로 인간처럼 말을 할 수 없다. 인간과 침팬지의 게놈은 98.5퍼센트 동일하지만, 언어 획득과 밀접하게 관련된 게놈 내의 영역, 즉 CpG라고 명명된 영역에서 침팬지의 유전자는 우리와 15퍼센트 정도 다르다. 침팬지는 단편적인 신호 언어는 배울 수 있을지 모르지만 복잡한 조합과 문법을 수행할 수 있는 유전자는 가지고 있지 않다.

당신의 유전자는 내 유전자와 99.9퍼센트 같다. 이것이 우리가 말을 하고, 추론하고, 후회하고, 슬퍼하고, 차를 후진하는 법을 학습할 수 있는 이유이다. 그러나 0.1퍼센트가 차이를 만든다. 뇌에서 이런 미세한 차이는 한 사람의 유전자 중 일부에서 스위치가 들어왔을 때 다른 사람의 뇌에서는 스위치가 꺼질 수도 있는 차이를 발생시킨다. 많은 부분에서 이런 온오프 상태의 불일치가 일어나고 이후 일련의 단계적인 반응이 생긴다. 그래서 출생부터 다른 당신과 뇌는 성장하면서 나와 다르게 학습한다.

《본성과 양육》에서 인간은 BDNF라는 단백질을 생성하는 유전자를 가지고 있다고 말한다. 단백질은 '신경세포 발달을 촉진시키는 뇌의 영양제'와 같은 역할을 한다. 소수의 사람들은 이 유전자의 미세한 돌연변이를 가지고 있다(돌연변이의 경우 유전자 중 192번째 위치는 아데닌이지만, 정상인 경우 이 위치에 있는 것은 구아닌이다). 그런데 돌연변이는 전혀 다른 단백질을 생성한다. 돌연변이 유전자를 가진 사람들은 일반적인 사람들에 비해 우울해하지 않고, 외향적이고, 안정적이며, 공격에 유연하게 대응한다. 그리고 놀랍게도 기억력이 뛰어니다.

나는 3만 개 중 한 개 유전자의 미세한 차이가 유전자의 온오프 반응을 통해 상당히 다른 성격으로 발전할 수 있다고 말하고 싶다. 매트 리들리는 이렇게 쓰고 있다.

"누구도 어떻게 혹은 왜 미세한 변화가 다른 성격을 초래하는지는 알 수 없다. 그러나 유전자가 다른 성격을 초래한다는 사실은 확실하다. 단백질을 생성하는 방법의 변화는 사실상 성격 변화를 초래할 수 있다."

하등의 편형동물, 초파리, 쥐를 대상으로 한 실험에서 유전자와 성격 사이의 인과관계를 다시 한 번 확인했다. 예를 들어, 유전자 nprl를 지닌 편형동물은 사교적이다. 이것과 조금 다른 유전자를 가진 편형동물은 고립적이다(그것들은 먹이를 줘도 혼자 있다). 토론토대학교의 유전학자들은 유전자를 변형시켜 사교적인 면을 고립시키거나 반대로 변형시켰다. 비슷한 예로 국립보건원의 연구원들은 세로토닌을 운반하는 단백질을 생성하는 한 유전자를 변형시켜 불안하고 겁이 많은 쥐를 만들어냈다.

연구 결과를 보면, 모든 사람들이 각자 독특한 유전자와 그것을 발현시키는 학습과 기억의 모델을 부여받았음을 알 수 있다. 심지어 302개의 신경세포와 식별 기능이 없는 뇌를 지닌 편형동물노 특정한 온도에서 반복적으로 먹이를 먹으면, 그 온도를 선호하게 된다. 즉 이는 당신의 유전자가 나와 다르기 때문에 다른 방식으로 학습할 것이라는 사실을 의미한다.

자, 여기까지가 두 가지 질문에 대한 답이다. 당신의 유전자 조합은 왜 학습 대상이 제한되어 있는지 설명해준다(당신이 쥐의 유전자를 가지고 있지 않으므로 당신은 쥐만큼 냄새를 잘 맡을 수 없다). 왜 당신이 학습하는 데 있어 어떤 것은 쉽고, 어떤 것은 견딜 수 없을 만큼 어려운지 설명했다(당신이 언제나 사람의 이름을 외우는 일에 뛰어난 이유는 그걸 잘할 수 있는 유전자를 가지고 있기 때문이다).

이제 나머지 두 가지 질문을 살펴보자.

나이가 들수록 학습 속도는 느려지는가? 그렇다. 새로운 시냅스 연결을 창출하는 것은 상당한 자원을 소비하게 된다. 유전자는 반드시 스위치를 온 상태로 켜놓아야 한다. 그리고 단백질이 생성되고, 시냅스가 자극받고, 혈관이 만들어진다. 그런데 자연은 자원을 불필요하게 소비하도록 놔두지 않는다. 뇌는 시냅스 연결이 되면 미엘린이라는 물질을 입혀 자원의 무분별한 소비를 막는다. 이러한 보호 작용으로 사람들은, 예를 들어 눈과 손의 작용, 혹은 어머니의 이름과 같이 이미 학습한 내용을 반복할 필요가 없다. 그러나 미엘린 코팅 작용은 그냥 이루어지지 않는다. 그것은 시냅스의 성장을 저해한다. 이것은 왼쪽 눈을 안대로 가린 어린 원숭이가 안대를 제거하면 가렸던 시력을 다시 얻을 수 있는 것과 같다. 하지만 성인

원숭이는 그렇게 하지 못하는 이유를 설명해준다. 또한 성인기의 뇌손상이 성장기의 뇌손상보다 더 오래 지속되는 이유와 35세보다 5세 때 외국어를 더 쉽게 학습할 수 있는 이유를 설명해준다.

그렇다고 모든 시냅스 연결이 성인기 이후 멈추지는 않았다. 성인이 되어 실명하고 점자를 배워야 했던 사람들의 경우 촉각 시냅스 연결은 놀랄 만큼 성장했고, 오히려 시각은 퇴보했다. 그러나 뇌는 성인기에 이르게 되면 어린 시절보다 적응력이 약화된다. 그래서 성인기의 뇌는 언제나 생화학적으로 새로운 연결을 학습할 때 자원을 적게 소비하는 방법을 찾게 된다.

이것은 마지막 질문과 관련이 있다. 학습 효과가 좋은 분야는 어디인가? 혹은 생화학적으로 말하면, 시냅스가 많이 연결된 영역은 어디인가? 생화학적으로 새로운 연결을 형성하는 데 자원을 가장 적게 소비하는 방법은 이미 제자리에 있는 연결에 추가하는 것이다. 실제로 다수의 새로운 연결은 기존에 연결되어 있는 뇌의 영역에서 이루어진다. 뉴욕대학교의 신경과학과 교수 조지프 르도 Joseph LeDoux는 다음과 같이 말한다.

"추가된 시냅스 연결은 새로운 나뭇가지라기보다는 이미 있는 가지의 새눈과 같다."

이것은 학습의 의미에 있어 중요한 암시다. 성인인 당신은 새롭고, 다르고, 어렵고, 익숙하지 못한 영역에서는 많은 것을 학습할 수 없다. 이런 영역은 학습의 양도 적고, 학습 효과도 기대하기 어렵다.

학습의 대부분은 어느 정도의 수준까지 완벽함을 보이는 영역에서 이루어져야 한다. 만약 당신이 문제 해결, 관계 정립, 경쟁, 혹은 다른 사람들의 욕구를 예측하는 데 천부적인 재능이 있다면, 이런 능력을 확대하고, 다듬고, 집중하는 데에서 학습 결과를 얻을 것이다. 이미 완벽한 분야에서는 당신의 시냅스 가지들이 이미 제자리를 잡고 있다. 학습은 이런 가지에서 새 눈이 나오는 것과 같다.

약점에 집중할 때는 활력이 넘치지 않고 도전적으로 느끼지 않는다

당신이 잘할 수 있는 활동에 대해 생각해보도록 하자. 그것이 무엇인지는 중요하지 않다. 집에서 하는 활동일 수도 있고 직장에서의 활동일 수도 있다. 단지 어느 정도의 완벽한 수준에 있는 활동이라는 점만을 확실히 하자.

이 활동을 하기 전에 어떻게 느끼는가? 이 활동 중에는 어떻게 느끼는가? 끝내고 났을 때는 또 어떠한가?

이런 활동을 할 때 사람들의 상태는 자신감, 낙관주의, 적극성, 스스로 통제하고 있다는 느낌을 갖는다. 우리는 이와 같은 상태를 '자기확신'이라고 부르며, 인지심리학자들은 이런 상태를 '자능감'이라고 말한다.

자능감은 자존심과는 다른 것이다. 자존심은 당신의 일반적인 가치에 대한 느낌이고, 높은 수준의 자존심은 일반적인 의미에서 좋은 것이다. 그런데 미국심리학회의 연구에 따르면, 높은 수준의 자존심은 유연성, 지속성, 목표 확립과 그 획득 등과 상관관계가 없다.

자능감은 일반적인 감정이 아닌, 특정한 행위와 연관되어 있다. 당신은 컴퓨터 소프트웨어를 판매하거나 안전하게 주사를 놓는 것 혹은 회사의 연간 보고서를 분석하는 일에 대해 높은 수준의 자능감을 가지고 있을지 모른다. 그리고 특정한 행위에 대한 자능감은 일련의 성과를 예측하는 네 탁월하다는 점에서 지존심과 차이가 있다. 자능감을 통해 실패에서 얼마나 빨리 회복하는지, 장애물에 직면해서 얼마나 끈기 있게 노력하는지, 얼마나 높은 목표를 세웠는지 예측할 수 있다. 가장 중요한 것은 실제로 이 목표의 달성 가능성을 예측하게 만든다는 것이다. 자능감은 성과에 많은 영향을 주는 정신상태이다.

자능감은 새로운 도전에 직면할 때 효과를 발휘한다. 미국심리학회 전임 회장 앨버트 밴듀라Albert Bandura는, 어떤 도전에 대한 태도는 한 임무에서 다음 임무로 자능감을 이동시키는 능력에 따라 결정한다고 한다. 이를 잘하는 방법은 새로운 도전과 성공했던 과거의 도전 사이의 유사점을 찾아보는 것이다. 유사점을 많이 발견할수록, 높은 수준의 자능감을 유지시킬 수 있다고 느끼게 된다. 유사할수록 견디는 힘이 강해지고, 목표가 높을수록 목표에 도달할 가능성도 높아진다.

에너지와 열정을 계속해서 유지하려면 전혀 새로운 도전을 하지 않는 게 좋다. 열정을 불러일으키고 성공할 수 있는 도전은 완전히 새로운 영역에서 찾아서는 안 된다. 오히려 그 반대가 되어야 한다. 새로운 도전은 이미 정복한 영역과 유사한 곳에서 이루어져야 학습

속도가 빠르고 인내심을 가지고 높은 목표를 세울 수 있으며 성취 가능성도 높아진다. 그렇다면 지속적인 성공에 감정은 어떤 역할을 하는지 살펴보자.

공식적으로 완전히 실패한 힘들었던 사건을 떠올려보라. 어떤 것에서 실패했었나? 이 실패로 당신은 무엇을 느꼈는가? 그때의 감정을 느껴보라.

먼저 부정적인 느낌이 드는 사건들을 죽 적어보자. 보통의 경우 당신이 나쁜 감정에 빠져들면 별다른 느낌을 느끼지 않을 때보다 더 많은 부정적인 사건을 기억해낼 수 있다. 동일하게 최근에 성공을 거둔 일을 생각하거나 복권에 당첨된 것 같은 느낌의 즐거운 감정을 가졌다면 긍정적인 사건들을 더 많이 기억한다.

인지심리학에서는 다음과 같이 설명한다. 사건이 발생하면 기억 속에 사건은 세세한 특징뿐만 아니라 느낌까지도(무능력한 느낌) 저장된다. 더 많은 사건이 발생할수록, 유사한 감정을 유발시킨 사건에 대한 기억은 체계적으로 저장된다. 그래서 새로운 사건에 무능력하다고 느끼면 사건 전체 영역에 불이 들어와 예전 사건을 생각나게 한다.

앨버트 밴듀라는 "기억 네트워크에서 특정한 감정 단위가 활성화되어 감정과 연관된 사건이 재구성된다"고 말했다. 일반적인 표현을 빌리면, 부정적 감정은 실패에 대한 생각을 활성화시킨다. 반면 긍정적 감정은 성공에 대한 생각을 활성화시킨다.

몇몇 연구에서는 감정의 영향력이 더 광범위하다고 말한다.

J. D.티스데일J. D. Teasdale 교수는 "부정적 감정은 실패에 대한 기억만을 떠오르게 한다. 또한 이를 일반화하여 자기 자신을 가치 없고 능력이 부족한 사람으로 여기게 된다"고 보았다.

실패에 대한 생각은 부정적인 영향을 미친다. 밴듀라는 이렇게 설명했다.

"부정적인 사건은 우리를 더 의기소침하게 만든다. 의기소침은 자능감에 대한 믿음과 동기를 약화시킨다. 이로써 초라한 성과를 이끌어낸다. 이런 악순환 속에서 점점 더 의기소침해진다."

당신이 지속적으로 성공의 가능성을 줄이고 싶다면 스스로의 약점을 계속 생각하고, 실패를 곱씹어라.

• • •

위의 내용을 다시 한 번 살펴보자. 당신의 유전자 조합은 내 것과 매우 유사하지만, 미세한 차이가 있다. 유전자의 차이점은 시냅스 연결에서 개별성을 유발하여, 당신만의 독특한 사고, 느낌, 학습, 기억, 행동양식을 창출한다. 또한 성인기에 학습하려면, 당신이 가장 많이 알고 있는 영역, 즉 시냅스 가지들이 이미 두껍고 튼튼한 영역에서 학습할 때 그 효과가 크게 나타난다.

감정적인 면에서 볼 때 당신이 정복한 영역에서는 유연하고, 지속적이고, 자신감이 있으며, 효율적이다. 그리고 새로 직면한 도전이 정복한 영역과 유사하다면, 자능감이 새로운 도전 영역으로 전이될 수 있다.

마지막으로 당신은 과거의 어려움에 대해 깊게 생각하지 마라. 대신 과거의 성취에 집중할 때 더 긍정적이고 활력에 넘친다는 사실을 기억하자. 도널드 클리프턴 박사는 "우리는 마음속에 성공의 감정을 가지고 있을 때 가장 강하다"라고 했다.

이는 "강점을 찾고, 그것을 키우라"는 말을 지지해주는 발언이다. 이것은 강력한 통찰이다. 당신이 직장생활을 이제 막 시작했다면 향후 어떤 식으로 선택을 해야 하는지를 알려줄 것이다. 그러나 그것으로 충분하지 않다. 그것은 끊임없이 일련의 과정 안에서 적용되어야 한다.

성공 방정식 3 강점을 키워라

클리프턴 박사의 조언과 최근 성공사례에 대해 생각해보기. 성공의 요인은 무엇일까? 몇 가지 외부적인 요인 이외에 시간, 환경, 운 같은 요소들이 성공을 이루는 데 한 축을 담당했다. 그럼 당신은 어떤 일을 했는가?

특별히 주의 깊게 준비를 했는가? 모든 영향을 주는 변인들을 분석하고, 변인들의 다양한 조합 중 어떤 것이 최선의 결과를 이끌어 내는지 명확하게 알고 있는가? 혹은 다른 사람들보다 더 빠르게, 더 예리하게 행동했는가?

성공은 설명하기는 힘들지만 명확한 사고와 행동보다는 직관과 관계가 있는 것 같다. 무엇을 해야 하는지 아는 직감, 그리고 감정이입과 감수성으로 성공을 설명할 수 있다. 아니면 다른 사람보다 더 성실하다는 점으로 설명할 수 있다.

하나의 성공에 대해 만족스런 설명을 얻으면, 다른 성공사례를 생각히고, 동일한 설명을 적용할 수 있는지 살펴보라. 그리고 계속 다른 사례에 적용해보라.

강점을 발견하는 일반적인 방법으로 클리프턴 스트렝스파인더, MBTI, 콜브 능동지수 등이 있다. 과거의 성공에 대한 파악은 훌륭한 시작점이 된다. 과거의 성공에서 특정한 행동양식이나 개념이 반복적으로 나타났는가?

충분한 거리를 두고 객관적 위치에서 자신을 살펴보자. 당신의 행동양식이(당신은 언제나 경쟁적이거나 집중적이고 인내심이 있거나 혹은 이론적이다) 직면하고 있는 도전에 완벽하게 적용될 때 성공할 가능성이 높다.

이러한 행동양식은 당신의 강점이고, 뇌가 구성된 방식이다. 무엇보다 이는 천부적으로 타고난다. 시간이 지나면 누구든지 강점을 좀더 생산적으로 이용하고 더 세련되게 다듬는 방법을 배우게 될지도 모른다. 그러나 타고난 강점은 바뀌지 않는다. 사실 현재의 뇌과학에 따르면 일생 동안 강점은 더 두드러지며, 이미 두꺼워진 시냅스 가지도 더 두꺼워진다고 한다. 이 의미에서 보면 성장은 이미 확립된 성격적 특징이 더 강화되는 것이다.

강점을 선별하고, 경력을 강점 위주로 발전시켜나가는 것은 꽤 도움이 되는 조언이다. 나는 이렇게 이행한 사람들을 많이 만났는데 그들 중에서 태미 하임Tami Heim은 강점 영역에서 경력을 계발하여 성공을 이루어낸 대표적인 인물이다. 자신의 강점 영역만을 고집하는 것은 쉽지 않은 일이지만, 그러나 태미는 이를 충실하게 이행했다.

태미는 언제나 매장에 있으면 즐거워했다. 그녀는 열두 살이 되었을 무렵, 이런 즐거움 때문에 소매점에서 일하길 원했다.

"사실 열두 살 무렵부터 원한 건 아니었어요. 저는 친구들과 그보다 훨씬 어렸을 때부터 가게에서 놀기 시작했거든요. 그렇지만 심각하게 고민하기 시작한 것은 열두 살 무렵이에요."

열여섯 살이 되었을 때, 삼촌의 권유로 고향 인디애나폴리스의 라자러스 백화점에 찾아갔다. 백화점 측에서는 시간제 사원을 고용하지 않는다고 말했지만, 그녀는 자신을 고용해줄 것이라고 천진하게 믿으면서 하루 종일 대기실에 앉아 있었다. 마침내 영업부장은 인터뷰를 허락했고, 그녀는 다음날 창고로 출근하라는 지시를 받았다.

"처음에 저는 정말 지겨운 업무부터 시작했어요. 그래서 소매 일이 가게에서 노는 것과 같지 않다는 사실을 알게 되었지요. 하지만 저는 근무 첫날부터 열심히 했어요. 저는 언제나 '오늘 우리가 할 수 있는 것은 무엇일까?' 하는 질문을 했지요. 그리고 결과가 바로 나타나는 소매업의 특징을 좋아했어요. 소매점은 제품 진열을 바꾸거나 제품 위치를 다른 데로 옮기면, 그것이 효과가 있는지 여부를 바로 알 수 있거든요. 저는 몇천 명의 고객을 상대로 매일 쇼 무대를 여는 극장과 같은 그곳을 좋아했지요. 매일 일어나는 일과 그 일을 해야 하는 기회야말로 저한테는 흥분 그 자체였어요."

그녀는 고등학교를 다니고, 퍼듀대학교에서 소매경영관리를 전공하면서도 계속 그 매장에서 일했다. 졸업 후에는 경영관리자 후보생으로 고용되었다. 이후 15년 동안 그녀는 부서장에서부터 작은 매장의 점장, 좀더 큰 매장의 점장, 지역부사장으로 승진을 거듭했다. 그러나 그 과정이 그리 순탄하지는 않았다. 회사가 부도를 맞았고, 18개월 동안 집에서 3시간이나 걸리는 매장에서 근무한 적도 있었다. 그러나 이런 일을 겪고도 그녀는 그 일을 즐겼다.

그때, 보더스 측에서 미 서부를 책임지는 지역부사장으로 스카우트 제의를 해왔다. 이 제안은 태미의 가족 모두에게 영향을 미쳤는데, 그녀는 결국 제안을 받아들였다.

태미는 2년 후 정기 이사회에서 사장으로 선출되었다. 이사회는 그녀가 매장 내 업무 경험만 가지고 있었기에 임기 전 일정 기간 동안 영업, 마케팅, 매장 기획과 디자인 및 카페 관리 담당 선임 부사장직을 맡게 했다. 우선 매장 외 업무를 맡았다.

"어떻게 그것을 받아들였나요?"

내 질문에 그녀는 이렇게 대답했다.

"음, 그렇게 나쁘게만 생각하지 않았어요. 아시겠지만, 저는 매장 내에서 영업 관리, 영업, 마케팅, 디자인이 어떻게 조합이 되는지 어느 정도 알고 있었어요. 사실 고객들이 매장 내에서 구매하는 것은 다른 요소들의 통합된 결과지요. 저는 제가 맡게 된 매장 외 업무에서는 전문가가 아니지만, 이 업무를 통해 '어떻게 이런 요소들이 전체 운영에 도움을 줄 것인가'에 대한 결정 기준을 정할 수 있었습니다. 보다 나은 결정을 내릴 수 있다고 생각해요. 게다가 그 전에 이미 1년 동안만 이 역할을 담당하게 될 것이라는 사실을 알고 있었지요."

1년이 지난 후 그녀는 사장으로 승진했고 현재까지 4년 동안 근무하고 있다.

"저는 매일 좋은 제품을 고객들에게 팔고, 멋진 동료들과 함께 이 거대한 매장에서 즐거운 게임을 합니다."

그녀의 임기 동안 다수의 뛰어난 경쟁사들이 있었고 외국에서는 전쟁이 일어났으며 인터넷 산업이 요동치는 등 여러 악재가 겹쳤다. 그럼에도 회사의 이익은 꾸준히 증가했고, 주가도 상승했다 (2002년 이후 66퍼센트 상승했다).

태미의 이야기는 우리 모두에게 성공을 꿈꾸게 한다. 나는 "강점을 찾고, 그것을 키워라"라는 개념이 지속적인 성공을 위해 알아야 할 단 한 가지라는 주장을 강조하기 위해 태미를 부각한 것은 아니다. 그녀는 강점 영역에만 머무를 수 있는 능력을 지닌 사람이다.

강점 영역을 발견하고, 그 강점을 활용하여 성공하는 것은 보통 일어나는 일이다. 당신에게는 성공을 위한 새로운 기회, 역할, 책임이 주어진다. 그러나 오직 몇 가지만이 강점을 계속 활용하게 해주고 나머지는 강점 영역에서 벗어나게 한다.

우리는 간호사에서 기자로, 혹은 영업에서 관리로의 과감한 경력이동은 좀처럼 하지 않는다. 만약 그렇게 한다면, 당신의 감각은 새로운 역할에 잘 어울리게끔 변화할 것이다. 경력은 그때부터 천천히 진행된다. 그러나 성공이 거듭되어 새로운 책임이 더해지면 당신의 업무 진행 속도는 점점 느려진다. 강점 영역에서 벗어나 결국 어느 날 일어나보니 당신은 모든 업무에서 성취감 대신 좌절감과 정신적 고갈을 느끼고 있음을 알게 된다.

지속적인 성공을 위해, 미세한 변화를 민감하게 받아들이고 자신의 업무 혹은 경력 방향을 바로잡아나가는 것은 정말 중요한 일이다. 그렇지 않으면, 당신은 다시는 돌아올 수 없을 정도로 벗어나게 될지도 모른다.

나는 인터뷰하는 방법을 배우기 위해 갤럽에 입사했다. 그런데 내가 진정으로 좋아하는 일은 직원의 재능이 조직에 끼치는 영향을 설명하는 것이었다. 물론 복잡한 인터뷰 구성 기술도 흥미로웠다. 그렇지만 이러한 기술보다 재능과 같은 복잡한 현상을 탐구하고 사람들에게 내가 알고 있는 것을 이해시키는 일들이 오히려 나를 흥분시켰다. 물론 언제나 성공을 거둔 것은 아니었다. 그렇다고 이런 사실이 내게 부담이 되지는 않았다. 나는 강연을 할 때 청중의 반응을 보면, 내가 든 예가 효과가 있는지 없는지, 논리의 흐름이 원활한지 알 수 있다. 그리고 나는 이러한 통찰력을 강연을 연습하고 부족한 부분을 개선하는 데 사용했다. 나는 업무에는 능통하지만, 여전히 새로운 아이디어나 모형을 칠판에 쓴다. 빈 강당 무대에 올라 큰 소리로 강연 연습을 하고 늦게까지 야근할 만큼 열정적이고 호기심이 강했다.

당시 나는 마케팅 부서의 20퍼센트 안에 드는 성과자가 되었다. 그리고 그때, 변화가 소리 없이 시작되었다. 나의 설득으로, 재능의 영향력에 대해 이해하고 실행 방안을 강구했던 엔터테인먼트 대기업이 있었다. 새로운 경쟁에 직면하여, 그들은 항상 경쟁력 우위를 유지할 수 있는 방안을 찾고 있었다. 갤럽이 제안한, 재능 있는 직원을 선별하기 위한 체계적 방법론이 여기에 적절한 것처럼 보였다.

이 계약 범위에는 중역과 부서장들을 대상으로 재능이 중요한 이유와 이를 선별할 수 있는 방법론에 관한 일련의 프레젠테이션이 포함되었다. 몇 개월 동안 일주일에 두 번씩 회의실에 모인 수백 명의 직원들을 대상으로 '재능 선별'에 대한 강연을 했다. 모든 일은 잘되어갔고, 나는 매우 행복했다.

일이 잘 진행되어 계약의 범위가 상당히 확대되었다. 더 많은 갤럽의 컨설턴트들이 이 프로젝트에 참가했고, 복잡한 프로그램과 제품이 더 많이 개발되었다. 나는 고객과의 관계를 공고히 하기 위해 프로젝트를 총괄하는 업무를 맡았다. 사무실도 플로리다로 옮겼다.

플로리다에서도 나는 여전히 많은 강연과 프레젠테이션을 담당했다. 그러나 내 예상과는 달리, 관리 업무량이 매일 증가했다. 나는 원하는 업무에 열중하고 있어서, 이런 변화를 감지하지 못했다. 게다가 특별한 업무상의 과실도 저지르지 않았다.

그런데 내 성격이 차츰 변해갔다. 성급해지고 자주 화를 냈다. 회의 내내 긴장했고 그 후에도 긴장을 풀 수 없었다. 밤에도 각 직원

별 업무를 살펴보면서 밤을 새웠고, 다음날 아침 비틀거리면서 정신이 산란한 채로 침대에서 일어나곤 했다. 건강은 점점 나빠졌고, 수면을 위해 마신 술과 끊임없는 스트레스로 나는 지쳐갔다. 이러한 상태는 18개월 동안이나 지속되었다.

"강점을 발견하고, 그것을 키워라." 이 조인도 아무런 도움이 되지 못했다. 나를 힘들게 하는 것은 강점을 사용하지 않아서가 아니었다. 반대로, 나는 힘든 가운데에서도 내 강점을 사용하고 있었다. 18개월 동안 나는 500번 이상 재능을 선별하는 능력이 얼마나 중요한지에 대해 강연과 프레젠테이션을 했다.

내가 실패한 이유는 업무가 많이 바뀌었기 때문이다. 기존의 업무뿐만 아니라 고객의 의견을 체크하고 직원들의 업무에도 책임을 지며, 한꺼번에 다른 프로젝트를 처리했다. 내 유전자와 시냅스의 측면에서 보자면, 각각의 활동은 나를 혼동시켰고, 시간이 지남에 따라 에너지가 고갈되었다.

요약하면 내가 직면한 문제는 강점의 정도에서 멀리 벗어났기 때문에 성공할 수 없었던 것이 아니었다. 오히려 내 문제는 성공 이후, 변화된 업무에서 오는 복잡함과 기회요인을, 아무런 원칙 없이 다루었다는 점에 있었다.

• • •

개인의 지속적인 성공을 위해 꼭 알아야 할 한 가지, "강점을 발견하고, 그것을 키워라"는 권태롭다는 감정과 직면한다. 당신은 강점을 비축하고 강점과 관련 있는 직업을 선택해야 한다. 우리가 주의 깊게 볼 것은 조직 내에서 성장하고 성공을 경험할수록, 당신을 권태롭게 하거나 괴롭히거나 혹은 정신적으로 고갈시키는 업무가 있을 수 있다. 당신의 업무 중에서 싫어하는 측면을 발견할 때마다, 그것을 돌파하려고 하지 마라. 참지도 마라. 대신 가능한 한 빨리 당신의 삶에서 제거해라. 뿌리를 뽑아라.

내가 이렇게 했다면 지난 18개월을 허비하지 않고, 나만의 독특한 강점의 영역을 키우고 재조정했을 것이다.

"강점을 발견하고, 그것을 키워라"는 건전한 조언이지만, 완전하지는 않다. 스포츠에 비유해 말하면, 게임에 열중하게 만들기는 하지만, 초반의 성공은 기회와 복잡성과 선택에 영향을 끼친다는 것을 의미한다. 만일 주의하지 않으면, 이런 영향은 비생산적으로 작용할 수 있다.

"좋아하지 않는 일이 무엇인지 밝혀내고 그것을 하지 마라"는 성공이 가져다준 부정적 영향을 처리하는 방법이다. 이미 진행 중인 업무에 참여하고 있으므로, 당신은 뛰어난 수준의 성과를 달성하고, 지속시키기 위해 행동원리를 구체화할 필요가 있다.

물론 이 주장과 반대되는 개념도 있다.

어떤 사람들은 일만 잘하면 된다고 한다. 물론 당신이 즐기지 않더라도 그 일을 잘할 수 있다. 그러나 즐거움은 어떤 일에 대해 연습하고, 도전하고 투자하고, 더 완벽한 수준으로 가기 위해 필요한 연료이다. 이러한 즐거움이 없다면 성과는 향상되지 못한다.

어떤 사람들은 당신이 즐기는 활동에 대해 의심을 품으라고 말한다. 당신이 잘 못하는 활동을 좋아할 수도 있기 때문이다. 실제로 이런 일은 종종 일어난다. 이는 자장가 같은 말투를 가진 사람이 계속 프레젠테이션 업무만 하겠다고 고집하는 것과 같다.

그러나 이런 일은 생각하는 것보다 자주 발생하지 않는다.

능숙하지 못한 일은 늘 실패할 것이다. 앨버트 밴듀라Albert Bandura의 연구 결과가 보여주듯이 실패의 반복은 당신의 자능감을 떨어뜨리고, 의기소침하게 만든다. 당신이 잘하지 않는 것을 좋아할 수 있다. 그러나 그것은 일시적이다(그 상태가 지속되는 것은 보통 본인이 못한다는 사실을 모르고 있기 때문이다. 이것은 성과 측정의 기준 혹은 과정이 잘못되었음을 의미한다. 이런 경우에는 잔인할 정도로 정직한 피드백이 필요하다).

어떤 사람들은 인생에는 고난이 필요하다고 한다. 마치 조개가 진주를 만들듯이 말이다. 고난은 당신을 강하게 하고, 원만하게 하며, 좀더 가치 있게 만든다.

그렇지만 이 조언은 회의적으로 받아들여야 한다. 업무에서 겪는 어려움은 당신을 괴롭힌다. 당신을 초조하게 하는 활동에 쏟는 시간은 잘못되었다. 이 시간은 당신을 더 약하게 만들 뿐이다. 사실 이 시간은 강점을 발휘하고 다듬는 데 보내야 한다. 미래를 위해 당신을 더 강하게 만드는 데 사용하라.

어떤 사람들은 이미 성공한 사람들만이 본인이 싫어하는 일들을 하지 않을 수 있다고 말한다. 이는 심각한 수준의 발언이다. 그들은 과거에도 그랬다는 사실을 모르고 하는 소리다. 그들은 좋아하지 않는 일을 참지 않았다. 그들의 참을성 없는 조급함이 성공하게 만들었다.

물론 자기 이익을 생각해서 동료의 도움이나 필요성을 무시하라는 말은 아니다. 여기서 요점은 당신의 역할과 강점이 잘 어울릴 때, 개인적인 성공이든 팀의 일원으로서든 가장 많이 공헌할 수 있는 것이다.

이런 질문을 해보자. 당신은 하루 중 얼마나 자능감, 즉 낙관적이고 긍정적이며 도전적이며 자신감에 넘치는 진실한 느낌을 경험하는가? 더 간단히 말하면, 당신은 하루에 얼마나 좋아하는 일들을 하면서 시간을 보내는가?

최근 나는 베스트바이의 한 회의에 참가했다. 그 회사에서 가장 성공적인 매장 관리자 10명에게 이 질문을 던졌다. 그들은 최소 70퍼센트에서 최대 90퍼센트 정도로 대답을 했다. 당신이 보기에 비현실적으로 높은 수치로 보일지도 모른다. 그러나 내가 인터뷰했던 성공한 사람들도 같은 퍼센트의 답을 했다. 성공한 사람들은 자신들이 좋아하는 일에 열중하면서 시간을 보낸다. 이런 일은 우연히 일어나는 게 아니다. 이는 자신이 좋아하지 않는 일은 과감히 정리하기 때문에 가능하다. 그들은 좋아하는 일을 하기 위해 언제나 노력한다.

지속적으로 성공을 유지하려면 당신도 이렇게 해야 한다. 부지런해라. 당신이 시간을 어떻게 사용하고 있는지 평가하라. 새로운 역할, 기술, 책임감을 가지고 일하라. 그러나 70퍼센트 이하의 시간을 좋아하는 일에 사용하고 있다고 판단되는 순간 조치를 취하라. 좋아하는 일을 방해하는 활동을 선별하고 그것을 제거하라. 이것을 효과적으로 잘할수록 당신은 창조적이고 유연하며 가치 있게 될 수 있다. 그러면 지속적인 성공이 이루어질 것이다.

6 지속적으로 성공하는 법

어떻게 좋아하지 않는 일을 알아내고 그 일을 하지 않을 수 있을까?
좋아하지 않는 일이 무엇인지 밝혀내는 것은 간단할 수 있다. 하지
만 좋아하지 않는 일을 하려면 도전이 필요하다. 게다가 이것은 조
직체계와 맞서야 하는 일이다.

회사는 많은 직원을 20퍼센트 성과자로 바꿔 상당한 이득을 본
다. 그러나 회사는 직원보다 고객에게 가치를 전달하기 위해 만들
어졌다. 직원은 고객에게 가치를 증가시켰을 때 인정받는다. 그리
고 대부분의 회사에서는 고객의 가치를 증가시키기는 방법으로 직
원에게 각 역할을 정한다. 이것이 가장 효율적인 방법이라고 판단
해왔다.

리더십 교육 등 대부분의 계발 프로그램을 자세히 살펴보면 이미
정해진 역할에 개인을 어떻게 하면 잘 맞출 수 있을까를 돕기 위한

경우가 많다.

이와 같은 계발 방법, 즉 현재의 모습을 조직의 역할에 맞춰가는 것은 비생산적이다. 만약 하고 싶지 않은 일을 해야 한다면, 그건 정말 어려운 일이다. 그렇지만 용기를 내자. 싫어하는 일을 하지 않는 것은 생각만큼 어렵지 않다. "좋아하지 않는 일이 무엇인지 알아내라"는 말은 많은 것을 생각하게 만든다. 싫어하는 것, 괴롭히는 것은 사람마다 다르다. 하지만 원인을 알면 결과를 판단해 명확하고 정확하게 행동할 수 있다.

싫어하는 일은 다음 네 가지 감정 중 하나에서 생긴다. 각각의 감정은 원인도, 해결 방법도 다르다. 계속 설명하겠지만, 처음의 두 가지(권태로움과 성취감의 부족)를 극복하기 위해서는 같은 방식의 조치가 필요하다. 그 다음 두 가지(좌절감과 정신적 고갈)는 이보다 더 넓은 범위의 조치가 필요하다.

흥미로운 일을 찾아라

권태로움의 극복

지금 하고 있는 업무에 권태로움을 느낀다면, 마음속 깊은 곳에서 흥미를 느끼지 못한다는 뜻이다. 업무 능력이 뛰어나더라도 그 일에서 흥미를 느끼지 못하고 있는 것이다.

멜리사 토머스Melissa Thomas도 이런 곤경에 처해 있었다. 처음 그녀를 만났을 때, 멜리사는 〈굿모닝 아메리카〉의 주관 프로듀서였다. 그녀는 조종실에 앉아 20개가량의 모니터를 보면서 다양한 비디오 필름과 대사, 스튜디오 녹화 분을 종합하여 쇼를 편집하는 일을 하고 있었다.

그녀는 업무에 매우 능숙했다. 특별한 이야기를 어떻게 전달할지 잘 판단했다. 진행자의 귀에 적정한 양의 정보만 속삭여 군더더기 없는 방송을 만든다. 특히 일이 잘못되어가고 있을 때, 그녀의 능력은 더욱 빛이 난다. 위성 신호가 없어지거나 스튜디오의 출연자가 카메라 앞에서 긴장하면 스태프들도 당황하겠지만, 멜리사는 명확한 판단력을 보여준다. 그녀는 위급 사태를 미리 안 것처럼 실수를 가리기 위해 무슨 장면을 사용해야 할지 정확하게 알고 있었다.

멜리사는 업무를 잘하지 못해서 어려움을 겪는 것이 아니었다. 어느 날 아침 방송의 주제가 참을 수 없을 만큼 지루했다. 그녀는 정치, 경제, 세계의 이모저모에 관심이 있었다. 그런데 사실 대부분의 프로그램이 너무 가벼운 주제만 다루고 있었다. 예를 들면, 빅토리아시크릿의 새 봄 비키니 패션쇼, 할로윈데이에 호박파이를 굽는 방법, 국제 애견대회의 수상견 소유자와의 인터뷰 등과 같은 주제이다.

그녀는 1년 가까이를 지루하고도 괴롭게 보냈다. 그리고 여러 기회를 살펴본 다음, 한 가지를 선택하고 실행에 옮겼다. 그녀는 방송국 일을 그만두고, 자신이 진정으로 흥미를 느끼는 일을 찾아 컬럼비아언론대학원에 진학했다.

만약 이런 상황이라면 누구든지 이와 같이 할 것이다. 마음 깊은 곳에서 업무에 흥미를 느끼지 못한다면 업무를 바꿔야 한다.

자신의 가치가 드러나는 일을 하라

성취감 부족의 극복

때때로 당신이 싫어하는 것은 흥미의 부족에서 오는 것이 아니라 성취감의 부족에서 온다. 당신은 업무 활동을 즐기고, 성과도 좋을지 모른다. 그러나 당신의 가치는 성취되지 않는다. 가장 흔한 예로 회사나 상사가 비도덕적인 일을 요구할 때이다. 이런 경우는 분명 종종 일어난다. 자신이 원하는 변화가 일어나지 않으면, 직원이 할 수 있는 일이란 회사를 그만두는 것이다.

그럼에도 확실하게 해결되지 않을 때가 있다. 업무가 초조하게 느껴지면, 당신은 가치에 있어서 무엇을 잃어버리고 있는지 알아차리기 전에 감정을 먼저 살펴보아야 한다.

찰스 스왑의 영업부장인 캐서린은 VIP고객을 담당하고 있다. 그녀는 4년 동안 이 업무를 담당해왔는데, 고객과 직접 만나고 고객의 필요에 즉각적으로 대응할 수 있다는 점에서 이 업무를 좋아했다.

'고객지향적 업무'는 그녀의 강점과 가치에 완벽하게 부합했다. 그곳에서 직장생활을 마감할 것이라는 것은 확실한 사실이었다. 그러나 업무에 안착하기까지 그녀의 경력은 우여곡절을 겪었다. 그녀는 정치학 학사, 스포츠 경영관리 석사과정을 공부했다. 그리고 공공정책대학원에서 공부할 때 유타 주 하원의원인 카렌 셰퍼드Karen

Shepard의 입법 담당관이 되었다.

처음에 그녀는 입법 담당 업무에 흥미를 느꼈다. 그리고 이 분야에서 자신의 강점을 활용할 수 있다고 생각했다(입법 담당관은 고객 대신 의원의 지지자를 상대한다는 점에서 영업 담당과 역할이 유사하다). 그런데 그녀는 정치가들의 요구사항을 중재하는 일을 좋아하지 않았다.

"입법 담당관은 많은 편지를 보게 됩니다. 그는 선거구민이 무엇을 바라는지 잘 알고 있죠. 그러나 때로 선거구민의 요구와 반대되는 법안에도 사인해야 합니다. 물론 정치는 중재로 이루어집니다. 그러나 이런 중재가 얼마나 냉엄한지는 처음에 알기 힘듭니다."

캐서린은 중재에 대한 회의감을 느껴 워싱턴을 떠나 영업 업무를 택했다.

자신의 가치를 제대로 발휘하지 못한다면, 이와 같은 방법을 강구해야 한다. 돈을 벌기 위해, 혹은 안정을 위해 그 자리에 남아 있는 것은, 자신에게 좋지 못한 결과를 가져온다.

강점이 부각되는 일을 창출하라

좌절감의 극복

만약 업무에서 흥미와 가치를 느끼지 못하고, 강점을 제대로 활용하지 못하면 어떻게 될까? 아마도 좌절감을 느끼게 될 것이다.

강점은 억누를 수 없는 것이다. 가장 두꺼운 시냅스 가지를 불태우는 원인은 당신의 강점이고, 이 불태움은 표현을 요구한다. 예를 들어 공감을 잘하는 사람은 그걸 억누를 수 없다. 그러므로 강점을 생산적으로 사용할 수 있는 방법을 배우는 것이 좋다.

상황 때문에 감정을 드러내지 못하면 날마다 압력이 쌓여 샴페인 병을 막은 코르크 마개처럼 언젠가는 폭발하여 터지고 만다.

갈등이 이 수준에까지 이르게 되면, 당신은 강점을 발휘할 수 있는 다른 일을 찾는 수밖에 없다. 그러나 원만하게 해결되면 강점을 활용하는 새롭고 전혀 다른 일을 시도하는 것이 좋다.

다음의 브라이언 달턴Brian Dalton의 경우를 살펴보자. 브라이언을 처음 만났을 때 그는 병원 침대, 관찰경, 카메라, 수술용 메스 등 다양한 제품을 판매하는 대형 의료기기 회사의 지역 영업부장이었다. 1990년대 초반, 제품을 판매하는 가장 좋은 방법은 의사를 직접 찾아가 자사의 제품이 타 제품보다 기술적으로 우수하다고 설득하는 것이었다. 그런데 이때 병원은 운영비와 원가를 상환받았다. 병원이 정부 혹은 보험회사에 보고할 때 전체 원가와 병원의 이윤을 포함해서 보고하면, 전체 금액을 상환받을 수 있었다. 이 이유로 병원은 가격에 신경 쓰지 않았다. 그들은 제품의 기술에만 관심이 있었다.

이런 환경에서 영업에 성공하려면 젊고 능력 있는 영업사원을 고용해야 했다. 영업사원은 제품의 자세한 특징을 배울 만큼 똑똑해야 했다. 또한 자존심이 센 의사와 관계를 잘 유지할 수 있는 원만한 성격의 소유자에 계약을 성사시킬 수 있는 능력이 있어야 했다. 브라이언은 이 일에 아주 적합했다. 그는 좋은 사람들을 잘 선별하고 당근과 채찍을 적절히 배합하는 데 능숙했다. 그의 능력으로 그의 팀은 4년 내내 올해의 영업팀으로 뽑혔다.

그러나 이런 성공에도 브라이언은 계속 갈등을 느꼈다. 그는 한 가지 상황을 다각도로 볼 수 있는 장점을 지녔다. 당연히 아이디어가 풍부했고, 사물을 바라보는 새로운 방법을 제시하곤 했다. 회사 사장은 그를 '꿈 제조기'라고 불렀다. 그러나 그의 강점은 현재의 업무에서는 표현되지 않았다. 기대치도, 제품도, 가격도 정해져 있었다. 그가 하는 일이란 오직 정해진 가격에 정해진 제품을 영업사원들에게 할당해주는 것뿐이었다.

사직을 고민하고 있을 때, 브라이언은 그의 강점을 충분히 발휘할 수 있는 가능성을 찾아낼 수 있었다.

이것은 처음에는 평범해 보였다. 21세기 초반에 미국 정부는 앞으로 병원들은 이윤이 포함된 원가를 상환받지 못한다는 법령을 선포했다. 대신 정부는 진단 관련 코드, 노인 의료보험, 국민 의료보장제도에 명시된 각 의료 서비스의 가격을 정했다. 보험회사는 병원의 원가와는 상관없이 정해진 의료 서비스의 가격만을 상환하게 했다.

이 변화는 병원에 엄청난 충격을 가져다주었다. 이전에는 원가에 거의 관심이 없었으나, 이제 원가는 각 의료 서비스에서 얼마나 많은 이윤을 낼 수 있는지를 결정하는 요인이 되었다. 원가에 대한 압박은 일반 산업에서는 오래된 일이지만, 병원에서는 완전히 새로운 것이었다.

브라이언에게 이것은 기회였다. 그는 고객을 의사에서 재경 담당 부서장으로 바꿨다. 그만큼 재경 담당 부서장의 생각이 영업에서 더 중요해졌다. 브라이언은 '꿈 제조기'만이 할 수 있는 일을 했다. 경쟁사와 가격전쟁을 벌이는 일은 자살행위였다. 대신 판매제품이나 가격과는 상관없이, 병원들이 재정적으로 압박을 받는 상황에서 그들이 더 성공할 수 있는 방안이 무엇인가에 대해 고민하게 되었다. 그는 이 질문에 답을 찾아야 했다. 그래야만 그와 그의 회사가 조언자로 여겨질 수 있었다.

"우리는 제품을 판매하는 대신 병원의 현실 대처방안을 알아내야 합니다. 만약 도움이 될 수 있다면 우리에게 기기를 살 수밖에 없습니다."

처음 그는 재경 부문에서 시도했다. 예전에는 전액 상환만 가능했던 것을 할부도 가능하게 지불 방법을 바꾸었다. 이것은 회사의 재경 프로세스와는 상반되는 것이었다. 그러나 그의 상사는 이를 허락했고, 그는 두 병원에 이 지불 방법을 시도해보았다. 보통의 거래보다 훨씬 큰 효과가 있었다. 곧 그는 지역 영업부서장 업무 이외에, 전체 영업사원을 대상으로 계약 옵션 교육을 책임지게 되었다.

브라이언은 성공을 계속 지속시키길 원했다. 마침 그는 병원을 운영하는 데 재고 통제와 같은 일반 제조업의 경영전략을 적용하는 것이 오히려 좋지 못한 결과를 낸다는 것을 알게 되었다.

병원에서 가장 큰 문제는 재고 소실이다. 중간 규모의 병원은 말그대로 수백만 달러어치의 톱, 봉합실, 붕대, 스코프, 카메라 등이 매년 사라진다. 도난을 당해 사라지는 것이 아니었다. "어디로 갔는지 모르겠네요"라는 대답만 했다. 예를 들어 의사가 수술 때문에 종종 스코프를 빌려갔는데 다시 가져오는 것을 잊어먹는 식이다. 꼼꼼하게 체크하지 않으면 물건들은 없어지게 마련이었다. 그래서 개인 공간에 이러한 기구를 보관하여 필요할 때 사용할 수 있게 했다. 병원들은 이렇게 비효율적으로 운용할 수밖에 없었다.

브라이언은 이 문제를 해결하기 위해 각각의 기구에 작은 컴퓨터 칩을 넣는 기술을 발명하여 특허를 받았다. 칩은 위치를 알려주는 역할을 하여, 병원 관계자들은 정확하게 기구가 어디 있는지 찾아낼 수 있었다.

이 재고 관리 시스템을 병원에 판매할 때는 제품 하나를 판매하는 것과는 전혀 다른 접근 방법이 필요했다. 그래서 영업사원을 효율 관리 컨설턴트로 변화시켜 전략과 실행방안을 제안했다. 브라이언은 영업사원을 훈련시켜 판매시장에 내보냈다. 이 전략은 순식간에 큰 성공을 거두었다. 수백만 달러 규모의 계약이 25건이나 성사되었고, 실적이 한 해에만 62퍼센트 증가했다. 회사는 전략 영업이라는 새로운 영업 조직을 구성해 브라이언을 책임자로 임명했다.

지금도 브라이언은 계속 도전을 받지만(사실 계약들은 절대로 쉽게 체결되지 않는다) 그는 더 이상 갈등하지 않는다. 그는 "제 업무 방식이 좋습니다. 상사가 할 수 있는 가장 나쁜 일은 저를 승진시키는 것이죠"라고 말한다.

그는 갈등과 몇 가지의 기묘한 아이디어를 이전 업무와는 전혀 다른 새로운 업무로 바꿨다. 그 안에서 브라이언은 꿈을 비즈니스로 현실화했다.

우리는 강점이 흐를 수 있는 작은 지류를 찾아 바다처럼 거대하게 발전시켜야 한다.

• • •

다음으로 설명할 감정은 잠재적으로 가장 위험하지만, 실질적으로 가장 넓은 범위의 중재가 필요한 것이다. 이 감정은 흥미나 성취감이 부족해서, 혹은 강점이 억눌려서 발생하는 것이 아니라 약점 영역에서 강점이 요구될 때 나타난다. 일이 불편해지고, 해야 하는 일을 놓치거나 다른 사람들에게는 명확한 일에 자신은 혼란을 느끼는 것, 그것이 바로 정신적인 고갈 상태다.

나와 맞는 파트너와 일하라

정신적 고갈의 극복

정신적 고갈 상태에 있다면 당신은 이를 극복하기 위해 무엇을 할 수 있는가? 아마도 당신은 업무를 그만두거나 약점이 덜 연관되도록 업무의 내용을 일정 부분 변화시키려고 노력할 것이다. 그러나 이런 정신적 고갈 상태를 미리 알 수만 있다면, 당신이 극복할 수 있는 방법이 몇 가지 있다.

첫 번째, 가장 확실한 방법은 하기 싫은 일을 할 수 있는 다른 사람을 찾는 것이다. 나는 싫어하는 일이지만, 그 일을 좋아하는 사람도 있게 마련이다. 나는 매일 사람들을 대면해야 한다는 생각에 움찔할 수 있지만, 당신은 좋아할 수 있다. 지속적인 성공은 파트너를 찾는 능력에 좌우된다.

주변을 살펴보면, 성공과 파트너십이 얼마나 많은 상호관계를 맺고 있는지 알게 될 것이다. 토머스 제퍼슨과 제임스 매디슨의 예를 들어보자. 제퍼슨은 역사학자인 조셉 엘리스가 칭한 '가장 조화롭고 적절한' 생각을 하며, 상대방 이야기를 경청하는 자세를 중시했다. 그는 실제 상황에서 대립적인 논쟁을 싫어했고, 정당정치의 신랄함과 날카로운 비판을 경멸했다. 그는 "나는 정당과 함께 천국에 가지 않을 것이다"라고 말할 정도였다.

논쟁을 싫어하는 정치가는 심한 약점을 가졌다고 볼 수 있다. 그러나 제임스 매디슨과 같은 파트너가 있다면 이야기는 달라진다. 매디슨은 제퍼슨만큼 이지적인 사람이지만, 제퍼슨과는 다른 종류의 지성인이었다. 그는 날카로우며 실용적인 사상가로서 논쟁을 즐기는 사람이었다. 논쟁은 구체적으로 생각할 수 있는 계기를 마련해준다. 그는 존 애덤스와 같은, 열렬한 감정적 연설가는 아니었다. 대신 조용하고 이성적이며, 학식 있고 존경받는 사람이었다. 아무튼 그는 거의 화를 내지 않으면서, 조용하게 결정을 내리는 것을 좋아했다. 엘리스는 이렇게 말한다.

"제퍼슨이 탁월한 전략가라면 매디슨은 재빠른 전술가이고, 제퍼슨이 시라면 매디슨은 산문이다."

오늘날 자신만의 매디슨을 발견한 제퍼슨과 같은 사람은 어디서든 찾을 수 있다. 애플의 스티브 잡스와 스티브 워즈니악, 아메리카 온라인의 스티브 케이스와 짐 킴지, 오라클의 래리 엘리슨과 밥 마이너, 마지막으로 마이크로소프트의 빌 게이츠와 스티브 발머가 그 예이다.

빌 게이츠는 오늘날 가장 성공한 사람이다. 그는 명백한 결점을 가졌음에도 불구하고 여러 면에서(개인적인 부, 회사 제품의 보급력, 210억 달러 상당의 기부재단, 균형 잡힌 가정) 성공한 사람이다. 그런데 왜 하필 그만이 성공을 거둘 수 있었을까? 다른 사람들에게는 없지만 그에게 있는 것은 무엇인가? 그는 똑똑한 사람이지만 아이비리그 대다수 졸업생들과 비슷한 수준이다. 그는 열심히 일하고 인내심이 강한 사람이지만 다른 수백만의 사람들도 그렇다. 또한 그가 다른 사람들만큼 감성적인 지성인이긴 하지만 그것이 성공을 설명할 수 있는 단어는 아니다.

빌 게이츠의 진정한 천재성, 그를 일반 대중과 구별시켜주는 천재성은 바로 본인에게 맞는 파트너를 찾아내는 능력에 있다. 그의 첫 파트너는 어린 시절의 친구인 켄트 후드 에반스 였다. 에반스는 어린 게이츠처럼 컴퓨터를 좋아했다. 작가 마크 레보비치는 "그는 꿈이 크고, 끈기가 있고, 거리낌이 없는 아이였고, 게이츠가 더 크게 생각하고 모험을 할 수 있게 만들었다"라고 말했다. 그러나 켄트 에반스는 1972년 5월 18일 등반사고로 숨져 이 파트너십의 미래를 알 수는 없었다. 그러나 그가 게이츠에게 심오한 인상을 남겼다는 사실은 분명하다. 게이츠가 그의 모교에 기증한 과학수학센터에 이런 헌사가 있다. "같은 반 친구이며 동료 탐험가인 켄트 에반스를 기리며."

게이츠는 "벌써 30년 가까이 되어가지만, 저는 여전히 그의 전화번호를 기억하고 있습니다"라고 말한다.

친구가 죽은 후, 폴 앨런과 파트너십을 형성했다. 그들은 둘 다 컴퓨터에 대한 열정과 관심이 있었고, 컴퓨터가 구현할 미래의 모습을 함께 상상하며 서로를 격려했다.

그 이후 세간에는 잘 알려지지 않은 하버드 시절의 친구, 몬테 다비도프와 파트너십을 가졌다. 1975년, 그들은 컨설팅 업체로 출발한 마이크로소프트를 만들었고, 게이츠와 앨런은 뉴멕시코 주 알버커키의 작은 아파트에서 기거했다. 그리고 다비도프를 데려와 까다롭고 중요한 코드를 만들었다. 그 후 다비도프는 1997년 중요한 시기에 마이크로소프트로 다시 돌아왔지만, 게이츠의 업무 스타일 때문에 마이크로소프트의 서열 3위 자리를 박차고 회사를 떠났다.

그 후 게이츠는 유명한 스티브 발머를 발견하고 고용했다(그의 직원번호는 24번이다). 지난 25년 동안 발머는 게이츠의 또 다른 자아였다. 게이츠만큼 정신적으로 예민하고 성실하지만, 발머에게는 다른 강점이 있었다. 그는 게이츠보다 외향적이고, 다른 사람에게 감정적으로 자신의 열정을 보여주었다. 그는 매디슨처럼 전술가 타입이었고, 마이크로소프트의 CEO로 완벽했다. 2000년 1월, 게이츠는 비로소 CEO에서 물러나 전략기획 책임자로 돌아가기로 결정했다.

어떤 사람들은 이렇게 반박할 수도 있다. "물론 그는 완벽한 파트너를 찾을 수 있다. 그는 빌 게이츠이기 때문이다." 그러나 이전에 언급했듯이, 원인의 결과는 오히려 뒤바뀌어 있다. 빌 게이츠는 분명히 완벽한 파트너를 찾는 데 재능이 있었다.

여기서 우리는 약점이 반복적으로 환기되는 업무에 직면하게 될 때, 효과적인 파트너십이 성공하는 사람들의 숨겨진 비밀이라는 점을 기억하는 것이 중요하다.

우리는 이러한 방법에도 불구하고 약점 영역에 노출되어 있으면 마지막 카드를 써야 한다. 강점 영역을 찾아내어 언제나 의식적으로 생각해라. 이 중재안은 마치 심리 게임처럼 보이지만, 사실 유일하게 가능한 선택안이다.

할리우드 각본가인 데이브 코엡Dave Koepp은 작가인 동시에 영화감독이다. 그는 여러 영화의 각본을 썼지만 '새롭고, 처음이면서, 완전히 다른 영역'으로 한꺼번에 도약하지 못했다. 자능감의 연구 결과에서 볼 수 있듯이 익숙하지만 미세한 차이가 있는 영역으로 본인의 임무를 확대했다.

하지만 각본가와 감독의 역할은 엄연히 달랐다. 특히 감독 일은 쉬운 게 아니었다. 그는 성격상 촬영감독이나 작곡가와 같은 동료들에게 직접 싫은 소리를 하지 못한다. 하지만 그래야 하는 상황은 자주 발생한다. 그의 영화에서 일하는 모든 사람들은 그를 도와주는 '조수'이다. 그러나 작곡가는 영화와 아무런 상관이 없는 음악을 만들어내기도 한다. 이때 데이브는 작곡가에게 다시 작곡하라고 말해주어야 한다. 이것이 감독의 역할이다. 하지만 그는 작곡가가 자신의 말에 귀를 기울이지 않을 거라고 생각한다. 그래서 고민 끝에 '제3의 인물, 예술의 신'에게 도움을 요청한다. 대립을 위한 대립은 그를 힘들게 한다. 그렇지만 예술성을 높이기 위한 대립은 어떠한가? 이것은 그의 강점을 환기시킨다. 그래서 이런 갈등이 생길 때마다 그는 마음속에서 예술의 신이 원하는 것을 생각해본다. 그러면 그는 더 나은 예술성을 위해 기꺼이 작곡가와 대립할 수 있다.

업무를 그만두거나 조정하라. 적당한 파트너를 찾고, 혹은 강점을 발휘할 수 있는 업무를 찾아라. 이 네 가지 전술은 강점의 영역에서 어려움을 매끄럽게 처리하는 데 효과적인 방법이다. 오늘날 잦은 변화, 인원 감축으로 인한 인력 부족 등으로 인한 업무의 압력 때문에 자신의 강점 영역에만 머물러 있기란 쉽지 않다. 그렇지만 압력을 견디면 강점 영역은 업무의 범위를 확대시킬 수 있다.

압력에 저항할 수 있게 다음의 원칙을 기억하라. 당신이 좋아하지 않는 업무의 단면들을 오래 참을수록 성공할 확률은 낮아진다. 능력이 있는 한, 가능한 빨리 그 일을 그만두어라. 그러면 당신은 최고의 결과를 얻을 수 있다.

의도적 불균형을 추구하라

오래전, 은하수에서 가장 저명한 프로그래머인 후크와 런크월은 그들이 개발한 '딥 소트'라는 슈퍼컴퓨터의 전원을 켜고 질문을 하기 시작했다.

후크가 말했다.

"딥 소트 컴퓨터."

"너의 임무는 답을 하는 것이다."

딥 소트가 말한다.

"답? 무엇에 대한 답인가?"

"인생!"

후크는 재촉한다.

"우주!"

런크월이 말한다.

"그리고 모든 것!"

그들은 합창하듯 말한다.

이 답을 계산하는 데 딥 소트는 700만 년 이상 걸렸다. 그러나 불행히도 군중 앞에서 말한 답은 어느 누구도 들어보지 못했던 가장 바보 같은 답이었다. 딥 소트가 계산한 인생, 우주, 그리고 모든 것에 대한 답은 42였다.

《은하수를 여행하는 히치하이커를 위한 안내서》의 한 부분이다. 이 내용에서 저자 더글러스 애덤스는 하나의 답을 찾으려는 사람들을 조롱한 것이다. 누구든지 답을 하나만 찾으려고 한다면, 딥 소트가 결국 바보 같은 답을 계산해낸 것처럼 어리석게 보일 수 있다.

그럼에도 수세기 동안 소수의 현명한 사람들만이 이 답을 찾으려고 노력했다. 르네 데카르트도 그중 한 명이다. 몇 달 동안 생각만 하던 그는, 자신의 집 2층 난간에서 거리를 지나고 있는 사람들을 향해 "나는 생각한다. 고로 존재한다"라고 외쳤다. 앨버트 아인슈타인은 또 어떤가? 상대성이론을 집대성하고 난 뒤, 그는 특수성과 일반성이라는 상반되는 개념을 둘 다 한꺼번에 설명할 수 있는 이론을 연구하는 데 인생의 마지막 25년을 보냈다. 저명한 이론물리학자 스티븐 호킹은 《만물의 이론The Theory of Everything》에서 우주의 팽창에서부터 쿼크라고 불리는 미세한 분자들의 상호작용까지 모든 것을 설명할 수 있는 이론을 열망했다. 호킹 혼자 이러한 열망에 사로잡힌 것은 아니었다. 노벨상 수상자인 물리학자 레온 레더만은 "과학자들이라면 누구나 가지고 있는 희망이 여기 있다.

내가 바라는 것은 모든 물리학의 현상을 설명할 수 있는 수식이 티셔츠 앞면을 장식할 만큼 우아하고 간단하게 표현되는 것이다"라고 말했다. 더글러스 애덤스와 같은 풍자가들의 경고에도, 인간은 모든 복잡한 문제들을 짧고 명확하게 설명하려고 한다.

그렇다. 이러한 갈망으로 사람들은 간단하고 축약된 결론을 믿게 된다. 그런데 지구는 평평하다, 혹은 피부색이 지능을 결정한다 등과 같은 몇몇의 결론은 딥 소트의 답처럼 어리석어 보인다.

그러나 더 심오한 수준에서 이러한 명확성은 중요한 역할을 한다. 선사시대로 돌아가보면 명백한 결론에 도달하고, 그 결론을 기반으로 빠른 결정과 행동을 할 수 있었던 사람이(당신은 적인가 친구인가? 먹느냐 먹히느냐?) 세상의 복잡함에 당황하여 우물쭈물하는 사람보다 생존할 가능성이 높았다. 오늘날에도 이러한 명확성은 똑같이 중요하다. 적절하게 계발된 명확성은 복잡함을 꿰뚫어, 바로 행동으로 이어질 수 있다.

이 책에서 우리는 지나친 단순화를 피하고 명확한 개념을 이해하기 위해 노력했다. 우리는 관리,리더십, 개인의 지속적인 성공이라는 세 가지 주제를 파고들었다. 그리고 이에 대한 오직 한 가지 답, 단계, 방법을 찾고, 그것에 안주하려는 유혹도 받았다. 그리고 우리는 세 가지 지배 개념, 세 가지 관점을 발견했다. 이것들은 당신이 복잡한 경쟁 속에서 성공하고 만족하는 데 도움을 줄 것이다.

관리자로서 성공하기 위해 부하직원의 개별성을 인정하자. 업무, 책임, 기대치를 재조정하여 이것을 활용할 수 있게 해야 한다. 이러한 기술이 뛰어날수록 당신은 재능을 성과로 더 효율적으로 바꿀 수 있다.

리더로서의 성공은 이와 반대다. 당신은 우리 모두가 공유할 수 있는 일을 능숙하게 잘해야 한다. 이러한 욕구에는 안전, 공동체, 권위, 존경이 포함되지만, 리더에게 가장 강력한 것은 명확성이다. 알지 못하는 미래에 대한 두려움을 자신감으로 바꿔야 한다. 당신이 보고 있는 미래의 모습을 생생하고 정확하게 묘사할 수 있도록 훈련을 해야 한다. 이러한 기술이 향상되면, 당신을 따르는 사람들은 당신을 더욱 신뢰할 것이다.

마지막으로 지속적인 성공은 업무 중에서 강점을 활용할 수 없는 활동을 과감히 잘라버리는 능력에 달려 있다. 리더는 당신에게 명확하게 더 나은 미래를 보여준다. 관리자는 팀에 청사진을 보여주고, 팀에 적절한 역할을 부여한다. 그러나 지속적인 최고의 공헌과 더 나은 미래를 실현시키는 역할은 당신 안에 있다. 당신이 이를 잘할수록 가치를 인정받고, 성취감을 느끼며, 성공을 거둘 것이다.

우리가 각각의 역할에 대해 보았듯이, 가장 중요한 기술은 균형이 아니라 그 반대인 의도적 불균형이다. 탁월한 관리자는 각 직원의 개별성을 확대하고, 강조하고, 그것을 활용하여 성공할 수 있다는 사실을 명심해야 한다.

탁월한 리더는 핵심 고객, 조직의 강점, 핵심평가지수, 실행 방안들에 대한 결정을 내린다. 그리고 명확성은 모든 사고와 행동 결정의 기초가 된다. 지속적으로 성공하는 개인은 업무 생활에서 갈등

사항을 제거하여 업무에 집중해나갈 수 있다.

　이런 방식으로 집중하기 위해서는 통찰력이 필요하다. 계속 연습하고 훈련하라. 또한 이러한 집중은 일반적이지 않으므로 좌절하지 말고 용기를 내라. 나는 이 책이 당신의 세 가지 역할을 강화하는 데 도움이 되기를 바란다.

감사의 말

이 책은 자신의 힘으로 인생의 단계를 뛰어넘은, 현명한 사람들의 신념에서 출발했다.

　조니 에반스는 왜 그토록 일이 잘될 것이라고 확신했는지 잘 모르겠지만, 아무튼 그녀는 일을 잘 진행시켰다. 난 그녀에게 많은 신세를 진 셈이다. 프레드 힐즈는 처음에 나를 자극했지만, 조사하고 글을 쓰는 오랜 시간 동안 그는 결과물에 대해서는 어떤 의심도 하지 않았다. 그의 자신감에 힘을 얻어, 책을 끝낼 수 있었다. 더불어 그와 함께 열심히 일한 커사 레인에게 감사드린다.

　린다와 미치 하트는 다른 방면에서는 이성적이고 논리적이지만 이 프로젝트에 대해서는 이상하게도 낙관적이었다. 실로 나에게 많은 의지가 되었다. 배리 홀드만은 이 책의 상당부분에 기여했다. 그는 내가 보지 못한 길을 보았고, 그곳으로 인도했다. 할리 뉴먼의 역시 뛰어난 능력, 따뜻한 마음, 결단력은 이 책의 상당부분에 기여했다.

프리프레스의 경영진인 캐롤린 라이디, 마사 레빈, 수잔 도나휴, 도미니크 안푸소, 캐리사 헤이즈, 마이클 제이콥은 일을 어떻게 해야 하는지를 보여주었다. 첫 독자인 벤 셔우드와 티파니 워드는 통찰력과 지식, 무엇보다도 절충의 재능을 가지고 첫 부분을 손질해주었다. 재치 넘치는 솜씨에 감사드린다.

내가 보잘것없는 아이디어를 냈을 때 참을성을 갖고 귀 기울여준 친구들. 미국에 있는 존과 로라, 리처드와 오드리, 벤과 젠, 주디와 고담, 데이브와 멜리사, 네이더와 잉그리드와 영국에 있는 마이크, 마일즈와 스티브, 팀과 페니, 알렉스와 포드, 찰스와 빅에게 고마움을 전한다. 많은 사람들이 내가 그들의 삶 속을 들여다볼 수 있게 도와주었고, 나를 믿어주었다. 나는 이 사람들에게 많은 것을 배웠고 책에서 그들의 교훈을 그대로 전달하려고 노력했다.

주디, 캐리, 데이브, 머틀, 팀, 앤디, 케릭, 캐서린, 타미, 프레스턴, 크리스, 러스, 만지트, 미셸, 짐, 멜리사, 테리, 데이비드, 브래드, 스티브. 모두에게 감사드린다. 갤럽 식구들이 그동안 이루어놓은 성과에 경의를 표한다. 켈리, 브라이언, 다나, 스티브, 찰스, 기도, 돈 B, 짐 H, 워렌, 톰, 잰. 특별히 짐과 래리가 보여준 에너지와 집중력에 대해 감사드린다. 우리에게는 우리의 여정이 가치 있다는 사실을 함께 확신하는 동료 여행자가 필요하다. 토니 슈워츠, 함께 해준 점에 감사드린다.

276

엠마 커닝햄은 정말 뛰어난 능력을 보여주었다. 그녀와 전화 한 통화를 해보면 내가 무엇을 말하고 있는지 알게 될 것이다.

엄마, 아빠, 넬리, 핍스, 그리고 버킹엄 가 가족들. 현재의 내 모습을 만들어준 사람들. 모두 감사드린다. 보고 싶은 돈, 당신의 삶과 교훈에 감사드린다. 사랑하는 재니, 그리고 잭슨과 릴리아. 둘 다 보고 싶구나.

KI신서 3052

강점이 미래다

개정판 1쇄 인쇄 2011년 1월 6일
개정판 1쇄 발행 2011년 1월 14일

지은이 마커스 버킹엄 **옮긴이** 이선영 **펴낸이** 김영곤 **펴낸곳** (주)북이십일 21세기북스
출판컨텐츠사업부문장 정성진 **출판개발본부장** 김성수 **경제경영팀장** 류혜정 **디자인** 씨디자인
영업마케팅본부장 최창규 **마케팅** 김보미 김현유 강서영 **영업** 이경희 우세웅 박민형
출판등록 2000년 5월 6일 제10-1965호
주소 (413-756) 경기도 파주시 교하읍 문발리 파주출판단지 518-3
대표전화 031-955-2100 **팩스** 031-955-2151 **이메일** book21@book21.co.kr
홈페이지 www.book21.com **21세기북스 트위터** @ 21cbook **블로그** b.book21.com

ISBN 978-89-509-2808-7 03320